线装国学经典

资治通鉴

第三册

〔北宋〕司马光 著
李楠 编译

太宗文武大圣大广孝皇帝中之上

贞观十一年　五月，壬申，[1]魏征上疏，以为：『陛下欲善之志不及于昔时，闻过必改少亏于曩日，谴罚积多，威怒微厉。乃知贵不期骄，富不期侈，[2]非虚言也。且以隋之府库、仓廪、户口、甲兵之盛，考之今日，安得拟伦！然隋以富强动之而危，我以寡弱静之而安；安危之理，皎然在目。昔隋之未乱也，自谓必无乱；其未亡也，自谓必无亡。故赋役无穷，征伐不息，以至祸将及身而尚未之寤也。夫鉴形莫如止水，鉴败莫如亡国。伏愿取鉴于隋，去奢从约，亲忠远佞，以当今之无事，行畴昔之恭俭，则尽善尽美，固无得而称焉。夫取之实难，守之甚易，陛下能得其所难，岂不能保其所易乎！』

六月，右仆射虞恭公温彦博薨。[3]彦博久掌机务，知无不为。上谓侍臣曰：『彦博以忧国之故，精神耗竭，我见其不逮，已二年矣，恨不纵其安逸，竟夭天年！』

丁巳，上幸明德宫。

己未，诏荆州都督荆王元景等二十一王所任刺史，咸令子孙世袭。戊辰，又以功臣长孙无忌等十四人为刺史，亦令世袭，非有大故，无得黜免。己巳，徙许王元祥为江王。

秋，七月，癸未，大雨，榖、洛溢入洛阳宫，[4]坏官寺、民居，溺死者六千余人。

魏征上疏，以为：『《文子》曰[5]：「同言而信，信在言前；同令而行，诚在令外。」自王道休明，十有余年，然而德化未洽者，由待下之情未尽诚信故也。今立政致治，必委之君子；事有得失，或访之小人。其待君子也敬而疏，遇小人也轻而狎；狎则言无不尽，疏则情不上通。夫中智之人，岂无小慧！然才非经国，虑不及远，虽竭力尽诚，犹未免有败；况内怀奸宄，其祸岂不深乎！夫虽君子不能无小过，苟不害于正道，斯可略矣。既谓之君子而复疑其不信，何异立直木而疑其影之曲乎！陛下诚能慎选君子，以礼信用之，何忧不治！不然，危亡之期，未可保也。』上赐手诏褒美曰：『昔晋武帝平吴之后，志意骄怠，何曾位极台司，不能直谏，乃私语子孙，自矜明智，此不忠之大者也。得公之谏，朕知过矣。当置之几案以比弦、韦。』[6]

乙未，车驾还洛阳，[7]诏：『洛阳宫为水所毁者，少加修缮，才令可居。自外众材，给城中坏庐舍者。令百官各上封事，极言朕过。』壬寅，废明德宫及飞山之玄圃院，给遭水者。

八月，甲子，上谓侍臣曰：『上封事者皆言朕游猎太频；今天下无事，武备不可忘，朕时与左右猎于后苑，无一事烦民，夫亦何伤！』魏征曰：『先王惟恐不闻其过。陛下既使之上封事，止得恣其陈述。苟其言可取，固有益于国；若其无取，亦无所损。』上曰：『公言是也。』皆劳而遣之。

侍御史马周上疏，以为：『三代及汉，历年多者八百，少者不减四百，良以恩结人心，人不能忘故也。自是以降，多者六十年，少者才二十余年，皆无恩于人，本根不固故也。陛下当隆禹、汤、文、武之业，为子孙立万代之基，岂得但持当年而已！今之户口不及隋之什一，而给役者兄去弟还，道路相继。陛下虽加恩诏，使之裁损，然营缮不休，民安得息！故有司徒行文书，曾无事实。昔汉之文、景，恭俭养民，武帝承其丰富之资，故能穷奢极欲而不至于乱。向使高祖之后即传武帝，汉室安得久存乎！又，京师及四方所造乘舆器用及诸王、妃、主服饰，议者皆不以为俭。夫昧爽丕显，后世犹怠，⑧陛下少居民间，知民疾苦，尚复如此，况皇太子生长深宫，不更外事，万岁之后，⑨固圣虑所当忧也。臣观自古以来，百姓愁怨，聚为盗贼，其国未有不亡者，人主虽欲追改，不能复全。故当修于可修之时，不可悔之于既失之后也。盖幽、厉尝笑桀、纣矣，炀帝亦笑周、齐矣，不可使后之笑今如今之笑炀帝也！贞观之初，天下饥歉，⑩斗米直匹绢，而百姓不怨者，知陛下忧念不忘故也。今比年丰穰，匹绢得粟十余斛，而百姓怨咨者，知陛下不复念之，多营不急之务故也。自古以来，国之兴亡，不以畜积多少，在于百姓苦乐。且以近事验之，隋贮洛口仓而李密因之，东都积布帛而世充资之，西京府库亦为国家之用，至今未尽。夫畜积固不可无，要当人有余力，然后收之，不可强敛以资寇敌也。夫俭以息人，陛下已于贞观之初亲所履行，在于今日为之，固不难也。陛下必欲为久长之谋，不必远求上古，但如贞观之初，则天下幸甚。陛下宠遇诸王，颇有过厚者，⑪万代之后，不可不深思也。且魏武帝爱陈思王，及文帝即位，囚禁诸王，但无缧绁耳。⑫然则武帝爱之，适所以苦之也。又，百姓所以治安，唯在刺史、县令，苟选用得人，则陛下可以端拱无为。今朝廷唯重内官而轻州县之选，刺史多用武人，或京官不称职始补外任，边远之处，用人更轻。所以百姓未安，殆由于此。』疏奏，上称善久之。谓侍臣曰：『刺史，朕当自选；县令，宜诏京官五品已上各举一人。』

冬，十月，癸丑，诏勋戚亡者皆陪葬山陵。⑬

上猎于洛阳苑，有群豕突出林中，上引弓四发，殪四豕。有豕突前，及马镫；民部尚书唐俭投马搏之，上拔剑斩豕，顾笑曰：『天策长史不见上将击贼邪，⑭何惧之甚！』对曰：『汉高祖以马上得之，不以马上治之；陛下以神武定四方，岂复逞雄心于一兽！』上悦，为之罢猎，寻加光禄大夫。

安州都督吴王恪数出畋猎，颇损居人；侍御史柳范奏弹之。丁丑，恪坐免官，削户三百。上曰：『长史权万纪事吾儿，不能匡正，罪当死。』柳范曰：『房玄龄事陛下，犹不能止畋猎，岂得独罪万纪！』上大怒，拂衣而入。久之，独引范谓曰：『何面折我？』对曰：『陛下仁明，臣不敢不尽愚直。』[15]上悦。

十一月，辛卯，上幸怀州；丙午，还洛阳宫。

故荆州都督武士彟女，年十四，上闻其美，召入后宫，为才人。

【注释】

①壬申：五月无壬申，当为『壬辰』（八日）、『壬寅』（十八日）或『壬子』二十八日。②贵不期骄，富不期侈：《尚书·周官》：『位不期骄，禄不期侈。』孔安国注：『贵不与骄期而骄自至，富不与侈期而侈自来，骄侈以行己，所以速亡。』魏征引此以言骄侈之弊。③虞恭公：为温彦博的谥号。《谥法》：尊贤敬让曰恭，执事坚固曰恭，执礼御宾曰恭。盖温彦博生前具备这些，故谥虞恭公。④谷、洛溢入洛阳宫：因洛水贯都，谷洛二水会于禁苑之间，故此。⑤《文子》：书名。九篇。其书杂取儒、墨、名、法诸家语，以解释《道德经》。⑥弦韦：佩戴弦韦。弦，弓弦；韦，曾皮。弦紧皮软，以比喻急缓。故古人性情急躁与迟缓的人身上佩戴弦韦以自戒。后比作规劝自警。⑦车驾还洛阳：指丁巳幸明德宫，由此还。⑧昧爽丕显，后世犹怠：古代天不亮就起床勤务，名声大为显赫，可是后世还是懈怠。⑨万岁之后：避讳语，相当于一般所谓百年后，即避讳『死』字，亦即言『死后』。⑩饥歉：饥荒。⑪陛下宠遇诸王，颇有过厚者：当时魏王泰有宠于帝，故马周言及。⑫缧绁：拘系犯人的绳子，引申为监狱。⑬诏勋戚亡者皆陪葬山陵：唐制，凡功臣密戚请陪陵者听之，以文武分为左右两列。若宫人陪葬，则陵户为之成坟。《唐会要》载：昭陵陪葬者，宫嫔、公主、主婿，勋贵及祖父陪陵而子孙从葬者，及四夷君长入宿卫而陪葬者，名氏最多，用此诏也。⑭天策长史：武德中，曾开天策上将府，以唐俭为长史，故称。⑮陛下仁明，臣不敢不尽愚直：柳范据古语：君仁则臣直。又：君明则臣直，故云。

十二年 春，正月，乙未，礼部尚书王珪奏：『三品已上遇亲王于路皆降乘，非礼。』上曰：『卿辈苟自崇贵，轻我诸子。』特进魏征曰：『诸王位次三公，今三品皆九卿、八座，[1]为王降乘，诚非所宜当。』上曰：『人生寿夭难期，万一太子不幸，安知诸王他日不为公辈之主！[2]何得轻之！」对曰：「自周以来，皆子孙相继，不立兄弟，所以绝庶孽之窥窬，[3]塞祸乱之源本，此为国者所深戒也。」上乃从珪奏。

吏部尚书高士廉、黄门侍郎韦挺、礼部侍郎令狐德棻、中书侍郎岑文本撰《氏族志》成，上之。先是，山东人士崔、卢、李、郑诸族，好自矜地望，虽累叶陵夷，苟他族欲与为昏姻，必多责财币，或舍其乡里而妄称名族，或兄弟齐列而更以妻族相陵。上恶之，命士廉等遍责天下谱谍，质诸史籍，考其真伪，辨其昭穆，第其甲乙，褒进忠贤，贬退奸逆，分为九等。士廉等以黄门侍郎崔民幹为第一。上曰：「汉高祖与萧、曹、樊、灌皆起闾阎布衣，[4]卿辈至今推仰，以为英贤，岂在世禄乎！高氏偏据山东，梁、陈僻在江南，虽有人物，盖何足言？况其子孙才行衰薄，官爵陵替，而犹印然以门地自负，贩鬻松槚，[5]依托富贵，弃廉忘耻，不知世人何为贵之！今三品以上，或以德行，或以勋劳，或以文学，致位贵显。彼衰世旧门，诚何足慕！而求与为昏，虽多输金帛，犹为彼所偃蹇，[6]我不知其解何也！今欲厘正讹谬，舍名取实，而卿曹犹以崔民幹为第一，是轻我官爵而徇流俗之情也。」乃更命刊定，专以今朝品秩为高下。于是以皇族为首，外戚次之，降崔民幹为第三。凡二百九十三姓，千六百五十一家，颁于天下。

二月，乙卯，车驾西还；[7]癸亥，幸河北，[8]观砥柱。[9]

甲子，巫州獠反，夔州都督齐善行败之，俘男女三千余口。

乙丑，上祀禹庙。丁卯，至柳谷，观盐池。[10]庚午，至蒲州，刺史赵元楷课父老服黄纱单衣迎车驾，盛饰廨舍楼观，又饲羊百余口、鱼数百头以馈贵戚。上数之曰：「朕巡省河、洛，凡有所须，皆资库物。卿所为乃亡隋之弊俗也。」

甲戌，幸长春宫。[11]

戊寅，诏曰：「隋故鹰击郎将尧君素，虽桀犬吠尧，[12]有乖倒戈之志，[13]而疾风劲草，[14]实表岁寒之心；[15]可赠蒲州刺史，仍访其子孙以闻。」

闰月，庚辰朔，日有食之。

丁未，车驾至京师。

三月，辛亥，著作佐郎邓世隆表请集上文章。[16]上曰：「朕之辞令，有益于民者，史皆书之，足为不朽。若其无益，集之何用！梁武帝父子、陈后主、隋炀帝皆有文集行于世，[17]何救于亡！为人主患无德政，文章何为！」遂不许。

丙子，以皇孙生，宴五品以上于东宫。上曰：『贞观之前，从朕经营天下，玄龄之功也。贞观以来，绳愆纠缪，[18]魏征之功也。』皆赐之佩刀。上谓征曰：『朕政事何如往年？』对曰：『威德所加，比贞观之初则远矣；人悦服则不逮也。』上曰：『远方畏威慕德，故来服；若其不逮，何以致之？』对曰：『陛下往以未治为忧，故德义日新；今以既治为安，故不逮。』上曰：『今所为，犹往年也，何以异？』对曰：『陛下贞观之初，恐人不谏，常导之使言，中间悦而从之。今则不然，虽勉从之，犹有难色。所以异也。』上曰：『其事可闻欤？』对曰：『陛下昔欲杀元律师，孙伏伽以为法不当死，陛下赐以兰陵公主园，[19]直百万。或云：「赏太厚。」陛下云：「朕即位以来，未有谏者，故赏之。」此导之使言也。司户柳雄妄诉隋资，[20]陛下欲诛之，纳戴胄之谏而止。是悦而从之也。近皇甫德参上书谏修洛阳宫，陛下恚之，虽以臣言而罢，勉从之也。』上曰：『非公不能及此。人苦不自知耳！』

夏，五月，壬申，弘文馆学士永兴文懿公虞世南卒，[21]上哭之恸。世南外和柔而内忠直，上尝称世南有五绝：一德行，二忠直，三博学，四文辞，五书翰。

秋，七月，癸酉，以吏部尚书高士廉为右仆射。

乙亥，吐蕃寇弘州。

八月，霸州山獠反，烧杀刺史向邵陵及吏民百余家。

初，上遣使者冯德遐抚慰吐蕃，吐蕃闻突厥、吐谷浑皆尚公主，遣使随德遐入朝，多赍金宝，奉表求婚；上未之许。使者还，言于赞普弃宗弄赞曰：『臣初至唐，唐待我甚厚，许尚公主。会吐谷浑王入朝，相离间，唐礼遂衰，亦不许婚。』弄赞遂发兵击吐谷浑。吐谷浑不能支，遁于青海之北，[22]民畜多为吐蕃所掠。

吐蕃进破党项、白兰诸羌，帅众二十余万屯松州西境，遣使贡金帛，云来迎公主。寻进攻松州，败都督韩威；羌酋阎州刺史别从卧施、诺州刺史把利步利并以州叛归之。连兵不息，其大臣谏不听而自缢者凡八辈。壬寅，以吏部尚书侯君集为当弥道行军大总管，甲辰，以右领军大将军执失思力为白兰道、左武卫将军牛进达为阔水道、左领军将军刘简为洮河道行军总管，督步骑五万击之。

吐蕃攻城十余日，进达为先锋，九月，辛亥，掩其不备，败吐蕃于松州城下，斩首千余级。弄赞惧，引兵退，遣使谢罪，因复请婚；上许之。

【注释】①九卿：古时中央九个高级官职。周以三少、四司加冢宰、宗伯为九卿。八座：封建王朝高级官员。隋唐以六尚书、左右仆射及令为八座。②「人生」句：当时太子有足病，魏王泰有宠，故太宗有此言。③窥窬：窥，暗中偷看；窬，门边小洞。窥窬，伺隙而动。即窥测时机，夺取皇位。④「汉高祖」句：高祖刘邦，沛人，初为泗水亭长；萧何，沛人，曾为沛主吏掾；曹参，沛人，曾为沛县狱吏；樊哙，沛人，少时屠狗为业；灌婴，睢阳人，本为贩卖丝绢小商。⑤贩鬻松槚：表示门第地位低下。⑥偃蹇：由高耸引申为骄傲，傲慢。⑦车驾西还：谓自洛阳向西返回长安。⑧河北：县名。今山西平陆县西南平陆城，贞观元年（公元627年），度属陕州，陕州今河南陕县。⑨砥柱：山名。今河南陕县东北黄河中，三门峡。⑩禹庙：即禹王庙，禹都安邑，后人立庙于此，今山西夏县西北禹王城。盐池、柳谷也在安邑。⑪长春宫：北周武帝置，今陕西大荔县朝邑镇西北。⑫桀犬吠尧：桀，夏桀王，末代暴君；尧，传说中古圣君。桀犬吠尧，指坏人走狗咬好人，喻走狗一心为主子效劳。⑬倒戈：引武王伐纣，纣前徒倒戈，攻其后，以败北。后泛指投降。⑭疾风劲草：比喻人在危难中才显示出意志坚定。⑮岁寒之心：比喻在恶劣环境中才显示出坚定的心志。⑯著作佐郎：官名。主管编纂国史等著作局的官员。⑰梁武帝父子：指梁武帝萧衍及其子昭明太子萧统，萧衍曾与人合著《通史》，有明人辑本《梁武帝御制集》；萧统，辑昭明《文选》三十卷，著有文集已轶，后人辑有《昭明太子集》。陈后主：南陈末代皇帝陈叔宝，善词赋，后人辑有《陈后主集》。⑱绳愆纠缪：举发及纠正错误。⑲兰陵公主：唐太宗之女，下嫁窦怀悊。⑳隋资：隋朝所授官资。㉑弘文馆：唐设学馆。掌管校正图书、教授生徒，并参与朝廷礼仪制度沿革。文懿公：谥号。《谥法》：温柔贤善曰懿。㉒青海：今青海省青海湖。

甲寅，上问侍臣：「帝王创业与守成孰难？」房玄龄曰：「草昧之初，[1]与群雄并起角力而后臣之，创业难矣。」魏征曰：「自古帝王，莫不得之于艰难，失之于安逸，守成难矣。」上曰：「玄龄与吾共取天下，出百死，得一生，故知创业之难。征与吾共安天下，常恐骄奢生于富贵，祸乱生于所忽，故知守成之难。然创业之难，既已往矣，守成之难，方当与诸公慎之。」玄龄等拜曰：「陛下及此言，四海之福也。」

初，突厥颉利既亡，北方空虚，薛延陀真珠可汗帅其部落建庭于都尉犍山北、独逻水南，[2]胜兵二十万，立其二子拔酌、颉利苾主南、北部。上以其强盛，恐后难制，癸亥，拜其二子皆为小可汗，各赐鼓纛，外示优崇，实分其势。

冬，十月，乙亥，巴州獠反。

己卯，畋于始平；③乙未，还京师。

钧州獠反；④遣桂州都督张宝德讨平之。

十一月，丁未，初置左、右屯营⑤飞骑于玄武门，⑥以诸将军领之。又简飞骑才力骁健、善骑射者，号百骑，衣五色袍，乘骏马，以虎皮为鞯，⑦凡游幸则从焉。

己巳，明州獠反；⑧遣交州都督李道彦讨平之。

十二月，辛巳，左武候将军上官怀仁击反獠于壁州，⑨大破之，虏男女万余口。

是岁，以给事中马周为中书舍人。周有机辩，中书侍郎岑文本常称：『马君论事，援引事类，扬榷古今，⑩举要删烦，会文切理，一字不可增，亦不可减，听之靡靡，令人忘倦。』

霍王元轨好读书，恭谨自守，举措不妄。为徐州刺史，与处士刘玄平为布衣交。人问玄平王所长，玄平曰：『无长。』问者怪之。玄平曰：『夫人有所短乃见所长，至于霍王，无所短，吾何以称其长哉！』

初，西突厥咥利失可汗分其国为十部，每部有酋长一人，仍各赐一箭，谓之十箭。又分左、右厢，左厢号五咄陆，置五大啜，居碎叶以东；⑪右厢号五弩失毕，置五大俟斤，居碎叶以西；通谓之十姓。咥利失失众心，为其臣统吐屯所袭。咥利失兵败，与其弟步利设走保焉耆。⑫统吐屯等将立欲谷设为大可汗，会统吐屯为人所杀，欲谷设兵亦败，咥利失复得故地。至是，西部竟立欲谷设为乙毗咄陆可汗。乙毗咄陆既立，与咥利失大战，杀伤甚众。因中分其地，自伊列水以西属乙咄陆，⑬以东属咥利失。

处月、处密与高昌共攻拔焉耆五城，掠男女一千五百人，焚其庐舍而去。

【注释】

①草昧之初：此指在战争混乱中开创王业之初。②都尉揵山：今蒙古人民共和国境内的抗爱山脉。③始平：县名。今陕西咸阳市西北兴平县。④钧州：今广西钦州县。⑤左、右屯营：指在玄武门左、右置的屯卫兵营。⑥飞骑：指才力骁健又善射者。⑦鞯：衬托马鞍的坐垫。⑧明州：今越南河静省甘禄附近。⑨壁州：今四川通江县。⑩扬榷：

扬，举也；榷，引也。举用。⑪碎叶：城名。原苏联伏龙芝市北楚河南岸楚伊斯阔叶附近。⑫焉耆：古西域城国，都城在今新疆焉耆回族自治县西南四十里附近。⑬伊列水：今源出新疆，流向西北入巴尔克什湖的伊犁河。

十三年　春，正月，乙巳，车驾谒献陵；丁未，还宫。

戊午，加左仆射房玄龄太子少师。玄龄自以居端揆十五年，①男遗爱尚上女高阳公主，女为韩王妃，②深畏满盈，上表请解机务；上不许。玄龄固请不已，诏断表，③乃就职。太子欲拜玄龄，设仪卫待之，玄龄不敢谒见而归，时人美其有让。玄龄以度支系天下利害，④尝有阙，求其人未得，乃自领之。

礼部尚书永宁懿公王珪薨。⑤珪性宽裕，自奉养甚薄。于今，三品已上皆立家庙，⑥珪通贵已久，独祭于寝。为法司所劾，上不问，命有司为之立庙以愧之。

二月，庚辰，以光禄大夫尉迟敬德为鄜州都督。

上尝谓敬德曰：「人或言卿反，何也？」对曰：「臣反是实！臣从陛下征伐四方，身经百战，今之存者，皆锋镝之余也。天下已定，乃更疑臣反乎！」因解衣投地，出其瘢痍。上为之流涕，曰：「卿复服，朕不疑卿，故语卿，何更恨邪！」

上又尝谓敬德曰：「朕欲以女妻卿，何如？」敬德叩头谢曰：「臣妻虽鄙陋，相与共贫贱久矣。臣虽不学，闻古人富不易妻，此非臣所愿也。」上乃止。

戊戌，尚书奏：「近世掖庭之选，或微贱之族，礼训蔑闻；或刑戮之家，忧怨所积。请自今后宫及东宫内职有阙，皆选良家有才行者充，以礼聘纳；其没官口及素微贱之人，皆不得补用。」上从之。

上既诏宗室群臣袭封刺史，左庶子于志宁以为古今事殊，恐非久安之道，上疏争之。侍御史马周亦上疏，以为：「尧、舜之父，犹有朱、均之子。⑦倘有孩童嗣职，万一骄愚，兆庶被其殃而国家受其败。⑧正欲绝之也，则子文之治犹在；⑨正欲留之也，而栾黡之恶已彰。⑩与其毒害于见存之百姓，则宁使割恩于已亡之一臣，明矣。然则向所谓爱之者，乃适所以伤之也。臣谓宜赋以茅土，⑪畴其户邑，必有材行，随器授官，使其人得奉大恩而子孙终其福禄。」

会司空、赵州刺史长孙无忌等皆不愿之国，上表固让，称：「承恩以来，形影相吊，⑫若履春冰；⑬宗戚忧虞，如置汤火。缅惟三代封建，盖由力不能制，因而利之，礼乐节文，多非己出。两汉罢侯置守，蠲除曩弊，深协事宜，今因臣等，复有变更，恐紊圣朝纲纪；且后世愚幼不肖之嗣，或抵冒邦宪，自取诛夷，更因延世之赏，致成剿绝之祸，良可哀愍。愿停涣汗之意思，[14]赐其性命之恩。』无忌又因子妇长乐公主固请于上，[15]且言：『臣披荆棘事陛下，今海内宁一，奈何弃之外州，与迁徙何异！』上曰：『割地以封功臣，古今通义，意欲公之后嗣，辅朕子孙，共传永久；而公等乃复发言怨望，朕岂强公等以茅土邪！』庚子，诏停世封刺史。

高昌王麴文泰多遏绝西域朝贡，伊吾先臣西突厥，既而内属，文泰与西突厥共击之。上下书切责，征其大臣阿史那矩，欲与议事，文泰不遣，遣其长史麴雍来谢罪。颉利之亡也，中国人在突厥者或奔高昌，诏文泰归之，文泰蔽匿不遣。又与西突厥共击破焉耆，焉耆诉之。上遣虞部郎中李道裕往问状，[16]且谓其使者曰：『高昌数年以来，朝贡脱略，无藩臣礼，所置官号，皆准天朝，筑城掘沟，预备攻讨。我使者至彼，文泰语之云：「鹰飞于天，雉伏于蒿，猫游于堂，鼠噍于穴，各得其所，岂不能自生邪！」又遣使谓薛延陀云：「既为可汗，则与天子匹敌，何为拜其使者！」事人无礼，又间邻国，为恶不诛，善何以劝！明年当发兵击汝。』三月，薛延陀可汗遣使上言：『奴受恩思报，请发所部为军导以击高昌。』上遣民部尚书唐俭、右领军大将军执失思力赍缯帛赐薛延陀，与谋进取。

【注释】

①端揆：尚书省长官。唐左右仆射为尚书省长官，房玄龄武德九年（公元626年）为中书令，贞观三年（公元629年）为左仆射，故称。②韩王：高祖之子李元嘉。③断表：诏令断绝接受他的奏表。④度支：即度支郎中，掌天下租赋，物产丰约之宜，水陆道途之利，岁计所出而支调之，以近及远，与中书省、门下省议定乃奏，国之大计所关。⑤永宁：县名。今河南洛宁县东。⑥三品已上皆立家庙：唐制，三品以上得立庙，祭三代。⑦朱、均：指丹朱、商均。⑧兆庶：万众。⑨子文之治：楚人，治理楚国有功。⑩栾黡之恶已彰：是指栾黡的恶名已经昭彰。仅他汰虐已甚，犹可免，而他的儿子栾盈汰虐已甚，而栾黡的怨恶实彰。⑪茅土：指受封为王侯。⑫形影相吊：指孤独无依，只剩下身形和影子相互慰问。⑬若履春冰：像踏春天的薄冰一样战战兢兢。⑭涣汗：比喻帝王发号施令，如汗出于身不能收回。此指帝王、皇上。⑮子妇长乐公主：长乐公主嫁于长孙无忌之子冲为妇。⑯虞部郎中：官名。掌京城街巷种植、山泽苑囿、草木薪炭、供顿田猎之事。

夏，四月，戊寅，上幸九成宫。

初，突厥突利可汗之弟结社率从突利入朝，历位中郎将。居家无赖，怨突利斥之，乃诬告其谋反，上由是薄之，久不进秩。结社率阴结故部落，得四十余人，谋因晋王治四鼓出宫，开门辟仗，驰入宫门，直指御帐，可有大功。甲申，拥突利之子贺逻鹘夜伏于宫外，会大风，晋王未出，结社率恐晓，遂犯行宫，逾四重幕，弓矢乱发，卫士死者数十人。折冲孙武开等帅众奋击，久之，乃退，驰入御厩，盗马二十余匹，北走，度渭，欲奔其部落，追获，斩之，原贺逻鹘投于岭表。

庚寅，遣武候将军上官怀仁击巴、壁、洋、集四州反獠，平之，虏男女六千余口。

五月，旱。甲寅，诏五品以上上封事。魏征上疏，以为：『陛下志业，比贞观之初，渐不克终者凡十条。』其间一条以为：『顷年以来，轻用民力。乃云：「百姓无事则骄逸，劳役则易使。」自古未有因百姓逸而败、劳而安者也。此恐非兴邦之至言。』上深加奖叹，云：『已列诸屏障，朝夕瞻仰，并录付史官。』仍赐征黄金十斤。厩马二匹。

六月，渝州人侯弘仁自牂柯开道，经西赵，出邕州，以通交、桂，[1]蛮、俚降者二万八千余户。

丙申，立皇弟元婴为滕王。

自结社率之反，言事者多云突厥留河南不便，[2]秋，七月，庚戌，诏右武候大将军、化州都督、怀化郡王李思摩为乙弥泥孰俟利苾可汗，赐之鼓纛；突厥及胡在诸州安置者，并令渡河，还其旧部，俾世作藩屏，长保边塞。突厥咸惮薛延陀，不肯出塞。上遣司农卿郭嗣本赐薛延陀玺书，言『颉利既败，其部落咸来归化，我略其旧过，嘉其后善，待其达官皆如吾百寮，部落皆如吾百姓。中国贵尚礼义，不灭人国，前破突厥，止为颉利一人为百姓害，实不贪其土地，利其人畜，恒欲更立可汗，故置所降部落于河南，任其畜牧。今户口蕃滋，吾心甚喜。既许立之，不可失信。秋中将遣突厥渡河，复其故国。尔薛延陀受册在前，[3]突厥受册在后，后者为小，前者为大。尔在碛北，突厥在碛南，各守土疆，镇抚部落。其逾分故相抄掠，我则发兵，各问其罪。』薛延陀奉诏。于是遣思摩帅所部建牙于河北，上御齐政殿饯之，思摩涕泣，奉觞上寿曰：『奴等破亡之余，分为灰壤，陛下存其骸骨，复立为可汗，愿万世子孙恒事陛下。』又遣礼部尚书赵郡王孝恭等赍册书，就其种落，筑坛于河上而立之。上谓侍臣曰：『中国，根干也；四夷，枝叶也；割根干以奉枝叶，木安得滋荣！朕不用魏征言，几致狼狈。』[4]又以左屯卫将军阿史那忠为左贤王，左武卫将军阿史那泥熟为右贤王。忠，苏尼失之子也，上遇之甚厚，妻以宗女；及出塞，怀慕中国，见使者必泣涕请入侍；诏许之。

八月，辛未朔，日有食之。

诏以『身体发肤，不敢毁伤。[5]比来诉讼者或自毁耳目，自今有犯，先笞四十，然后依法。』[6]

冬，十月，甲申，车驾还京师。

十一月，辛亥，以侍中杨师道为中书令。

戊辰，尚书左丞刘洎为黄门侍郎、参知政事。

上犹冀高昌王文泰悔过，复下玺书，示以祸福，征之入朝；文泰竟称疾不至。十二月，壬申，遣交河行军大总管、吏部尚书侯君集，[7]副总管兼左屯卫大将军薛万均等将兵击之。

乙亥，立皇子福为赵王。

己丑，吐谷浑王诺曷钵来朝，以宗女为弘化公主，妻之。

壬辰，上畋于咸阳，癸巳，还宫。

太子承乾颇以游畋废学，右庶子张玄素谏，不听。

是岁，天下州府凡三百五十八，县一千五百一十一。

太史令傅奕精究术数之书，而终不之信，遇病，不呼医饵药。有僧自西域来，善咒术，能令人立死，复咒之使苏。上择飞骑中壮者试之，皆如其言；以告奕，奕曰：『此邪术也。臣闻邪不干正，请使咒臣，必不能行。』上命僧咒奕，奕初无所觉，须臾，僧忽僵仆，若为物所击，遂不复苏。又有婆罗门僧，言得佛齿，所击前无坚物。长安士女辐凑如市。奕时卧疾，谓其子曰：『吾闻有金刚石者，性至坚，物莫能伤，唯羚羊角能破之，汝往试焉。』其子往见佛齿，出角叩之，应手而碎，观者乃止。奕临终，戒其子无得学佛书，时年八十五。又集魏、晋以来驳佛教者为《高识传》十卷，行于世。

西突厥咥利失可汗之臣俟利发与乙毗咄陆可汗通谋作乱，咥利失穷蹙，逃奔钹汗而死。[8]弩失毕部落迎其弟子薄布特勒立之，是为乙毗沙钵罗叶护可汗。沙钵罗叶护既立，建庭于虽合水北，谓之南庭，自龟兹、鄯善、且末、吐火罗、焉耆、石、史、何、穆、康等国皆附之。咄陆建牙于镞曷山西，谓之北庭，自厥越失、拔悉弥、驳马、结骨、火焊、触水昆等国皆附之，以伊列水为境。

【注释】

①『渝州人』句：侯弘仁所开通道自牂柯，经西赵，出邕州，以交、桂，即从今贵州黄平县到广西南宁市，沟通了交州、桂州。②河南：今内蒙等黄河以南地界。③受册：接受唐王朝策册。④朕不用魏征言，几致狼狈：指贞观四年（公元630年）突厥灭亡，降唐十万户，诏群臣商议处置，魏征据其本性，言放归故土，不宜留在唐境，太宗没听，导致结社率之变乱，几乎造成狼狈。⑤『身体』句：身体发肤，皆父母所给，不得随便毁伤。⑥依法：即依法判处其所诉之事。⑦交河：今甘肃宕昌县。⑧钹汗：汉时为大宛国。今苏联塔什干东南卡散塞。

十四年 春，正月，甲寅，上幸魏王泰第，赦雍州长安系囚大辟以下，[1]免延康里今年租赋，[2]赐泰府僚属及同里老人有差。

二月，丁丑，上幸国子监，观释奠，命祭酒孔颖达讲《孝经》，[3]赐祭酒以下至诸生高第帛有差。是时上大征天下名儒为学官，数幸国子监，使之讲论，学生能明一大经已上皆得补官。[4]增筑学舍千二百间，增学生满三千二百六十员，自屯营飞骑，亦给博士，使授以经，有能通经者，听得贡举。[5]于是四方学者云集京师，乃至高丽、百济、新罗、高昌、吐蕃诸酋长亦遣子弟请入国学，升讲筵者至八千余人。[6]上以师说多门，章句繁杂，命孔颖达与诸儒撰定《五经》疏，谓之《正义》，令学者习之。

壬午，上幸骊山温汤；辛卯，还宫。

乙未，诏求近世名儒梁皇甫侃、褚仲都，周熊安生、沈重，陈沈文阿、周弘正、张讥，隋何妥、刘炫等子孙以闻，当加引擢。

三月，窦州道行军总管党仁弘击罗窦反獠，[7]破之，俘七千余口。

辛丑，流鬼国遣使入贡。去京师万五千里，滨于北海，南邻靺鞨，未尝通中国，重三译而来。上以其使者余志为骑都尉。

丙辰，置宁朔大使以护突厥。

夏，五月，壬寅，徙燕王灵夔为鲁王。

上将幸洛阳，命将作大匠阎立德行清暑之地。⑧秋，八月，庚午，作襄城宫于汝州西山。立德，立本之兄也。

高昌王文泰闻唐兵起，谓其国人曰：『唐去我七千里，沙碛居其二千里，地无水草，寒风如刀，热风如烧，安能致大军乎！往吾入朝，见秦、陇之北，城邑萧条，非复有隋之比。今来伐我，发兵多则粮运不给；三万已下，吾力能制之。当以逸待劳，坐收其弊。若顿兵城下，不过二十日，食尽必走，然后从而虏之。何足忧也！』及闻唐兵临碛口，忧惧不知所为，发疾卒，子智盛立。

军至柳谷，⑨诇者言文泰刻日将葬，国人咸集于彼，诸将请袭之，侯君集曰：『不可，天子以高昌无礼，故使吾讨之，今袭人于墟墓之间，非问罪之师也。』于是鼓行而进，至田城，谕之，不下，诘朝攻之，及午而克，虏男女七千余口。以中郎将辛獠儿为前锋，夜，趋其都城，高昌逆战而败，大军继至，抵其城下。

智盛致书于君集曰：『得罪于天子者，先王也，天罚所加，身已物故。智盛袭位未几，惟尚书怜察。』君集报曰：『苟能悔过，当束手军门。』智盛犹不出。君集命填堑攻之，飞石雨下，城中人皆室处。又为巢车，⑩高十丈，俯瞰城中。有行人及飞石所中，皆唱言之。先是，文泰与西突厥可汗相结，约有急相助；可汗遣其叶护屯可汗浮图城，⑪为文泰声援。及君集至，可汗惧而西走千余里，叶护以城降。智盛穷蹙，癸酉，开门出降。君集分兵略地，下其二十二城，户八千四十六，口一万七千七百，地东西八百里，南北五百里。

上欲以高昌为州县，魏征谏曰：『陛下初即位，文泰夫妇首来朝，其后稍骄倨，故王诛加之。罪止文泰可矣，宜抚其百姓，存其社稷，复立其子，则威德被于遐荒，四夷皆悦服矣。今若利其土地以为州县，则常须千余人镇守，数年一易，往来死者什有三四，供办衣资，违离亲戚，十年之后，陇右虚耗矣。陛下终不得高昌撮粟尺帛以佐中国，所谓散有用以事无用。臣未见其可。』上不从，九月，以其地为西州，以可汗浮图城为庭州，各置属县，乙卯，置安西都护府于交河城，留兵镇之。

君集虏高昌王智盛及其群臣豪杰而还。于是唐地东极于海，西至焉耆，南尽林邑，北抵大漠，皆为州县，凡东西九千五百一十里，南北一万九百一十八里。

侯君集之讨高昌也，遣使约焉耆与之合势，焉耆喜，听命。及高昌破，焉耆王诣军门谒见君集，且言焉耆三城先为高昌所夺，君集奏并高昌所掠焉耆民悉归之。

【注释】

①大辟：古指犯了死罪判处死刑曰大辟。②延康里：里弄名称，在长安城中，为魏王李泰府第所在。③释奠：置爵于神前而祭的一种礼仪形式。此指释奠孔子。祭酒：即唐置国子祭酒，从三品，掌邦国儒学训导之政令。④大经：唐取士，以《礼记》、《春秋左氏传》为大经，《诗经》《仪礼》《周礼》为中经，《易》《尚书》《春秋公羊传》《谷梁传》为小经。⑤贡举：古有乡举里选之制，考选官员士人，后浑称贡举。⑥讲筵：即讲席，讲学者的席位，讲坛。⑦罗窦：洞名。今广东信宜县西南镇隆。⑧将作大匠：掌邦国修造、土木工匠政令。⑨柳谷：地名。今新疆吐番县。⑩巢车：兵车高如巢，用以观察敌情。⑪叶护：突厥达官，为大臣之首。

冬，十月，甲戌，荆王元景等复表请封禅，上不许。

初，陈仓折冲都尉鲁宁坐事系狱，[1]自恃高班，谩骂陈仓尉尉氏刘仁轨，仁轨杖杀之。州司以闻。上怒，命斩之，怒犹不解，曰：『何物县尉，敢杀吾折冲！』命追至长安面诘之。仁轨曰：『鲁宁对臣百姓辱臣如此，臣实忿而杀之。』辞色自若。魏征侍侧，曰：『陛下知隋之所以亡乎？』上曰：『何也？』征曰：『隋末，百姓强而陵官吏，如鲁宁之比是也。』[2]上悦，擢仁轨为栎阳丞。

上将幸同州校猎，仁轨上言：『今秋大稔，民收获者才一二，使之供承猎事，治道葺桥，动费一二万功，实妨农事。愿少停銮舆旬日，[3]俟其毕务，则公私俱济。』上赐玺书嘉纳之，[4]寻迁新安令。闰月，乙未，行幸同州；庚戌，还宫。

丙辰，吐蕃赞普遣其相禄东赞献金五千两及珍玩数百，以请婚。上许以文成公主妻之。[5]

十一月，甲子朔，冬至，上祀南郊。时《戊寅历》以癸亥为朔，宣义郎李淳风表称：『古历分日起于子半，今岁甲子朔冬至，而故太史令傅仁均减余稍多，子初为朔，遂差三刻，用乖天正，请更加考定。』众议以仁均定朔微差，淳风推校精密，请如淳风议，从之。

丁卯，礼官奏请加高祖父母服齐衰五月，[6]嫡子妇服期，嫂、叔、弟妻、夫兄、舅皆服小功；[7]从之。

丙子，百官复表请封禅，诏许之。更命诸儒详定仪注；[8]以太常卿韦挺等为封禅使。

司门员外郎韦元方给给使过所稽缓，[9]给使奏之；上怒，出元方为华阴令。魏征谏曰：『帝王震怒，不可妄发。

前为给使，遂夜出敕书，事如军机，谁不惊骇！况宦者之徒，古来难养，轻为言语，易生患害，独行远使，深非事宜，渐不可长，所宜深慎。』上纳其言。

尚书左丞韦悰句司农木橦价贵于民间，[10]奏其隐没。上召大理卿孙伏伽书司农罪。伏伽曰：『司农无罪。』上怪，问其故，对曰：『只为官橦贵，所以私橦贱。向使官橦贱，私橦无由贱矣。但见司农识大体，不知其过也。』上悟，屡称其善；顾谓韦悰曰：『卿识用不逮伏伽远矣。』

【注释】

①陈仓：县名。今陕西宝鸡市。②百姓强而陵官吏，如鲁宁之比：言鲁宁虽官为折冲都尉，本为陈仓百姓。③銮舆：装有銮饰的车舆。此指皇上车驾，因其装有銮饰。④玺书：古时用印章封记的文书。表示机密重要，庄重严肃。⑤文成公主：唐太宗李世民宗室女，为了和亲远嫁吐蕃赞普松赞干布，促进了藏汉文化交流和民族团结。⑥齐衰：丧服名。粗麻布制成，因其缉边缝齐故称。⑦小功：古代丧服名。用粗布制成。⑧仪注：礼节制度。⑨给使：禁中给使令，即宦官。⑩句：句查，检查。

十二月，丁酉，侯君集献俘于观德殿。行饮至礼，大酺三日。[1]寻以智盛为左武卫将军、金城郡公。上得高昌乐工，以付太常，增九部乐为十部。[2]

君集之破高昌也，私取其珍宝；将士知之，竞为盗窃，君集不能禁，为有司所劾，诏下君集等狱。中书侍郎岑文本上疏，以为：『高昌昏迷，陛下命君集等讨而克之，不逾旬日，并付大理。虽君集等自挂网罗，恐海内之人疑陛下唯录其过，而遗其功也。臣闻命将出师，主于克敌，苟能克敌，虽贪可赏；若其败绩，虽廉可诛。是以汉之李广利、陈汤，晋之王浚，隋之韩擒虎，皆负罪谴，人主以其有功，咸受封赏。由是观之，将帅之臣，廉慎者寡，贪求者众。是以黄石公《军势》曰：[3]「使智，使勇，使贪，使愚，故智者乐立其功，勇者好行其志，贪者急趋其利，愚者不计其死。」伏愿录其微劳，忘其大过，使君集重升朝列，复备驱驰，虽非清贞之臣，犹得贪愚之将，斯则陛下虽屈法而德弥显，君集等虽蒙宥而过更彰矣。』上乃释之。

又有告薛万均私通高昌妇女者，万均不服，内出高昌妇女付大理，与万均对辩，魏征谏曰：『臣闻「君使臣以礼，臣事君以忠。」[4]今遣大将军与亡国妇女对辩帷箔之私，实则所得者轻，虚则所失者重。昔秦穆饮盗马之士，[5]楚庄赦绝缨之罪，[6]况陛下道高尧、舜，而曾二君之不逮乎！」上遽释之。

侯君集马病蚛颡，[7]行军总管赵元楷亲以指沾其脓而嗅之，御史劾奏其谄，左迁栝州刺史。[8]

高昌之平也，诸将皆即受赏，行军总管阿史那社尔以无敕旨，独不受，及别敕既下，乃受之，所取唯老弱故弊而已。上嘉其廉慎，以高昌所得宝刀及杂彩千段赐之。

癸卯，上猎于樊川；[9]乙巳，还宫。

魏征上疏，以为：『在朝群臣，当枢机之寄者，任之虽重，信之未笃，是以人或自疑，心怀苟且。陛下宽于大事，急于小罪，临时责怒，未免爱憎。夫委大臣以大体，责小臣以小事，为治之道也。今委之以职，则重大臣而轻小臣；至于有事，则信小臣而疑大臣。信其所轻，疑其所重，将求致治，其可得乎！若任以大官，求其细过，刀笔之吏，顺旨承风，舞文弄法，曲成其罪。自陈也，则以为心不伏辜；不言也，则以为所犯皆实；进退惟谷，[10]莫能自明，则苟求免祸，矫伪成俗矣。』上纳之。

上谓侍臣曰：『朕虽平定天下，其守之甚难。』魏征对曰：『臣闻战胜易，守胜难，陛下之及此言，宗庙社稷之福也！』

上闻右庶子张玄素在东宫数谏争，擢为银青光禄大夫，行左庶子。太子尝于宫中击鼓，玄素叩阁切谏；太子出其鼓，对玄素毁之。太子久不出见官属，玄素谏曰：『朝廷选俊贤以辅至德，今动经时月，不见宫臣，将何以裨益万一！且宫中惟有妇人，不知有能如樊姬者乎？』[11]太子不听。

玄素少为刑部令史，上尝对朝臣问之曰：『卿在隋何官？』对曰：『县尉。』又问：『未为尉时何官？』对曰：『流外。』[12]又问：『何曹？』玄素耻之，出阁殆不能步，色如死灰。谏议大夫褚遂良上疏，以为：『君能礼其臣，乃能尽其力。玄素虽出寒微，陛下重其才，擢至三品，翼赞皇储，[13]岂可复对群臣穷其门户！弃宿昔之恩，成一朝之耻，使之郁结于怀，何以责其伏节死义乎！』上曰：『朕亦悔此问，卿疏深会我心。』遂良，亮之子也。[14]孙伏伽与玄素在隋皆为令史，伏伽或于广坐自陈往事，一无所隐。

戴州刺史贾崇以所部有犯十恶者，[15]御史劾之。上曰：『昔唐、虞大圣，贵为天子，不能化其子；况崇为刺史，独能使其民比屋为善乎！若坐是贬黜，则州县互相掩蔽，纵舍罪人。自今诸州有犯十恶者，勿劾刺史，但令明加纠察，如法施罪，庶以肃清奸恶耳。』

上自临治兵，以部陈不整，命大将军张士贵杖中郎将等；怒其杖轻，下士贵吏。魏征谏曰：『将军之职，为国爪牙；使之执杖，已非后法，况以杖轻下吏乎！』上亟释之。

言事者多请上亲览表奏，以防壅蔽。上以问魏征，对曰：『斯人不知大体，必使陛下一一亲之，岂惟朝堂，州县之事亦当亲之矣。』

【注释】

①大酺：大摆酒宴合聚众臣饮食。②增九部乐为十部：凡大宴会，则设十部之使于庭，以备华、夷。十部伎：宴乐伎、清乐伎、西凉伎、天竺伎、高丽伎、龟兹伎、安国伎、疏勒伎、高昌伎、康国伎。③黄石公：秦时隐士。相传张良刺秦始皇不中，逃匿下邳，于圯上遇老人，授以《太公兵法》，言十三年孺子见我济北，谷城山下黄石即我，良果见以祀之，世称黄石公。④君使臣以礼，臣事君以忠：言君主要以礼节驱使臣下，臣下要用忠心来事奉君主。⑤秦穆饮盗马之士：秦穆公马亡，岐下野人得而共食之共三百人。吏逐得，欲法之。公曰：『君子不以畜害人。吾闻食马肉不饮酒者，伤人。』乃饮之酒。其后，穆公代晋，三百人者闻穆公为晋所围，椎锋争死，以报食马之德，于是穆公获晋侯以归。⑥楚庄赦绝缨之罪：楚庄王赐群臣酒宴，日暮，酒酣，烛灭，有引美人之衣者，美人援绝其冠缨，告王趣火来上，视绝缨者。王曰：『赐人酒，使醉失礼，奈何欲显妇人之节而辱士乎！』乃命左右曰：『今日与寡人饮，不绝冠缨者不饮。』群臣皆绝去其缨而上火，尽欢而罢。后晋与楚战，有一臣常在前，五合五获首却敌，卒胜之。庄王怪问，乃夜绝缨者报王也。⑦蚰颡：额被虫咬破。⑧栝州：今浙江丽水县东南。⑨樊川：今陕西长安县东南。⑩进退惟谷：言处于困境，进退两难。⑪樊姬：楚庄王之姬。⑫流外：唐朝官吏班秩品阶分为九品，九品之外的小官谓之流外，刑部令史即流外官。⑬翼赞皇储：辅助太子。翼赞，辅助；赞助；皇储，指皇太子。⑭亮：褚亮。初事薛举，武德中，为文学馆学士。⑮十恶：俗言十恶不赦，谓十条特大罪恶，即：谋反、谋大逆、谋叛、谋恶逆、不道、大不敬、不孝、不睦、不义、内乱。

太宗文武大圣大广孝皇帝中之中

贞观十五年 春，正月，甲戌，以吐蕃禄东赞为右卫大将军。上嘉禄东赞善应对，以琅邪公主外孙段氏妻之。辞曰：『臣国中自有妇，父母所聘，不可弃也。且赞普未得谒公主，陪臣何敢先娶！』上益贤之，然欲抚以厚恩，竟不从其志。丁丑，命礼部尚书江夏王道宗持节送文成公主于吐蕃。赞普大喜，见道宗，尽子婿礼，慕中国衣服、仪卫之美，为公主别筑城郭宫室而处之，自服纨绮以见公主。其国人皆以赭涂面，公主恶之，赞普下令禁之；亦渐革其猜暴之性，遣子弟入国学，受《诗》《书》。

乙亥，突厥侯利苾可汗始帅部落济河，建牙于故定襄城，[1]有户三万，胜兵四万，马九万匹，仍奏言：『臣非分蒙恩，为部落之长，愿子子孙孙为国家一犬，守吠北门。若薛延陀侵逼，请从家属入长城。』诏许之。

上将幸洛阳，命皇太子监国，留右仆射高士廉辅之。辛巳，行及温汤，卫士崔卿、刁文懿惮于行役，冀上惊而止，乃夜射行宫，矢及寝庭者五；皆以大逆论。[2]

三月，戊辰，幸襄城宫，地既烦热，复多毒蛇；庚午，罢襄城宫，分赐百姓，免阎立德官。

夏，四月，辛卯朔，诏以来年二月有事于泰山。

上以近世阴阳杂书，讹伪尤多，命太常博士吕才与诸术士刊定可行者，[3]凡四十七卷。己酉，书成，上之；才皆为之叙，质以经史。其叙《宅经》，[4]以为：『近世巫觋妄分五姓，[5]如张、王为商，武、庾为羽，似取谐韵；至于以柳为宫，以赵为角，又复不类。或同出一姓，分属宫商；或复姓数字，莫辨征羽。此则事不稽古，义理乖僻者也。』叙《禄命》，[6]以为：『禄命之书，多言或中，人乃信之。然长平坑卒，[7]未闻共犯三刑；[8]南阳贵士，[9]何必俱当六合！[10]今亦有同年同禄而贵贱悬殊，共命共胎而寿夭更异。按鲁庄公法应贫贱，又尪弱短陋，惟得长寿；秦始皇法无官爵，纵得禄，少奴婢，为人无始有终；汉武帝、后魏孝文帝皆法无官爵；宋武帝禄与命并当空亡，唯宜长子，虽有次子，法当早夭；此皆禄命不验之著明者也。』[11]其叙《葬》，[12]以为：『《孝经》云：「卜其宅兆而安厝之。」盖以窀穸既终，[13]永安体魄，而朝市迁变，泉石交侵，不可前知，故谋之龟筮。[14]近代或选年月，或相墓田，以为一事失所，祸及死生。按《礼》，天子、诸侯、大夫葬皆有月数。[15]是古人不择年月也。《春秋》：「九月丁巳，葬定公，雨，不克葬，戊午，日下昃，乃克葬。」是不择日也。郑葬简公，司墓之室当路，毁之则朝而窆，不毁则日中而窆，子产不毁，是不择时也。古之葬者皆于国都之北，兆域有常处，⑯是不择地也。今葬书以为子孙富贵、贫贱、寿夭，皆因卜葬所致。夫子文为令尹而三已，柳下惠为士师而三黜，⑰计其丘陇，⑱未尝改移。而野俗无识，妖巫妄言，遂于擗踊之际，择葬地而希官爵；荼毒之秋，⑲选葬时而规财利。或云辰日不可哭泣，遂莞尔而对吊客；或云同属忌于临圹，遂吉服不送其亲。伤教败礼，莫斯为甚！』术士皆恶其言，而识者皆以为确论。

【注释】

①定襄城：今山西定襄县。②大逆：十恶之一。大逆论，作大逆不道，十恶不赦的罪行论处。③太常博士：掌五礼之仪式，本先王法制，适变随时而损益焉。④《宅经》：该书假借阴阳学说，相宅问卜，考寻吉凶，都是方士迷信的说法。⑤近世巫觋妄分五姓：言近世巫觋，运用阴阳五行学说的五音说，将姓氏按宫、商、角、徵、羽五音归类，这是荒诞的。⑥《禄命》：即俗称相命书。相人的福禄命运，盛衰兴废，富贵贫贱，表现出一种宿命论的观点。⑦长平坑卒：指秦赵长平之战，赵四十五万人战败被秦坑埋。⑧三刑：寅刑巳，巳刑申，申刑寅；丑刑戌，戌刑未，未刑丑；子刑卯，卯刑子。又辰辰、午午、酉酉、亥亥，谓之自刑。⑨南阳贵士：言光武中兴于南阳，南阳人士多富贵，即多成达官贵人。⑩六合：禄命之说，谓人贵俱当之合，即子与丑合，寅与亥合，卯与戌合，辰与酉合，巳与申合，午与未合。⑪『按鲁庄公』句：按举鲁庄公、秦始皇、汉武帝、后魏文帝、宋武帝为例，都与禄命以人生庚八字推算其禄命的说法不合。⑫《葬》：即《葬书》，其内容主要是阐述葬穴吉凶、墓地风水选择之类。⑬窀穸：长埋谓窀，长夜谓穸，故窀穸指墓穴、埋葬。⑭龟筮：占卦。古时占卜用龟、筮用蓍，视龟壳灼象与蓍草以法揲累的奇偶数以定吉凶。⑮天子、诸侯、大夫葬皆有月数：古代天子七月而葬，诸侯五月，大夫三月。⑯兆域：本指墓地四方界限，后泛指坟墓。⑰柳下惠：原叫展获，因食邑柳下，谥号『惠』故称。为春秋时鲁大夫，为官任劳任怨，不以职低而卑，以贤能著称。⑱丘陇：坟墓。因小曰丘，大曰陇。⑲荼毒之秋：痛苦的时候。

丁巳，果毅都尉席君买帅精骑百二十，袭击吐谷浑丞相宣王，破之，斩其兄弟三人。初，丞相宣王专国政，阴谋袭弘化公主，①劫其王诸曷钵奔吐蕃。诸曷钵闻之，轻骑奔鄯善城，②其臣威信王以兵迎之，故君买为之讨诛宣王。国人犹惊扰，遣户部尚书唐俭等慰抚之。

五月，壬申，并州父老诣阙请上封泰山毕，还幸晋阳，上许之。

丙子，百济来告其王扶余璋之丧，③遣使册命其嗣子义慈。

己酉，有星孛于太微，④太史令薛颐上言「未可东封」。辛亥，起居郎褚遂良亦言之。丙辰，诏罢封禅。

太子詹事于志宁遭母丧，寻起复就职。⑤太子治宫室，妨农功；又好郑、卫之乐；志宁谏，不听。又宠昵宦官，常在左右，志宁上书，以为：「自易牙以来，⑥宦官覆亡国家者非一。今殿下亲宠此属，使陵易衣冠，不可长也。」太子役使司驭等，半岁不许分番，⑦又私引突厥达哥友入宫，志宁上书切谏，太子大怒，遣刺客张师政、纥干承基杀之。二人入其第，见志宁寝处苫块，⑧竟不忍杀而止。

西突厥沙钵罗叶护可汗数遣使入贡。秋，七月，甲戌，命左领军将军张大师持节即其所号立为可汗，赐以鼓纛。上又命使者多赍金帛，历诸国市良马，魏征谏曰：「可汗位未定而先市马，彼必以为陛下志在市马，以立可汗为名耳。使可汗得立，荷德必浅；若不得立，为怨实深。诸国闻之，亦轻中国。市或不得，得亦非美。苟能使彼安宁，则诸国之马，不求自至矣。」上欣然止之。

乙毗咄陆可汗与沙钵罗叶护互相攻，乙毗咄陆浸强大，西域诸国多附之。未几，乙毗咄陆使石国吐屯击沙钵罗叶护，⑨擒之以归，杀之。

丙子，上指殿屋谓侍臣曰：「治天下如建此屋，营构既成，勿数改移；苟易一榱，⑩正一瓦，践履动摇，必有所损。若慕奇功，变法度，不恒其德，劳扰实多。」

上遣职方郎中陈大德使高丽；⑪八月，己亥，自高丽还。大德初入其境，欲知山川风俗，所至城邑，以绫绮遗其守者，曰：「吾雅好山水，此有胜处，吾欲观之。」守者喜，导之游历，无所不至，往往见中国人，自云「家在某郡，隋末从军，没于高丽，高丽妻以游女，与高丽错居，殆将半矣。」因问亲戚存没，大德绐之曰：「皆无恙。」咸涕泣相告。数日后，隋人望之而哭者，遍于郊野。大德言于上曰：「其国闻高昌亡，大惧，馆候之勤，加于常数。」上曰：「高丽本四郡地耳，⑫吾发卒数万攻辽东，彼必倾国救之。别遣舟师出东莱，自海道趋平壤，水陆合势，取之不难。但山东州县凋瘵未复，吾不欲劳之耳。」

乙巳，上谓侍臣曰：「朕有二喜一惧。比年丰稔，长安斗粟直三、四钱，一喜也；北虏久服，边鄙无虞，二喜也。治安则骄侈易生，骄侈则危亡立至，此一惧也。」

【注释】①弘化公主：为皇上宗室女，封为弘化公主，下嫁吐谷浑。②鄯善城：今新疆若羌县东米兰。③百济：古国名。今朝鲜半岛西南部。④星孛于太微：星有彗星在太微垣中。古人以天象兆人事吉凶，把太微垣比作帝王宫殿，星孛即彗星一种，言其孛孛然，非常恶气生于内部，喻为不祥之兆。⑤起复：起复官职。古制：文官遭父母丧，听去职。其后必起复就职。这表明他有孝道，才能复职。⑥易牙：齐桓公嬖臣，性谄媚。管仲遗言其『杀子事君』，违背人情，不可重用。桓公不听，结果桓公寝疾，与竖刁作乱。⑦番：番上二宫。即轮次到二宫值班。⑧苫块：寝苫枕块。⑨吐屯：突厥官名，使分主诸国。⑩榱：椽子。⑪职方郎中：官名。掌天下地图及城隍镇戍烽候之数，辨其邦国之远近及四夷之归化，凡五方之区域，都邑之废置，疆场之争讼，举而正之。⑫四郡：汉武帝置过临屯、真番、乐浪、玄菟四郡。

冬，十月，辛卯，上校猎伊阙；[1]壬辰，幸嵩阳；[2]辛丑，还宫。

并州大都督长史李世勣在州十六年，令行禁止，民夷怀服。上曰：『隋炀帝劳百姓，筑长城以备突厥，卒无所益。朕唯置李世勣于晋阳而边尘不惊，其为长城，岂不壮哉！』十一月，庚申，以世勣为兵部尚书。

壬申，车驾西归长安。

薛延陀真珠可汗闻上将东封，谓其下曰：『天子封泰山，士马皆从，边境必虚，我以此时取思摩，如拉朽耳。』乃命其子大度设发同罗、仆骨、回纥、靺鞨、霫等兵合二十万，度漠南，屯白道川，据善阳岭以击突厥。[3]俟利苾可汗不能御，帅部落入长城，保朔州，遣使告急。

癸酉，上命营州都督张俭帅所部骑兵及奚、霫、契丹压其东境；以兵部尚书李世勣为朔州道行军总管，将兵六万，骑千二百，屯羽方；右卫大将军李大亮为灵州道行军总管，将兵四万，骑五千，屯灵武；右屯卫大将军张士贵将兵一万七千，为庆州道行军总管，出云中；凉州都督李袭誉为凉州道行军总管，出其西。

诸将辞行，上戒之曰：『薛延陀负其强盛，逾漠而南，行数千里，马已疲瘦。凡用兵之道，见利速进，不利速退。薛延陀不能掩思摩不备，急击之，思摩入长城，又不速退。吾已敕思摩烧剃秋草，彼粮糗日尽，野无所获。顷侦者来，云其马啮林木枝皮略尽。卿等当与思摩共为掎角，不须速战，俟其将退，一时奋击，破之必矣。』

十二月，戊子，车驾至京师。

己亥，薛延陀遣使入见，请与突厥和亲。甲辰，李世勣败薛延陀于诸真水。④初，薛延陀击西突厥沙钵罗及阿史那社尔，皆以步战取胜；及将入寇，乃大教步战，使五人为伍，一人执马，四人前战，战胜则授以马追奔。于是大度设将三万骑逼长城，欲击突厥，而思摩已走，知不可得，遣人登城骂之。会李世勣引唐兵至，尘埃涨天，大度设惧，将其众自赤柯泺北走。世勣选麾下及突厥精骑六千自直道邀之，逾白道川，追及于青山。大度设走累日，至诸真水，勒兵还战，陈亘十里。突厥先与之战，不胜，还走。大度设乘胜追之，遇唐兵。薛延陀万矢俱发，唐马多死。世勣命士卒皆下马，执长矟直前冲之。薛延陀众溃，副总管薛万彻以数千骑收其执马者。薛延陀失马，不知所为，唐兵纵击，斩首三千余级，捕虏五万余人。大度设脱身走，万彻追之不及。其众至漠北，值大雪，人畜冻死者什八九。

李世勣还军定襄，突厥思结部居五台者叛走，⑤州兵追之；会世勣军还，夹击，悉诛之。

丙子，薛延陀使者辞还，上谓之曰：『吾约汝与突厥以大漠为界，有相侵者，我则讨之。汝自恃其强，逾漠攻突厥。李世勣所将才数千骑耳，汝已狼狈如此！归语可汗：凡举措利害，可善择其宜。』

上问魏征：『比来朝臣何殊不论事！』对曰：『陛下虚心采纳，必有言者。凡臣徇国者寡，爱身者多，彼畏罪，故不言耳。』上曰：『然。人臣关说忤旨，动及刑诛，与夫蹈汤火冒白刃者亦何异哉！是以禹拜昌言，⑥良为此也。』

房玄龄、高士廉遇少府少监窦德素于路，⑦问：『北门近何营缮？』德素奏之。上怒，让玄龄等曰：『君但知南牙政事，⑧北门小营缮，何预君事！』玄龄等拜谢。魏征进曰：『臣不知陛下何以责玄龄等，而玄龄等亦何所谢！玄龄等为陛下股肱耳目，于中外事岂有不应知者！使所营为是，当助陛下成之；为非，当请陛下罢之。问于有司，理则宜然。不知何罪而责，亦何罪而谢也！』上甚愧之。

上尝临朝谓侍臣曰：『朕为人主，常兼将相之事。』给事中张行成退而上书，以为：『禹不矜伐而天下莫与之争。⑨陛下拨乱反正，群臣诚不足望清光；然不必临朝言之。以万乘之尊，⑩乃与群臣校功争能，臣窃为陛下不取。』上甚善之。

【注释】

①伊阙：县名。今河南伊川县西南。②嵩阳：县名。今河南登封县西南。③善阳岭：今山西朔县北。④诺真水：今内蒙古托克托县北。⑤五台：县名。今山西五台县。⑥昌言：正言、善言。⑦少府少监：官名。掌供百工技巧之事，

凡天子服御、百官仪制、展采备物，皆率其属以供之。⑧南牙：即后讹称南衙。古行军将帅帐前建牙旗，作为驻扎办理军务的中心标志称牙帐，总典牙将牙兵，以押衙为名，后官府亦称衙。⑨『禹不』句：此引以劝谏莫与群臣校功争能。⑩万乘之尊：指天子、帝王之尊贵、尊荣。

十六年 春，正月，乙丑，魏王泰上《括地志》。①泰好学，司马苏勖说泰，以古之贤王皆招士著书，故泰奏请修之。于是大开馆舍，广延时俊，人物辐凑，门庭如市。泰月给逾于太子，谏议大夫褚遂良上疏，以为：『圣人制礼，尊嫡卑庶，世子用物不会，②与王者共之。庶子虽爱，不得逾嫡，所以塞嫌疑之渐，除祸乱之源也。若当亲者疏，当尊者卑，则佞巧之奸，乘机而动矣。昔汉窦太后宠梁孝王，卒以忧死；宣帝宠淮阳宪王，亦几至于败。今魏王新出阁，宜示以礼则，训以谦俭，乃为良器，此所谓「圣人之教不肃而成」者也。』上从之。

上又令泰徙居武德殿。魏征上疏，以为：『陛下爱魏王，常欲使之安全，宜每抑其骄奢，不处嫌疑之地。今移居此殿，乃在东宫之西，海陵昔尝居之，③时人不以为可；虽时异事异，然亦恐魏王之心不敢安息也。』上曰：『几致此误。』遽遣泰归第。

辛未，徙死罪者实西州，其犯流徙则充戍，各以罪轻重为年限。

敕天下括浮游无籍者，限来年末附华。

以兼中书侍郎岑文本为中书侍郎，专知机密。④

夏，四月，壬子，上谓谏议大夫褚遂良曰：『卿犹知起居注，⑤所书可得观乎？』对曰：『史官书人君言动，备记善恶，庶几人君不敢为非，未闻自取而观之也！』上曰：『朕有不善，卿亦记之邪？』对曰：『臣职当载笔，不敢不记。』黄门侍郎刘洎曰：『借使遂良不记，天下亦皆记之。』上曰：『诚然。』

六月，庚寅，诏息隐王可追复皇太子，⑥海陵刺王元吉追封巢王，谥并依旧。

甲辰，诏自今皇太子出用库物，所司勿为限制。于是太子发取无度，左庶子张玄素上书，以为：『周武帝平定山东，隋文帝混一江南，勤俭爱民，皆为令主；有子不肖，卒亡宗祀。⑦圣上以殿下亲则父子，事兼家国，所应用物不为节限，恩旨未逾六旬，用物已过七万，骄奢之极，孰云过此！况宫臣正士，未尝在侧；群邪淫巧，昵近深宫。在外瞻仰，已有此失；居中隐密，宁可胜计！苦药利病，苦言利行，⑧伏惟居安思危，日慎一日。』太子恶其书，令户奴伺玄素早朝，[9]密以大马棰击之，几毙。

秋，七月，戊午，以长孙无忌为司徒，房玄龄为司空。

庚申，制：『自今有自伤残者，据法加罪，仍从赋役。』隋末赋役重数，人往往自折支体，谓之『福手』『福足』；至是遗风犹存，故禁之。

特进魏征有疾，上手诏问之，且言：『不见数日，朕过多矣。今欲自往，恐益为劳。若有闻见，可封状进来。』征上言：『比者弟子陵师，奴婢忽主，下多轻上，皆有为而然，渐不可长。』又言：『陛下临朝，常以至公为言，退而行之，未免私僻。或畏人知，横加威怒，欲盖弥彰，竟有何益！』征宅无堂，上命辍小殿之材以构之，五日而成，仍赐以素屏风、素褥、几、杖等以遂其所尚。征上表谢，上手诏称：『处卿至此，盖为黎元与国家，岂为一人，何事过谢！』

【注释】①《括地志》：书名。②会：计算。③海陵：即海陵刺王的简称，其为李元吉的追封之号。④『以兼』句：中书侍郎二员，时独用岑文本，故专典机密。⑤知起居注：专记皇上起居言行以交史官，将酌情载入史册。⑥息隐王：为皇上践祚后对先太子李建成的追加封号。⑦『周武帝』句：引周武帝宇文邕、隋文帝杨坚，都是勤俭爱民成就王业的好君主，但他们有不肖子天元、杨广使国家败亡，以提醒皇上。⑧苦药利病，苦言利行：比喻真心劝诫、尖锐批评虽听着不顺，但很有益处。⑨户奴：官奴。专掌守门户。

八月，丁酉，上曰：『当今国家何事最急？』谏议大夫褚遂良曰：『今四方无虞，唯太子、诸王宜有定分最急。』上曰：『此言是也。』时太子承乾失德，魏王泰有宠，群臣日有疑议，上闻而恶之，谓侍臣曰：『方今群臣，忠直无逾魏征，我遣傅太子，用绝天下之疑。』九月，丁巳，以魏征为太子太师。征疾小愈，诣朝堂表辞，上手诏谕以『周幽、晋献，废嫡立庶，危国亡家。[1]汉高祖几废太子，赖四皓然后安。我今赖公，即其义也。知公疾病，可卧护之。』征乃受诏。

癸亥，薛延陀真珠可汗遣其叔父沙钵罗泥孰俟斤来请昏，献马三千，貂皮三万八千，马脑镜一。

癸酉，以凉州都督郭孝恪行安西都护、西州刺史，高昌旧民与镇兵及谪徙者杂居西州，孝恪推诚抚御，咸得其欢心。

西突厥乙毗咄陆可汗既杀沙钵罗叶护，并其众，又击吐火罗，[2]灭之。自恃强大，遂骄倨，拘留唐使者，侵暴西域，遣兵寇伊州；郭孝恪将轻骑二千自乌骨邀击，败之。乙毗咄陆又遣处月、处密二部围天山，[3]孝恪击走之，乘胜进拔处月俟斤所居城，追奔至遏索山，降处密之众而归。

初，高昌既平，岁发兵千余人戍守其地。褚遂良上疏，以为：『圣王为治，先华夏而后夷狄。陛下兴兵取高昌，数郡萧然，累年不复；岁调千余人屯戍，远去乡里，破产办装。又谪徙罪人，皆无赖子弟，适足骚扰边鄙，岂能有益行陈！所遣多复逃亡，徒烦追捕。加以道涂所经，沙碛千里，冬风如割，夏风如焚，行人往来，遇之多死。设使张掖、酒泉有烽燧之警，陛下岂得高昌一夫斗粟之用？终当发陇右诸州兵食以赴之耳。[4]然则河西者，中国之心腹；高昌者，他人之手足；奈何糜弊本根以事无用之土乎！且陛下得突厥、吐谷浑，皆不有其地，为之立君长以抚之，高昌独不得与为比乎！叛而执之，服而封之，刑莫威焉，德莫厚焉。愿更择高昌子弟可立者，使君其国，子子孙孙，负荷大恩，永为唐室藩辅，内安外宁，不亦善乎！』上弗听。及西突厥入寇，上悔之，曰：『魏征、褚遂良劝我复立高昌，吾不用其言，今方自咎耳。』

乙毗咄陆西击康居，道过米国，[5]破之。虏获甚多，不分与其下，其将泥孰啜辄夺取之，乙毗咄陆怒，斩泥孰啜以徇，众皆愤怨。泥孰啜部将胡禄屋袭击之，乙毗咄陆众散，走保白水胡城。于是弩失毕诸部及乙毗咄陆所部屋利啜等遣使诣阙，请废乙毗咄陆，更立可汗。上遣使赍玺书，立莫贺咄之子为乙毗射匮可汗。乙毗射匮既立，悉礼遣乙毗咄陆所留唐使者，帅诸部击乙毗咄陆于白水胡城。乙毗咄陆出兵击之，乙毗射匮大败。乙毗咄陆遣使招其故部落，故部落皆曰：『使我千人战死，一人独存，亦不汝从！』乙毗咄陆自知不为众所附，乃西奔吐火罗。

冬，十月，丙申，殿中监郢纵公宇文士及卒。[6]上尝止树下，爱之，士及从而誉之不已，上正色曰：『魏征常劝我远佞人，我不知佞人为谁，意疑是汝，今果不谬！』士及叩头谢。

上谓侍臣曰：『薛延陀屈强漠北，今御之止有二策，苟非发兵殄灭之，则与之婚姻以抚之耳。二者何从？』房玄龄对曰：『中国新定，兵凶战危，臣以为和亲便。』上曰：『然。朕为民父母，苟可利之，何爱一女！』

先是，左领军将军契苾何力母姑臧夫人及弟贺兰州都督沙门皆在凉州，上遣何力归觐，且抚其部落。时薛延陀方强，契苾部落皆欲归之，何力大惊曰：『主上厚恩如是，奈何遽为叛逆！』其徒曰：『夫人、都督先已诣彼，若之何不往！』何力曰：『沙门孝于亲，我忠于君，必不汝从。』其徒执之诣薛延陀，置真珠牙帐前。何力箕踞，拔佩刀东向大呼曰：『岂有唐烈士而受屈虏庭，天地日月，愿知我心！』因割左耳以誓。真珠欲杀之，其妻谏而止。

上闻契苾叛，曰：『必非何力之意。』左右曰：『戎狄气类相亲，何力入薛延陀，如鱼趋水耳。』上曰：『不然。何力心如铁石，必不叛我！』会有使者自薛延陀来，具言其状，上为之下泣，谓左右曰：『何力果如何！』即命兵部侍郎崔敦礼持节谕薛延陀，以新兴公主妻之，[7]以求何力。何力由是得还，拜右骁卫大将军。

十一月，丙辰，上校猎于武功。

丁巳，营州都督张俭奏高丽东部大人泉盖苏文弑其王武。[8]盖苏文凶暴，多不法，其王及大臣议诛之。盖苏文密知之，悉集部兵若校阅者，并盛陈酒馔于城南，召诸大臣共临视，勒兵尽杀之，死者百余人。因驰入宫，手弑其王，断为数段，弃沟中，立王弟子藏为王；自为莫离支，[9]其官如中国吏部兼兵部尚书也。于是号令远近，专制国事。盖苏文状貌雄伟，意气豪逸，身佩五刀，左右莫敢仰视。每上下马，常令贵人、武将伏地而履之。出行必整队伍，前导者长呼，则人皆奔迸，不避坑谷，路绝行者，国人甚苦之。

壬戌，上校猎于岐阳，[10]因幸庆善宫，召武功故老宴赐，极欢而罢。庚午，还京师。

壬申，上曰：『朕为兆民之主，皆欲使之富贵。若教以礼义，使之少敬长、妇敬夫，则皆贵矣。轻徭薄敛，使之各治生业，则皆富矣。若家给人足，朕虽不听管弦，乐在其中矣。』

亳州刺史裴庄奏请伐高丽，[11]上曰：『高丽王武职贡不绝，为贼臣所弑，朕哀之甚深，固不忘也。但因丧乘乱而取之，虽得之不贵。且山东凋弊，吾未忍言用兵也。』

高祖之入关也，隋武勇郎将冯翊党仁弘将兵二千余人，归高祖于蒲坂，从平京城，寻除陕州总管，大军东讨，仁弘转饷不绝，历南宁、戎、广州都督。[12]仁弘有才略，所至著声迹，上甚器之。然性贪，罢广州，为人所讼，赃百余万，罪当死。上谓侍臣曰：『吾昨见大理五奏诛仁弘，[13]哀其白首就戮，方晡食，遂命撤案；然为之求生理，终不可得。今欲曲法就公等乞之。』十二月，壬午朔，上复召五品已上集太极殿前，谓曰：『法者，人君所受于天，不可以私而失信。今朕私党仁弘而欲赦之，是乱其法，上负于天。欲席藁于南郊，日一进蔬食，以谢罪于天三日。』房玄龄等皆曰：『生杀之柄，人主所得专也，何至自贬责如此！』上不许，群臣顿首固请于庭，自旦至日昃，上乃降手诏，自称：『朕有三罪：知人不明，一也；以私乱法，二也；善善未赏，恶恶未诛，三也。以公等固谏，且依来请。』于是黜仁弘为庶人，徙钦州。[14]

癸卯，上幸骊山温汤；甲辰，猎于骊山。上登山，见围有断处，顾谓左右曰：『吾见其不整而不刑，则堕军法；

刑之，则是吾登高临下以求人之过也。』乃托以道险，引辔入谷以避之。乙巳，还宫。

刑部以反逆缘坐律兄弟没官为轻，请改从死。敕八座议之，⑮议者皆以为『秦、汉、魏、晋之法，反者皆夷三族，今宜如刑部请为是。』给事中崔仁师驳曰：『古者父子兄弟罪不相及，奈何以亡秦酷法变隆周中典！⑯且诛其父子，足累其心，此而不顾，何爱兄弟！』上从之。

上问侍臣曰：『自古或君乱而臣治，或君治而臣乱，二者孰愈？』魏征对曰：『君治则善恶赏罚当，臣安得而乱之！苟为不治，纵暴愎谏，虽有良臣，将安所施！』上曰：『齐文宣得杨遵彦，非君乱而臣治乎？』对曰：『彼才能救亡耳，乌足为治哉！』

【注释】

①『周幽』句：周幽王姬宫涅废太子而立褒姒之子，为犬戎所杀，周室衰微。晋献公废世子，立骊姬之子，晋国大乱。②吐火罗：古国名。今新疆塔什库尔干塔吉克自治县一带。③天山：县名。今新疆托克逊县东北。④陇右：约今甘肃陇山、六盘山以西，黄河以东一带。⑤米国：古国名。原居祁连山东北昭武城，为昭武九姓之一。⑥郢纵公：为宇文士及的谥号。⑦新兴公主：皇上的女儿。⑧泉盖苏文：或号盖金，姓泉氏，自云生水中以惑众。⑨莫离支：古高丽官名，相当于中国古代的吏部兼兵部尚书。⑩岐阳：治今陕西岐山县东北岐阳村。⑪亳州：今安徽亳县。⑫戎：古州名。今四川宜宾市。⑬五奏：贞观五年（公元631年）制令，死罪囚，三日五覆奏。⑭钦州：今广西钦州市东北钦江北岸。⑮八座：隋唐以六部尚书、左右仆射及令为八座。⑯中典：常行的法律。

十七年 春，正月，丙寅，上谓群臣曰：『闻外间士民以太子有足疾，魏王颖悟，多从游幸，遽生异议，徼幸之徒，已有附会者。太子虽病足，不废步履。且《礼》①：嫡子死，立嫡孙。太子男已五岁，朕终不以孽代宗，启窥窬之源也。』②

郑文贞公魏征寝疾，上遣使者问讯，赐以药饵，相望于道。又遣中郎将李安俨宿其第，动静以闻。上复与太子同至其第，指衡山公主，欲以妻其子叔玉。戊辰，征薨，命百官九品以上皆赴丧，给羽葆鼓吹，③陪葬昭陵。其妻裴氏曰：『征平生俭素，今葬以一品羽仪，④非亡者之志。』悉辞不受，以布车载柩而葬。上登苑西楼，⑤望哭尽哀。上自制碑文，并为书石。上思征不已，谓侍臣曰：『人以铜为镜，可以正衣冠，以古为镜，可以见兴替，以人为镜，可以知得失；魏征没，朕亡一镜矣！』

鄠尉游文芝告代州都督刘兰成谋反，戊申，兰成坐腰斩。右武侯将军丘行恭探兰成心肝食之；上闻而让之曰：『兰成谋反，国有常刑，何至如是！若以为忠孝，则太子诸王先食之矣，岂至卿邪！』行恭惭而拜谢。

二月，壬午，上问谏议大夫褚遂良曰：『舜造漆器，谏者十余人。[6]此何足谏？』对曰：『奢侈者，危亡之本；漆器不已，将以金玉为之。忠臣爱君，必防其渐，若祸乱已成，无所复谏矣。』上曰：『然。朕有过，卿亦当谏其渐。朕见前世帝王拒谏者，多云「业已为之」，或云「业已许之」，终不为改。如此，欲无危亡，得乎？』

时皇子为都督、刺史者多幼稚，遂良上疏，以为：『汉宣帝云：「与我共治天下者，其惟良二千石乎？」[7]今皇子幼稚，未知从政，不若且留京师，教以经术，俟其长而遣之。』上以为然。

壬辰，以太子詹事张亮为洛州都督。侯君集自以有功而下吏，怨望，有异志。亮出为洛州，君集激之曰：『何人相排？』亮曰：『非公而谁！』君集曰：『我平一国来，逢嗔如屋大，安能仰排！』因攘袂曰：『郁郁殊不聊生！公能反乎？与公反！』亮密以闻。上曰：『卿与君集皆功臣，语时旁无它人，若下吏，君集必不服。如此，事未可知，卿且勿言。』待君集如故。

鄜州都督尉迟敬德表乞骸骨；乙巳，以敬德为开府仪同三司，五日一参。

丁未，上曰：『人主惟有一心，而攻之者甚众。或以勇力，或以辩口，或以谄谀，或以奸诈，或以嗜欲，辐凑攻之，各求自售，以取宠禄。人主少懈，而受其一，则危亡随之，此其所以难也。』

戊申，上命[8]图画功臣赵公长孙无忌、赵郡元王孝恭、莱成公杜如晦、郑文贞公魏征、梁公房玄龄、申公高士廉、鄂公尉迟敬德、卫公李靖、宋公萧瑀、褒忠壮公段志玄、夔公刘弘基、蒋忠公屈突通、郧节公殷开山、谯襄公柴绍、邳襄公长孙顺德、郧公张亮、陈公侯君集、郯襄公张公谨、卢公程知节、永兴文懿公虞世南、渝襄公刘政会、莒公唐俭、英公李世勣、胡壮公秦叔宝等于凌烟阁。[9]

【注释】

①《礼》：《礼记》。②窥窬：伺隙而动。③羽葆：仪仗名，以鸟羽为饰者。④羽仪：仪仗中以羽毛装饰的旌旗之类。⑤苑西楼：长安禁苑之西楼。⑥『舜造』句：《说苑》：尧释天下，舜受之，作为饮器，斩木而裁之，犹漆黑之，诸侯侈，国之不服者十有三。⑦二千石：指郡守。⑧『上命』句：功臣，书爵不谥者，其人存；书爵书谥者，其人已死。⑨凌烟阁：楼阁名。在长安皇宫西内三清殿侧。

齐州都督齐王祐，性轻躁，其舅尚乘直长阴弘智说之曰：①『王兄弟既多，陛下千秋万岁后，宜得壮士以自卫。』祐以为然。弘智因荐妻兄燕弘信，祐悦之，厚赐金玉，使阴募死士。

上选刚直之士以辅诸王，为长史、司马，诸王有过以闻。祐昵近群小，好畋猎，长史权万纪骤谏，不听。壮士昝君謩、梁猛彪得幸于祐，万纪皆劾逐之，祐潜召还，宠之逾厚。上数以书切责祐，万纪恐并获罪，谓勣曰：『王审能自新，万纪请入朝言之。』乃条勣过失，迫令表首，祐惧而从之。万纪至京师，言祐必能悛改。上甚喜，勉万纪，而数祐前过，以敕书戒之。祐闻之，大怒曰：『长史卖我！劝我而自以为功，必杀之。』上以校尉京兆韦文振谨直，用为祐府典军，②文振数谏，祐亦恶之。

万纪性褊，专以刻急拘持祐，城门外不听出，悉解纵鹰犬，斥君謩、猛彪不得见祐。会万纪宅中有块夜落，万纪以为君謩、猛彪谋杀己，悉收系，发驿以闻，并劾与祐同为非者数十人。上遣刑部尚书刘德威往按之，事颇有验，诏祐与万纪俱入朝。祐既积忿，遂与燕弘信兄弘亮等谋杀万纪。万纪奉诏先行，祐遣弘亮等二十余骑追射杀之。祐党共逼韦文振欲与同谋，文振不从，驰走数里，追及，杀之。寮属股栗，稽首伏地，莫敢仰视。祐因私署上柱国、开府等官，开库物行赏，驱民入城，缮甲兵、楼堞，置拓东王、拓西王等官。吏民弃妻子夜縋出亡者相继，祐不能禁。三月，丙辰，诏兵部尚书李世勣等发怀、洛、汴、宋、潞、滑、济、郓、海九州兵讨之。上赐祐手敕曰：『吾常戒汝勿近小人，正为此耳。』

祐召燕弘亮等五人宿于卧内，余党分统士众，巡城自守。祐每夜与弘亮等对妃宴饮，以为得志；戏笑之际，语及官军，弘亮等曰：『王不须忧！弘亮等右手持酒卮，左手为王挥刀拂之！』祐喜，以为信然。传檄诸县，皆莫肯从。时李世勣兵未至，而青、淄等数州兵已集其境。齐府兵曹杜行敏等阴谋执祐，③祐左右及吏民非同谋者无不响应。庚申，夜，四面鼓噪，声闻数十里。祐党有居外者，众皆攒刃杀之。祐问何声，左右绐云：『英公统飞骑已登城矣。』④行敏分兵凿垣而入，祐与弘亮等被甲执兵之室，闭扉拒战，行敏等千余人围之，自旦至日中，不克。行敏谓祐曰：『王昔为帝子，今乃国贼，不速降，立为煨烬矣。』因命积薪，欲焚之。祐自牖间谓行敏曰：『即启扉，独虑燕弘亮兄弟死耳。』行敏曰：『必相全。』祐等乃出。或抉弘亮目，投睛于地，余皆挞折其股而杀之。执祐出牙前示吏民，还，锁之于东厢，齐州悉平。乙丑，敕李世勣等罢兵。祐至京师，赐死于内侍省，⑤同党诛者四十四人，余皆不问。

祐之初反也，齐州人罗石头面数其罪，援枪前，欲刺之，为燕弘亮所杀。祐引骑击高村，村人高君状遥责祐曰：『主上提三尺剑取天下，亿兆蒙德，仰之如天。王忽驱城中数百人欲为逆乱以犯君父，无异一手摇泰山，何不自量之甚也！』祐纵击，虏之，惭不能杀。敕赠石头亳州刺史。以君状为榆社令，⑥以杜行敏为巴州刺史，封南阳郡公；其同谋执祐者官赏有差。

上检祐家文疏，得记室郏城孙处约谏书，⑦嗟赏之，累迁中书舍人。庚午，赠权万纪齐州都督，赐爵武都郡公，谥曰敬；韦文振左武卫将军，赐爵襄阳县公。

【注释】

①直长：掌内外闲厩之马，辨其粗良而率其习驭的。②典军：掌率校尉以下守卫随从之事。③兵曹：专掌武官簿书、考课、仪卫、假使等事。④飞骑：玄武门屯兵。其果敢飞骑善战。⑤内侍省：后宫官署。⑥榆社：县名。今山西榆社县。⑦郏城：今河南郏县。

初，太子承乾喜声色及畋猎，所为奢靡，畏上知之，对宫臣常论忠孝，或至于涕泣，退归宫中，则与群小相亵狎。宫臣有欲谏者，太子先揣知其意，辄迎拜，敛容危坐，引咎自责，言辞辩给，宫臣拜答不暇。宫省秘密，外人莫知，故时论初皆称贤。

太子作八尺铜炉、六隔大鼎，募亡奴盗民间马牛，①亲临烹煮，与所幸厮役共食之。②又好效突厥语及其服饰，选左右貌类突厥者五人为一落，辫发羊裘而牧羊，作五狼头纛及幡旗，设穹庐，③太子自处其中，敛羊而烹之，抽佩刀割肉相啖。又尝谓左右曰：『我试作可汗死，汝曹效其丧仪。』因僵卧于地，众悉号哭，跨马环走，临其身，剺面。④良久，太子欻起，⑤曰：『一朝有天下，当帅数万骑猎于金城西，然后解发为突厥，委身思摩，若当一设，不居人后矣。』⑥

左庶子于志宁、右庶子孔颖达数谏太子，上嘉之，赐二人金帛以风励太子，仍迁志宁为詹事。志宁与左庶子张玄素数上书切谏，太子阴使人杀之，不果。

汉王元昌所为多不法，上数谴责之，由是怨望。太子与之亲善，朝夕同游戏，分左右为二队，太子与元昌各统其一，被毡甲，操手矟，布陈大呼交战，击刺流血，以为娱乐。有不用命者，披树挝之，⑦至有死者。且曰：『使我今日作天子，明日于苑中置万人营，与汉王分将，观其战斗，岂不乐哉！』又曰：『我为天子，极情纵欲，有谏者辄杀之，不过杀数百人，众自定矣。』

魏王泰多艺能，有宠于上，见太子有足疾，潜有夺嫡之志，折节下士以求声誉。上命黄门侍郎韦挺摄泰府事，后命工部尚书杜楚客代之，二人俱为泰要结朝士。楚客或怀金以赂权贵，因说以魏王聪明，宜为上嗣；文武之臣，各有附托，潜为朋党。太子畏其逼，遣人诈为泰府典签上封事，[8]其中皆言泰罪恶，敕捕之，不获。

太子私幸太常乐童称心，[9]与同卧起。道士秦英、韦灵符挟左道，得幸太子。上闻之，大怒，悉收称心等杀之，连坐死者数人，诮让太子甚至。太子意泰告之，怨怒逾甚，思念称心不已，于宫中构室，立其像，朝夕奠祭，徘徊流涕。又于苑中作冢，私赠官树碑。上意浸不怿，太子亦知之，称疾不朝谒者动涉数月；阴养刺客纥干承基等及壮士百余人，谋杀魏王泰。

吏部尚书侯君集之婿贺兰楚石为东宫千牛，[10]太子知君集怨望，数令楚石引君集入东宫，问以自安之术。君集以太子暗劣，欲乘衅图之，因劝之反，举手谓太子曰：『此好手，当为殿下用之。』又曰：『魏王为上所爱，恐殿下有庶人勇之祸，[11]若有敕召，宜密为之备。』太子大然之。太子厚赂君集及左屯卫中郎将顿丘李安俨，使诇上意，动静相语。安俨先事隐太子，隐太子败，安俨为之力战，上以为忠，故亲任之，使典宿卫。安俨深自托于太子。

汉王元昌亦劝太子反，且曰：『比见上侧有美人，善弹琵琶，事成，愿以垂赐。』太子许之。洋州刺史开化公赵节，慈景之子也，[12]母曰长广公主；[13]驸马都尉杜荷，如晦之子也，尚城阳公主；[14]皆为太子所亲昵，预其反谋。凡同谋者皆割臂，以帛拭血，烧灰和酒饮之，誓同生死，潜谋引兵入西宫。杜荷谓太子曰：『天文有变，当速发以应之，殿下但称暴疾危笃，主上必亲临视，因兹可以得志。』太子闻齐王祐反于齐州，谓纥干承基等曰：『我宫西墙，去大内正可二十步耳，与卿为大事，岂比齐王乎！』会治祐反事，连承基，承基坐系大理狱，当死。

【注释】

①亡奴：指官奴中案押在逃的亡命之徒。②厮役：指男姓干粗活的仆人。③穹庐：古代突厥等民族所居住的一种其状中高周低圆形的毡帐。④剺：用刀划。⑤欻起：忽然起来。⑥『一朝有天下』句：承乾自我表白，显露其狂愚。⑦挝：此用为打击意。⑧典签：王府中管文书的官员。⑨太常乐童称心：太常寺有乐人，年十余岁，美姿容，善歌舞，承乾时加宠幸，号曰称心。⑩千牛：官名。掌执千牛刀，侍奉左右。⑪勇：杨勇，隋文帝杨坚嫡长子，因被诬谄被贬为庶人。⑫慈景：赵慈景，高祖曾使他攻河东，为尧君素所杀。⑬长广公主：为高祖李渊之女。⑭城阳公主：为太宗之女。

太宗文武大圣大广孝皇帝中之下

贞观十七年 夏，四月，庚辰朔，承基上变，[1]告太子谋反。敕长孙无忌、房玄龄、萧瑀、李世勣与大理、中书、门下参鞫之，[2]反形已具。上谓侍臣：『将何以处承乾？』群臣莫敢对，通事舍人来济进曰：『陛下不失为慈父，太子得尽天年，则善矣！』上从之。济，护儿之子也。[3]

乙酉，诏废太子承乾为庶人，幽于右领军府。上欲免汉王元昌死，群臣固争，乃赐自尽于家，而宥其母、妻、子。[4]侯君集、李安俨、赵节、杜荷等皆伏诛。左庶子张玄素、右庶子赵弘智、令狐德棻等以不能谏争，皆坐免为庶人。余当连坐者，悉赦之。詹事于志宁以数谏，独蒙劳勉。以纥干承基为祐川府折冲都尉，[5]爵平棘县公。

侯君集被收，贺兰楚石复诣阙告其事，上引君集谓曰：『朕不欲令刀笔吏辱公，[6]故自鞫公耳。』君集初不承。引楚石具陈始末，又以所与承乾往来启示之，君集辞穷，乃服。上谓侍臣曰：『君集有功，欲乞其生，可乎？』群臣以为不可。上乃谓君集曰：『与公长诀矣！』因泣下。君集亦自投于地，遂斩之于市。君集临刑，谓监刑将军曰：『君集蹉跌至此！然事陛下于藩邸，[7]击取二国，[8]乞全一子以奉祭祀。』上乃原其妻及子，徙岭南。籍没其家，[9]得二美人，自幼饮人乳而不食。

初，上使李靖教君集兵法，君集言于上曰：『李靖将反矣。』上问其故，对曰：『靖独教臣以其粗而匿其精，以是知之。』上以问靖，靖对曰：『此乃君集欲反耳。今诸夏已定，臣之所教，足以制四夷，而君集固求尽臣之术，非反而何！』江夏王道宗尝从容言于上曰：『君集志大而智小，自负微功，耻在房玄龄、李靖之下，虽为吏部尚书，未满其志。以臣观之，必将为乱。』上曰：『君集材器，亦何施不可！朕岂惜重位，但次第未至耳，岂可亿度，[10]妄生猜贰邪！』及君集反诛，上乃谢道宗曰：『果如卿言！』

李安俨父，年九十余，上愍之，赐奴婢以养之。

太子承乾既获罪，魏王泰日入侍奉，上面许立为太子，岑文本、刘洎亦劝之；长孙无忌固请立晋王治。上谓侍臣曰：『昨青雀投我怀云[11]：「臣今日始得为陛下子，乃更生之日也。臣有一子，臣死之日，当为陛下杀之，传位晋王。」人谁不爱其子，朕见其如此，甚怜之。』谏议大夫褚遂良曰：『陛下言大失。愿审思，勿误也！安有陛下万岁后，魏王据天下，肯杀其爱子，传位晋王者乎！陛下日者既立承乾为太子，复宠魏王，礼秩过于承乾，以成今日之祸。前事不远，足以为鉴。陛下今立魏王，愿先措置晋王，始得安全耳。』上流涕曰：『我不能尔！』因起，入宫。魏王泰恐上立晋王治，谓之曰：『汝与元昌善，元昌今败，得无忧乎？』治由是忧形于色，上怪，屡问其故，治乃以状告；上怃然，始悔立泰之言矣。上面责承乾，承乾曰：『臣为太子，复何所求！但为泰所图，时与朝臣谋自安之术，不逞之人遂教臣为不轨耳。今若泰为太子，所谓落其度内。』

承乾既废，上御两仪殿，⑫群臣俱出，独留长孙无忌、房玄龄、李世勣、褚遂良，谓曰：『我三子一弟，⑬所为如是，我心诚无聊赖！』因自投于床，无忌等争前扶抱；上又抽佩刀欲自刺，遂良夺刀以授晋王治。无忌等请上所欲，上曰：『我欲立晋王。』无忌曰：『谨奉诏；有异议者，臣请斩之！』上谓治曰：『汝舅许汝矣，宜拜谢。』治因拜之。上谓无忌等曰：『公等已同我意，未知外议何如？』对曰：『晋王仁孝，天下属心久矣，乞陛下试召问百官，有不同者，臣负陛下万死。』上乃御太极殿，⑭召文武六品以上，谓曰：『承乾悖逆，泰亦凶险，皆不可立。朕欲选诸子为嗣，谁可者？卿辈明言之。』众皆欢呼曰：『晋王仁孝，当为嗣。』上悦，是日，泰从百余骑至永安门，⑮敕门司尽辟其骑，引泰入肃章门，幽于北苑。

丙戌，诏立晋王治为皇太子，御承天门楼，赦天下，酺三日。上谓侍臣曰：『我若立泰，则是太子之位可经营而得。自今太子失道，藩王窥伺者，皆两弃之，传诸子孙，永为后法。且泰立，则承乾与治皆不全；治立，则承乾与泰皆无恙矣。』

臣光曰：唐太宗不以天下大器私其所爱，以杜祸乱之原，可谓能远谋矣！

【注释】

①上变：向朝廷密告谋反变乱之事。②『敕长孙无忌』句：唐制，凡国之大狱，三司详决。三司谓给事中、中书舍人及御史参鞫。今令三省与大理参鞫，重其事。鞫：审讯，查问。③护儿：即来护儿，隋将，死于宇文化及之难。④母：指李元昌生母，李渊之妃嫔。⑤祐川府：今甘肃临兆县。⑥刀笔吏：指主办文案的官吏、讼师。⑦事陛下于藩邸：言皇上在藩时，引君集入幕府，数从征伐。⑧二国：指吐谷浑、高昌。⑨籍没其家：按户籍没收其家的财产入官。⑩亿度：预料、猜测。⑪青雀：为魏王李泰小字。⑫两仪殿：两仪殿在太极殿之后。古之内朝，视朝听事之所。⑬三子一弟：指齐王祐、太子承乾、魏王泰和弟汉王元昌。⑭太极殿：太极殿为古之中朝，为朔望视朝的地方。⑮永安门：按《唐六典》太极宫城南面三门，中曰承天门，东曰长乐门，西曰永安门。

丁亥，以中书令杨师道为吏部尚书。初，长广公主适赵慈景，生节；慈景死，①更适师道。师道与长孙无忌等共鞫承乾狱，阴为赵节道地，由是获谴。上至公主所，公主以首击地，泣谢子罪，上亦拜泣曰：『赏不避仇雠，罚不阿亲戚，此天下至公之道，不敢违也，以是负姊。』

己丑，诏以长孙无忌为太子太师，房玄龄为太傅，萧瑀为太保，李世勣为詹事，瑀、世勣并同中书门下三品。同中书门下三品自此始。②又以左卫大将军李大亮领右卫率，前詹事于志宁、中书侍郎马周为左庶子，吏部侍郎苏勖、中书舍人高季辅为右庶子，刑部侍郎张行成为少詹事，③谏议大夫褚遂良为宾客。④

李世勣尝得暴疾，方云『须灰可疗』；上自剪须，为之和药。世勣顿首出血泣谢。上曰：『为社稷，非为卿也，何谢之有！』世勣尝侍宴，上从容谓曰：『朕求群臣可托幼孤者，无以逾公，公往不负李密，⑤岂负朕哉！』世勣流涕辞谢，啮指出血，因饮沉醉；上解御服以覆之。

癸巳，诏解魏王泰雍州牧、相州都督、左武侯大将军，降爵为东莱郡王。泰府僚属为泰所亲狎者，皆迁岭表；以杜楚客兄如晦有功，免死，废为庶子。给事中崔仁师尝密请立魏王泰为太子，左迁鸿胪少卿。⑥

庚子，定太子见三师仪：迎于殿门外，先拜，三师答拜；每门让于三师。三师坐，太子乃坐。其与三师书，前后称名、『惶恐』。⑦

五月，癸酉，太子上表，以『承乾、泰衣服不过随身，饮食不能适口，幽忧可愍，乞敕有司，优加供给。』上从之。黄门侍郎刘洎上言，以『太子宜勤学问，亲师友。今入侍宫闱，动逾旬朔，师保以下，接对甚希，伏愿少抑下流之爱，⑧弘远大之规，则海内幸甚！』上乃命洎与岑文本、褚遂良、马周更日诣东宫，与太子游处谈论。

六月，己卯朔，日有食之。

丁亥，太常丞邓素使高丽还，请于怀远镇增戍兵以逼高丽。⑨上曰：『「远人不服，则修文德以来之」。未闻一二百戍兵能威绝域者也！』丁酉，右仆射高士廉逊位，许之，其开府仪同三司、勋封如故，仍同门下中书三品，知政事。

闰月，辛亥，上谓侍臣曰：『朕自立太子，遇物则诲之，见其饭，则曰：「汝知稼穑之艰难，则常有斯饭矣。」见其乘马，则曰：「汝知其劳逸，不竭其力，则常得乘之矣。」见其乘舟，则曰：「水所以载舟，亦所以覆舟，民犹水也，君犹舟也。」见其息于木下，则曰：「木从绳则正，后从谏则圣。」』

丁巳，诏太子知左、右屯营兵马事，[10]其大将军以下并受处分。

薛延陀真珠可汗使其侄突利设来纳币，献马五万匹，牛、橐驼万头，[11]羊十万口。庚申，突利设献馔，上御相思殿，[12]大飨群臣，设十部乐，突利设再拜上寿，赐赉甚厚。

契苾何力上言：『薛延陀不可与昏。』上曰：『吾已许之矣，岂可为天子而食言乎！』何力对曰：『臣非欲陛下遽绝之也，愿且迁延其事。臣闻古有亲迎之礼，若敕夷男使亲迎，虽不至京师，亦应至灵州；彼必不敢来，则绝之有名矣。夷男性刚戾，既不成昏，其下复携贰，不过一二年必病死，二子争立，则可以坐制之矣！』上从之，乃征真珠可汗使亲迎，仍发诏将幸灵州与之会。真珠大喜，欲诣灵州，其臣谏曰：『脱为所留，悔之无及！』真珠曰：『吾闻唐天子有圣德，我得身往见之，死无所恨，且漠北必当有主。我行决矣，勿复多言！』上发使三道，受其所献杂畜。薛延陀先无库厩，真珠调敛诸部，往返万里，道涉沙碛，无水草，耗死将半，失期不至。议者或以为聘财未备而与为昏，将使戎狄轻中国，上乃下诏绝其昏，停幸灵州，追还三使。

褚遂良上疏，以为：『薛延陀本一俟斤，陛下荡平沙塞，万里萧条，余寇奔波，须有酋长，玺书鼓纛，立为可汗。比者复降鸿私，许其姻媾，西告吐蕃，北谕思摩，中国童幼，靡不知之。御幸北门，受其献食，群臣四夷，宴乐终日。咸言陛下欲安百姓，不爱一女，凡在含生，孰不怀德。今一朝生进退之意，有改悔之心，臣为国家惜兹声听；所顾甚少，所失殊多，嫌隙既生，必构边患。彼国蓄见欺之怒，此民怀负约之惭，恐非所以服远人、训戎士也。陛下君临天下十有七载，以仁恩结庶类，以信义抚戎夷，莫不欣然，负之无力，何惜不使有始有卒乎！夫龙沙以北，部落无算，中国诛之，终不能尽，当怀之以德，使为恶者在夷不在华，失信者在彼不在此，则尧、舜、禹、汤不及陛下远矣！』上不听。

是时，群臣多言：『国家既许其昏，受其聘币，不可失信戎狄，更生边患。』上曰：『卿曹皆知古而不知今。昔汉初匈奴强，中国弱，故饰子女、捐金絮以饵之，得事之宜。今中国强，戎狄弱，以我徒兵一千，可击胡骑数万。薛延陀所以匍匐稽颡，惟我所欲，不敢骄慢者，以新为君长，杂姓非其种族，欲假中国之势以威服之耳。彼同罗、仆骨、回纥等十余部，兵各数万，并力攻之，立可破灭，所以不敢发者，畏中国所立故也。今以女妻之，彼自恃大国之婿，杂姓谁敢不服！戎狄人面兽心，一旦微不得意，必反噬为害。今吾绝其昏，杀其礼，杂姓知我弃之，不日将瓜剖之矣，卿曹第志之。」

臣光曰：孔子称去食、去兵，不可去信。唐太宗审知薛延陀不可妻，则初勿许其昏可也；既许之矣，乃复恃强弃信而绝之，虽灭薛延陀，犹可羞也。王者发言出令，可不慎哉！」

【注释】①慈景：赵慈景，武德元年（公元618年）为尧君素所杀。②太子太师、太傅、太保，统称东宫三师，唐并从一品，掌管太子教谕。同中书门下：谓同其侍众、中书令。③少詹事：官名。职掌东宫内外庶务。④宾客：即太子宾客。掌侍从规谏，赞相礼仪。⑤公往不负李密：谓李世勣忠于李密，关键时刻不背叛。⑥鸿胪少卿：官名。掌朝贺庆吊之赞导相礼。⑦前后称名『惶恐』：这是古代表示对严师尊敬的一种书信格式。⑧下流：本指江河下游。魏晋以后人称子孙为下流。⑨怀远镇：今辽宁辽中县附近。⑩左右屯营：即左右十二卫。⑪橐驼：骆驼。⑫相思殿：殿名。在玄武门内。

上曰：『盖苏文弑其君而专国政，诚不可忍。以今日兵力，取之不难，但不欲劳百姓，吾欲且使契丹、靺鞨扰之，何如？』长孙无忌曰：『盖苏文自知罪大，畏大国之讨，必严设守备，陛下姑为之隐忍，彼得以自安，必更骄惰，愈肆其恶，然后讨之，未晚也。』上曰：『善！』戊辰，诏以高丽王藏为上柱国、辽东郡王、高丽王，遣使持节册命。

丙子，徙东莱王泰为顺阳王。

初，太子承乾失德，上密谓中书侍郎兼左庶子杜正伦曰：『吾儿足疾乃可耳，但疏远贤良，狎昵群小，卿可察之。果不可教示，当来告我。』正伦屡谏，不听，乃以上语告之。太子抗表以闻，上责正伦漏泄，对曰：『臣以此恐之，冀其迁善耳。』上怒，出正伦为榖州刺史。及承乾败，秋，七月，辛卯，复左迁正伦为交州都督。初，魏征尝荐正伦及侯君集有宰相材，请以君集为仆射，且曰：『国家安不忘危，不可无大将，诸卫兵马宜委君集专知。』上以君集好夸诞，不用。及正伦以罪黜，君集谋反诛，上始疑征阿党。又有言征自录前后谏辞以示起居郎褚遂良者，上愈不悦，乃罢叔玉尚主，而踣所撰碑。

初，上谓监修国史房玄龄曰①：『前世史官所记，皆不令人主见之，何也？』对曰：『史官不虚美，不隐恶，若人主见之必怒，故不敢献也。』上曰：『朕之为心，异于前世帝王。欲自观国史，知前日之恶，为后来之戒，公可撰次以闻。』谏议大夫朱子奢上言：『陛下圣德在躬，举无过事，史官所述，义归尽善。陛下独览《起居》，于事无失，若以此法传示子孙，窃恐曾、玄之后或非上智，饰非护短，史官必不免刑诛。如此，则莫不希风顺旨，全身远害，悠悠千载，何所信乎！所以前代不观，盖为此也。』上不从。玄龄乃与给事中许敬宗等删为《高祖》《今上实录》；癸巳，书成，上之。上见书六月四日事，语多微隐，②谓玄龄曰：『昔周公诛管、蔡以安周，季友鸩叔牙以存鲁。③朕之所以，亦类是耳，史官何讳焉！』即命削去浮词，直书其事。

八月，庚戌，以洛州都督张亮为刑部尚书，参预朝政；以左卫大将军、太子右卫率李大亮为工部尚书。大亮身居三职，④宿卫两宫，恭俭忠谨，每宿直，必坐寐达旦。房玄龄甚重之，每称大亮有王陵、周勃之节，可当大位。

初，大亮为庞王兵曹，为李密所获，同辈皆死，贼帅张弼见而释之，遂与定交。及大亮贵，求弼，欲报其德，弼时为将作丞，自匿不言。大亮遇诸途而识之，持弼而泣，多推家赀以遗弼，弼拒不受。大亮言于上，乞悉以其官爵授弼，上为之擢弼为中郎将。时人皆贤大亮不负恩，而多弼之不伐也。

九月，庚辰，新罗遣使言百济攻取其国四十余城，⑤复与高丽连兵，谋绝新罗入朝之路，乞兵救援。上命司农丞相里玄奖赍玺书赐高丽曰：『新罗委质国家，朝贡不乏，尔与百济各宜戢兵；若更攻之，明年发兵击尔国矣！』

癸未，徙承乾于黔州。甲午，徙顺阳王泰于均州。⑥上曰：『父子之情，出于自然。朕今与泰生离，亦何心自处！然朕为天下主，但使百姓安宁，私情亦可割耳。』又以泰所上表示近臣曰：『泰诚为俊才，朕心念之，卿曹所知；但以社稷之故，不得不断之以义，使之居外者，亦所以两全之耳。』

先是，诸州长官或上佐岁首亲奉贡物入京师，谓之朝集使，亦谓之考使；京师无邸，率僦屋与商贾杂居。上始命有司为之作邸。

冬，十一月，己卯，上礼圜丘。

初，上与隐太子、巢剌王有隙，密明公赠司空封德彝阴持两端。杨文干之乱，上皇欲废隐太子而立上，德彝固谏而止。其事甚秘，上不之知，薨后乃知之。壬辰，治书侍御史唐临始追劾其事，请黜官夺爵。上命百官议之，尚书唐俭等议：『德彝罪暴身后，恩结生前，所历众官，不可追夺，请降赠改谥。』诏黜其赠官，⑦改谥曰缪，⑧削所食实封。⑨

敕选良家女以实东宫；癸巳，太子遣左庶子于志宁辞之。上曰：『吾不欲使子孙生于微贱耳。今既致辞，当从其意。』上疑太子仁弱，密谓长孙无忌曰：『公劝我立雉奴，[10]雉奴懦，恐不能守社稷，奈何！吴王恪英果类我，我欲立之，何如？』无忌固争，以为不可。上曰：『公以恪非己之甥邪？』无忌曰：『太子仁厚，真守文良主；储副至重，岂可数易？愿陛下熟思之。』上乃止。十二月，壬子，上谓吴王恪曰：『父子虽至亲，及其有罪，则天下之法不可私也。汉已立昭帝，燕王旦不服，阴图不轨，霍光折简诛之。为人臣子，不可不戒！』

庚申，车贺幸骊山温汤；庚午，还宫。

【注释】

①『上谓』句：历代史官隶属秘书省著作局，皆著作郎掌修国史。贞观三年（公元629年），始移史馆于禁中，在门下省北，宰相监修国史；自是著作郎始罢史职。②语多微隐：指用词多隐讳曲折，没有真书明言，实谓诛李建成、李元吉事件。③『周公』句：周公诛杀管叔、蔡叔以安周室。成王幼，周公摄政，管、蔡流言，挟武庚反，固诛之以安周室。『季友』句：庆父、叔牙、季友皆鲁庄公子，公疾，问后于叔牙，牙曰：『庆父才。』问季友，友曰：『臣以死奉般。』遂鸩叔牙而立般。④身居三职：指大亮身居左卫大将军、太子右卫率、工部尚书三职。⑤新罗：古国名。居朝鲜南部三韩东南之辰韩地，首都庆州，与高句丽、百济并立。后统一朝鲜半岛大部。⑥均州：今湖北丹江口市西北旧均县。⑦赠官：除正职以外的官职名号。⑧谥曰缪：《谥法》：晚与实爽曰缪，散仁伤贤曰缪。⑨所食实封：盖所封食邑不实，与实有出入，故云。⑩雉奴：李治小字曰雉奴。

十八年 春，正月，乙未，车驾幸钟官城；[1]庚子，幸鄠县；壬寅，幸骊山温汤。

相里玄奖至平壤，莫离支已将兵击新罗，破其两城，高丽王使召之，乃还。玄奖谕使勿攻新罗，莫离支曰：『昔隋人入寇，[2]新罗乘衅侵我地五百里，自非归我侵地，恐兵未能已。』玄奖曰：『既往之事，焉可追论！至于辽东诸城，本皆中国郡县，[3]中国尚且不言，高丽岂得必求故地！』莫离支竟不从。

二月，乙巳朔，玄奖还，且言其状。上曰：『盖苏文弑其君，贼其大臣，残虐其民，今又违我诏命，侵暴邻国，不可以不讨。』谏议大夫褚遂良曰：『陛下指麾则中原清晏，顾眄则四夷詟服，威望大矣。今乃渡海远征小夷，若指期克捷，犹可也。万一蹉跌，伤威损望，更兴忿兵，则安危难测矣。』李世勣曰：『间者薛延陀入寇，[4]陛下欲发兵穷讨，魏征谏而止，使至今为患。向用陛下之策，北鄙安矣。』上曰：『然。此诚征之失，朕寻悔之而不欲言，恐塞良谋故也。』

上欲自征高丽，褚遂良上疏，以为：『天下譬犹一身：两京，心腹也；州县，四支也；四夷，身外之物也。高丽罪大，诚当致讨，但命二、三猛将将四五万众，仗陛下威灵，取之如反掌耳。今太子新立，年尚幼稚，自余藩屏，陛下所知，一旦弃金汤之全，逾辽海之险，以天下之君，轻行远举，皆愚臣之所甚忧也。』上不听。时群臣多谏征高丽者，上曰：『八尧、九舜，不能冬种，野夫、童子，春种而生，得时故也。夫天有其时，人有其功。盖苏文陵上虐下，民延颈待救，此正高丽可亡之时也。议者纷纭，但不见此耳。』

己酉，上幸灵口；乙卯，还宫。

三月，辛卯，以左卫将军薛万彻守右卫大将军。上尝谓侍臣曰：『于今名将，惟世勣、道宗、万彻三人而已，世勣、道宗不能大胜，亦不大败，万彻非大胜则大败。』

夏，四月，上御两仪殿，皇太子侍。上谓群臣曰：『太子性行，外人亦闻之乎？』司徒无忌曰：『太子虽不出宫门，天下无不钦仰圣德。』上曰：『吾如治年时，颇不能御常度。治自幼宽厚，谚曰：「生子如狼，犹恐如羊。」冀其稍壮，自不同耳。』无忌对曰：『陛下神武，乃拨乱之才，太子仁恕，实守文之德；趣尚虽异，各当其分，此乃皇天所以祚大唐而福苍生者也。』

辛亥，上幸九成宫。壬子，至太平宫，[5]谓侍臣曰：『人臣顺旨者多，犯颜则少，今朕欲自闻其失，诸公其直言无隐。』长孙无忌等皆曰：『陛下无失。』刘洎曰：『顷有上书不称旨者，陛下皆面加穷诘，无不惭惧而退，恐非所以广言路。』马周曰：『陛下比来赏罚，微以喜怒有所高下，此外不见其失。』上皆纳之。

上好文学而辩敏，群臣言事者，上引古今以折之，多不能对。刘洎上书谏曰：『帝王之与凡庶，圣哲之与庸愚，上下相悬，拟伦斯绝。是知以至愚而对至圣，以极卑而对至尊，徒思自强，不可得也。陛下降恩旨，假慈颜，凝旒以听其言，[6]虚襟以纳其说，犹恐群下未敢对敭；[7]况动神机，纵天辩，饰辞以折其理，引古以排其议，欲令凡庶何阶应答！且多记则损心，多语则损气，心气内损，形神外劳，初虽不觉，后必为累。须为社稷自爱，岂为性好自伤乎！至如秦政强辩，[8]失人心于自矜；魏文宏才，[9]亏从望于虚说。此才辩之累，较然可知矣。』上飞白答之曰：『非虑无以临下，非言无以述虑，比有谈论，遂致烦多，轻物骄人，恐由兹道，形神心气，非此为劳。今闻谠言，虚怀以改。』

己未，至显仁宫。⑩

上将征高丽，秋，七月，辛卯，敕将作大监阎立德等诣洪、饶、江三州，造船四百艘以载军粮。甲午，下诏遣营州都督张俭等帅幽、营二都督兵及契丹、奚、靺鞨先击辽东以观其势。⑪以太常卿韦挺为馈运使，以民部侍郎崔仁师副之，自河北诸州皆受挺节度，听以便宜从事。又命太仆卿萧锐运河南诸州粮入海。锐，瑀之子也。

八月，壬子，上谓司徒无忌等曰：『人若不自知其过，卿可为朕明言之。』对曰：『陛下武功文德，臣等将顺之不暇，又何过之可言！』上曰：『朕问公以己过，公等乃曲相谀悦，朕欲面举公等得失以相戒而改之，何如？』皆拜谢。上曰：『长孙无忌善避嫌疑，应物敏速，决断事理，古人不过；而总兵攻战，非其所长。高士廉涉猎古今，心术明达，临难不改节，当官无朋党；所乏者骨鲠规谏耳。唐俭言辞辩捷，善和解人；事朕三十年，遂无言及于献替。杨师道性行纯和，自无愆违；而情实怯懦，缓急不可得力。岑文本性质敦厚，文章华赡；而持论恒据经远，自当不负于物。刘洎性最坚贞，有利益；然其意尚然诺，私于朋友。马周见事敏速，性甚贞正，论量人物，直道而言，朕比任使，多能称意。褚遂良学问稍长，性亦坚正，每写忠诚，亲附于朕，譬如飞鸟依人，人自怜之。』

甲子，上还京师。

丁卯，以散骑常侍刘洎为侍中，⑫行中书侍郎岑文本为中书令，⑬太子左庶子中书侍郎马周守中书令。

文本既拜，还家，有忧色。母问其故，文本曰：『非勋非旧，滥荷宠荣，位高责重，所以忧惧。』亲宾有来贺者，文本曰：『今受吊，不受贺也。』

文本弟文昭为校书郎，⑭喜宾客，上闻之不悦；尝从容谓文本曰：『卿弟过尔交结，恐为卿累；朕欲出为外官，何如？』文本泣曰：『臣弟少孤，老母特所钟爱，未尝信宿离左右。今若出外，母必愁悴，倘无元此弟，亦无老母矣。』因歔欷呜咽。⑮上愍其意而止，惟召文昭严戒之，亦卒无过。

【注释】

①钟官城：今陕西户县东北。②隋人入寇：指隋末炀帝穷兵黩武，讨伐高丽。③本皆中国郡：指汉、魏时期高丽之地皆为中国的郡县。④薛延陀入寇：指贞观十五年前薛延陀攻击突厥思摩。⑤太平宫：今陕西户县东南三十里。

⑥凝旒：指注意力集中，头颈皆不动，旒似凝固一般，即凝神，全神贯注。⑦对敭：即对扬，对答称扬之义。⑧秦政：即秦始皇。⑨魏文：即魏文帝曹丕。⑩显仁宫：今河南宜阳县。⑪营州：今辽宁朝阳市。⑫散骑常侍：在皇帝左右规劝过失，以备顾问的无实际职权的尊贵之官。侍中：侍从皇上，对应顾问，相当于宰相之职。⑬行中书侍郎：行，为唐宋官制的一种，即由官阶高而所理职低的谓之行，中书侍郎，为中书省监或令的副长官。⑭校书郎：官名。掌雠校典籍。⑮歔欷呜咽：哀叹抽泣声。

九月，以谏议大夫褚遂良为黄门侍郎，①参预朝政。

焉耆贰于西突厥，②西突厥大臣屈利啜为其弟娶焉耆王女，由是朝贡多阙；安西都护郭孝恪请讨之。诏以孝恪为西州道行军总管，帅步骑三千出银山道以击之。③会焉耆王弟颉鼻兄弟三人至西州，孝恪以颉鼻弟栗婆准为乡导。焉耆城四面皆水，恃险而不设备，孝恪倍道兼行，夜，至城下，命将士浮水而渡，比晓，登城，执其王突骑支，获首虏七千级，留栗婆准摄国事而还。孝恪去三日，屈利啜引兵救焉耆，不及，执栗婆准，以劲骑五千，追孝恪至银山，孝恪还击，破之，追奔数十里。

辛卯，上谓侍臣曰：『孝恪近奏称八月十一日往击焉耆，二十日应至，必以二十二日破之。朕计其道里，使者今日至矣！』言未毕，驿骑至。

西突厥处那啜使其吐屯摄焉耆，遣使入贡。上数之曰：『我发兵击得焉耆，汝何人而据之！』吐屯惧，返其国。焉耆立栗婆准从父兄薛婆阿那支为王，仍附于处那啜。

乙未，鸿胪奏『高丽莫离支贡白金。』褚遂良曰：『莫离支弑其君，九夷所不容，④今将讨之而纳其金，此郜鼎之类也，⑤臣谓不可受。』上从之。上谓高丽使者曰：『汝曹皆事高武，有官爵。莫离支弑逆，汝曹不能复仇，今更为之游说以欺大国，罪孰大焉！』悉以属大理。

冬，十月，辛丑朔，日有食之。

甲寅，车驾行幸洛阳，以房玄龄留守京师，右卫大将军、工部尚书李大亮副之。

郭孝恪锁焉耆王突骑支及其妻子诣行在，敕宥之。丁巳，上谓太子曰：『焉耆王不求贤辅，不用忠谋，自取灭亡，系颈束手，漂摇万里；人以此思惧，则惧可知矣。」

己巳，畋于渑池之天池；⑥十一月，壬申，至洛阳。

前宜州刺史郑元璹，⑦已致仕，上以其尝从隋炀帝伐高丽，召诣行在；问之，对曰：「辽东道远，粮运艰阻；东夷善守城，攻之不可猝下。」上曰：「今日非隋之比，公但听之。」

张俭等值辽水涨，久不得济，上以为畏懦，召俭诣洛阳。至，具陈山川险易，水草美恶；上悦。

上闻洺州刺史程名振善用兵，召问方略，嘉其才敏，劳勉之，曰：「卿有将相之器，朕方将任使。」名振失不拜谢，上试责怒，以观其所为，曰：「山东鄙夫，得一刺史，以为富贵极邪！敢于天子之侧，言语粗疏；又复不拜！」名振谢曰：「疏野之臣，未尝亲奉圣问，适方心思所对，故忘拜耳。」举止自若，应对愈明辩。上乃叹曰：「房玄龄处朕左右二十余年，每见朕谴责余人，颜色无主。名振平生未尝见朕，朕一旦责之，曾无震慑，辞理不失，真奇士也！」即日拜右骁卫将军。

甲午，以刑部尚书张亮为平壤道行军大总管，帅江、淮、岭、硖兵四万，长安、洛阳募士三千，战舰五百艘，自莱州泛海趋平壤；⑧又以太子詹事、左卫率李世勣为辽东道行军大总管，帅步骑六万及兰、河二州降胡趣辽东，⑨两军合势并进。庚子，诸军大集于幽州，遣行军总管姜行本、少府少监丘行淹先督众工造梯冲于安萝山。时远近勇士应募及献攻城器械者不可胜数，上皆亲加损益，取其便易。又手诏谕天下，以「高丽盖苏文弑主虐民，情何可忍！今欲巡幸幽、蓟，⑩问罪辽、碣，⑪所过营顿，无为劳费。」且言：「昔隋炀帝残暴其下，高丽王仁爱其民，以思乱之军击安和之众，故不能成功。今略言必胜之道有五：一曰以大击小，二曰以顺讨逆，三曰以治乘乱，四曰以逸敌劳，五曰以悦当怨，何忧不克！布告元元，勿为疑惧！」于是凡顿舍供费之县，减者太半。

十二月，辛丑，武阳懿公李大亮卒于长安，遗表请罢高丽之师。家余米五斛，布三十匹。亲戚早孤为大亮所养，丧之如父者十有五人。

壬寅，故太子承乾卒于黔州，上为之废朝，葬以国公礼。

甲寅，诏诸军及新罗、百济、奚、契丹分道击高丽。

初，上遣突厥俟利苾可汗北渡河，薛延陀真珠可汗恐其部落翻动，意甚恶之，⑫豫蓄轻骑于漠北，欲击之。上遣使戒敕无得相攻。真珠可汗对曰：『至尊有命，安敢不从！然突厥翻覆难期，当其未破之时，岁犯中国，杀人以千万计。臣以为至尊克之，当剪为奴婢，以赐中国之人；乃反养之如子，其恩德至矣，而结社率竟反。此属兽心，安可以人理待也！臣荷恩深厚，请为至尊诛之。』自是数相攻。

俟利苾之北渡也，有众十万，胜兵四万人，俟利苾不能抚御，众不惬服。戊午，悉弃俟利苾南渡河，请处于胜、夏之间；⑬上许之。群臣皆以为：『陛下方远征辽左，而置突厥于河南，距京师不远，岂得不为后虑！愿留镇洛阳，遣诸将东征。』上曰：『夷狄亦人耳，其情与中夏不殊。人主患德泽不加，不必猜忌异类。盖德泽洽，则四夷可使如一家；猜忌多，则骨肉不免为仇乱。炀帝无道，失人已久，辽东之役，人皆断手足以避征役，玄感以运卒反于黎阳，非戎狄为患也。朕今征高丽，皆取愿行者，募十得百，募百得千，其不得从军者，皆愤叹郁邑，岂比隋之行怨民哉！突厥贫弱，吾收而养之，计其感恩，入于骨髓，岂肯为患！且彼与薛延陀嗜欲略同，彼不北走薛延陀而南归我，其情可见矣。』顾谓褚遂良曰：『尔知起居，为我志之，自今十五年，保无突厥之患。』俟利苾既失众，轻骑入朝，上以为右武卫将军。

【注释】

①黄门侍郎：门下省侍郎，正四品上，为门下省副长官，皇上近侍，参预朝政。②焉耆贰于西突厥：贞观十六年（公元642年），行安西都护、西州刺史。盖灭高昌后，便置安西都护，治西州，西至焉耆七百一十里，故有贰于西突厥之说。③银山道：今新疆托克逊西南库木什。④九夷：曰：畎夷、干夷、方夷、黄夷、白夷、赤夷、玄夷、风夷、阳夷。实泛指东方各夷族。⑤郜鼎之类：桓公取郜大鼎于宋，纳于太庙，非礼。此言纳高丽莫离支贡白金也类此不合情理。⑥渑池：今河南渑池县。⑦郑元璹：仕隋，为左武卫将军，曾从隋炀帝讨伐高丽。⑧莱州：今山东掖县。⑨兰、河二州：兰州，今甘肃兰州市；河州，今甘肃临夏县。⑩幽、蓟：州名。幽州，今河北涿州；蓟州，今河北蓟县。⑪辽、碣：指辽东、碣石一带，是大方位名称。辽东，今辽宁省大部分地区；碣石，即碣石山，今河北昌黎县西北仙台山，由碣石可入海。⑫『上遣』句：夷狄天性畏服大种，俟利苾承祖父余威，依中国之大援，还主部落；薛延陀虽据漠北，与铁勒诸部旧属突厥，闻俟利苾之来，恐其部落翻而从之，故甚憎恶。⑬胜、夏之间：即胜州、夏州之间。胜州，今内蒙古准格尔旗东北黄河南岸十二连城；夏州，今陕西靖边县东北白城子。

十九年 春，正月，韦挺坐不先行视漕渠，运米六百余艘至卢思台侧，[1]浅塞不能进，械送洛阳；丁酉，除名，以将作少监李道裕代之。崔仁师亦坐免官。

沧州刺史席辩坐赃污，二月，庚子，诏朝集使临观而戮之。

庚戌，上自将诸军发洛阳，以特进萧瑀为洛阳宫留守。乙卯，诏：『朕发定州后，宜令皇太子监国。』开府仪同三司致仕尉迟敬德上言：『陛下亲征辽东，太子在定州，长安、洛阳心腹空虚，恐有玄感之变。且边隅小夷，不足以勤万乘，愿遣偏师征之，指期可殄。』上不从。以敬德为左一马军总管，使从行。

丁巳，诏谥殷太师比干曰忠烈，[2]所司封其墓，春秋祠以少牢，给随近五户供洒扫。

上之发京师也，命房玄龄得以便宜从事，不复奏请。或诣留台称有密，玄龄问密谋所在，对曰：『公则是也。』玄龄驿送行在。上闻留守有表送告密人，上怒，使人持长刀于前而后见之，问告者为谁，曰：『房玄龄。』上曰：『果然。』叱令腰斩。玺书让玄龄以不能自信，『更有如是者，可专决之。』

癸亥，上至邺，[3]自为文祭魏太祖，[4]曰：『临危制变，料敌设奇，一将之智有余，万乘之才不足。』

是月，李世勣军至幽州。

三月，丁丑，车驾至定州。[5]丁亥，上谓侍臣曰：『辽东本中国之地，隋氏四出师而不能得；[6]朕今东征，欲为中国报子弟之仇，高丽雪君父之耻耳。[7]且方隅大定，[8]惟此未平，故及朕之未老，用士大夫余力以取之。朕自发洛阳，唯啖肉饭，虽春蔬亦不之进，惧其烦忧故也。』上见病卒，召至御榻前存慰，付州县疗之，士卒莫不感悦。有不预征名，[9]自愿以私装从军，动以千讨，皆曰：『不求县官勋赏，惟愿效死辽东！』上不许。

上将发，太子悲泣数日，上曰：『今留汝镇守，辅以俊贤，欲使天下识汝风采。夫为国之要，在于进贤退不肖，赏善罚恶，至公无私，汝当努力行此，悲泣何为！』命开府仪同三司高士廉摄太子太傅，与刘洎、马周、少詹事张行成、右庶子高季辅同掌机务，辅太子。长孙无忌、岑文本与吏部尚书杨师道从行。壬辰，车驾发定州，亲佩弓矢，手结雨衣于鞍后。命长孙无忌摄侍中，杨师道摄中书令。

李世勣军发柳城，[10]多张形势，若出怀远镇者，而潜师北趣甬道，[11]出高丽不意。夏，四月，戊戌朔，世勣自通定济辽水，至玄菟。[12]高丽大骇，城邑皆闭门自守。壬寅，辽东道副大总管江夏王道宗将兵数千至新城，折冲都尉曹三良引十余骑直压城门，城中惊扰，无敢出者。营州都督张俭将胡兵为前锋，进渡辽水，趋建安城，[13]破高丽兵，斩首数千级。

【注释】

①卢思台：今北京市卢沟桥西北。②比干：商纣王之叔父。官至少师。纣淫虐无度，国势危殆，以死力谏，被剖腹验心，素称忠臣。③邺：邺县。今河北临漳县西南邺镇。④魏太祖：魏武帝曹操死后庙号太祖，葬于邺县城西高陵。⑤定州：今河北定县。⑥隋氏四出师：指隋文帝开皇十八年（公元598年）伐高丽，炀帝大业八年、九年、十年，三伐高丽。⑦欲为中国报子弟之仇：指为国人随隋帝四出师伐高丽而死难的子弟报仇。高丽雪君父之耻：言盖苏文弑其君父不能讨伐，今讨其罪，为高丽雪耻。⑧方隅：四方边境。⑨不预征名：没有列入东征名籍。⑩柳城：今辽宁朝阳市。⑪甬道：隋大业八年（公元612年）伐辽时，起浮桥渡辽水所筑。⑫玄菟：旧郡名。今辽宁新宾县西南京兴老城附近。⑬建安城：今辽宁盖县青石关。

太子引高士廉同榻视事，[1]又令更为士廉设案，士廉固辞。

丁未，车驾发幽州。上悉以军中资粮、器械、簿书委岑文本，文本夙夜勤力，躬自料配，筹、笔不去手，[2]精神耗竭，言辞举措，颇异平日。上见而忧之，谓左右曰：『文本与我同行，恐不与我同返。』是日，遇暴疾而薨。其夕，上闻严鼓声，[3]曰：『文本殒没，所不忍闻，命撤之。』时右庶子许敬宗在定州，与高士廉等共知机要，文本薨，上召敬宗，以本官检校中书侍郎。

壬子，李世勣、江夏王道宗攻高丽盖牟城。[4]丁巳，车驾至北平。[5]癸亥，李世勣等拔盖牟城，获二万余口，粮十余万石。

张亮帅舟师自东莱渡海，袭卑沙城，[6]其城四面悬绝，惟西门可上。程名振引兵夜至，副总管王大度先登，五月，己巳，拔之，获男女八千口。分遣总管丘孝忠等曜兵于鸭绿水。[7]

李世勣进至辽东城下。庚午，车驾至辽泽，泥淖二百余里，人马不可通，将作大匠阎立德布土作桥，军不留行。壬申，渡泽东。乙亥，高丽步骑四万救辽东，江夏王道宗将四千骑逆击之，军中皆以为众寡悬绝，不若深沟高垒以俟车驾之至。道宗曰：『贼恃众，有轻我心，远来疲顿，击之必败。且吾属为前军，当清道以待乘舆，乃更以贼遗君父乎！』李世勣以为然。果毅都尉马文举曰：『不遇劲敌，何以显壮士！』策马趋敌，所向皆靡，众心稍安。既合战，行军总管张君乂退走，唐兵不利，道宗收散卒，登高而望，见高丽陈乱，与骁骑数十冲之，左右出入；李世勣引兵助之，高丽大败，斩首千余级。丁丑，车驾渡辽水，撤桥，以坚士卒之心，军于马首山，⑧劳赐江夏王道宗，超拜马文举中郎将，斩张君乂。上自将数百骑至辽东城下，见士卒负土填堑，上分其尤重者，于马上持之，从官争负土致城下。李世勣攻辽东城，昼夜不息，旬有二日，上引精兵会之，围其城数百重，鼓噪声震天地。甲申，南风急，上遣锐卒登冲竿之末，⑨爇其西南楼，⑩火延烧城中，因麾将士登城，高丽力战不能敌，遂克之，所杀万余人，得胜兵万余人，男女四万口，以其城为辽州。

乙未，进军白岩城。⑪丙申，右卫大将军李思摩中弩矢，上亲为之吮血；将士闻之，莫不感动。乌骨城遣兵万余为白岩声援，将军契苾何力以劲骑八百击之，何力挺身陷陈，槊中其腰；尚辇奉御薛万备单骑往救之，拔何力于万众之中而还。何力气益愤，束疮而战，从骑奋击，遂破高丽兵，追奔数十里，斩首千余级，会暝而罢。万备，万彻之弟也。

【注释】

①同榻：同坐一榻。②筹：筹码、筹策。记数之具。③严鼓：急促的鼓声。一般用紧锣密鼓传递紧急情报。

④盖牟城：今辽宁抚顺市北。⑤北平：今河北卢龙县。⑥卑沙城：今辽宁金县东大黑山。⑦鸭绿水：今称之谓鸭绿江。在平壤城西北四百五十里。⑧马首山：今辽宁辽阳市西南首山。⑨冲竿：以撑竿登城之具。⑩爇：烧，点燃。

⑪白岩城：今辽宁辽阳市东燕州城。

太宗文武大圣大广孝皇帝下之上

贞观十九年　六月，丁酉，李世勣攻白岩城西南，上临其西北。城主孙代音潜遣腹心请降，临城，投刀钺为信，且曰：『奴愿降，城中有不从者。』上以唐帜与其使，曰：『必降者，宜建之城上。』代音建帜，城中人以为唐兵已登城，皆从之。

上之克辽东也，白岩城请降，既而中悔。上怒其反覆，令军中曰：『得城当悉以人、物赏战士。』李世勣见上将受其降，帅甲士数十人请曰：『士卒所以争冒矢石、不顾其死者，贪虏获耳；今城垂拔，奈何更受其降，孤战士之心！』上下马谢曰：『将军言是也。然纵兵杀人而虏其妻孥，朕所不忍。将军麾下有功者，朕以库物赏之，庶因将军赎此一城。』世勣乃退。得城中男女万余口，上临水设幄受其降，仍赐之食，八十以上赐帛有差。他城之兵在白岩者悉慰谕，给粮仗，任其所之。

先是，辽东城长史为部下所杀，其省事奉其妻子奔白岩。①上怜其有义，赐帛五匹，为长史造灵舆，②归之平壤。以白岩城为岩州，③以孙代音为刺史。

契苾何力疮重，上自为傅药，推求得刺何力者高突勃，付何力使自杀之。何力奏称：『彼为其主冒白刃刺臣，乃忠勇之士也，与之初不相识，非有怨仇。』遂舍之。

初，莫离支遣加尸城七百人戍盖牟城，李世勣尽虏之，其人请从军自效。上曰：『汝家皆在加尸，汝为我战，莫离支必杀汝妻子。得一人之力而灭一家，吾不忍也。』戊戌，皆廪赐遣之。

己亥，以盖牟城为盖州。

丁未，车驾发辽东，丙辰，至安市城，④进兵攻之。丁巳，高丽北部耨萨延寿、惠真帅高丽、靺鞨兵十五万救安市。⑤上谓侍臣曰：『今为延寿策有三：引兵直前，连安市城为垒，据高山之险，食城中之粟，纵靺鞨掠吾牛马，攻之不可猝下，欲归则泥潦为阻，坐困吾军，上策也；拔城中之众，与之宵遁，中策也；不度智能，来与吾战，下策也。卿曹观之，彼必出下策，成擒在吾目中矣。』

高丽有对卢，⑥年老习事，谓延寿曰：『秦王内芟群雄，外服戎狄，独立为帝，此命世之材，今举海内之众而来，不可敌也。为吾计者，莫若顿兵不战，旷日持久，分遣奇兵断其运道；粮食既尽，求战不得，欲归无路，乃可胜也。』

延寿不从，引军直进，去安市城四十里。上犹恐其低徊不至，命左卫大将军阿史那社尔将突厥千骑以诱之，兵始交而伪走。高丽相谓曰：『易与耳！』竞进乘之，至安市城东南八里，依山而陈。

上悉召诸将问计，长孙无忌对曰：『臣闻临敌将战，必先观士卒之情。臣适行经诸营，见士卒闻高丽至，皆拔刀结旆，⑦喜形于色，此必胜之兵也。陛下未冠，身亲行陈，凡出奇制胜，皆上禀圣谋，诸将奉成算而已。今日之事，乞陛下指踪。』上笑曰：『诸公以此见让，朕当为诸公商度。』乃与无忌等从数百骑乘高望之，观山川形势，可以伏兵及出入之所。高丽、靺鞨合兵为陈，长四十里。江夏王道宗曰：『高丽倾国以拒王师，平壤之守必弱，愿假臣精卒五千，覆其本根，则数十万之众可不战而降。』上不应，遣使绐延寿曰：『我以尔国强臣弑其主，故来问罪；至于交战，非吾本心。入尔境，刍粟不给，故取尔数城，俟尔国修臣礼，则所失必复矣。』延寿信之，不复设备。

上夜召文武计事，命李世勣将步骑万五千陈于西岭；长孙无忌将精兵万一千为奇兵，自山北出于狭谷以冲其后。上自将步骑四千，挟鼓角，偃旗帜，登北山上，敕诸军闻鼓角齐出奋击。因命有司张受降幕于朝堂之侧。⑧戊午，延寿等独见李世勣布陈，勒兵欲战。上望见无忌军尘起，命作鼓角，举旗帜，诸军鼓噪并进，延寿等大惧，欲分兵御之，而其陈已乱。会有雷电，龙门人薛仁贵著奇服，大呼陷陈，所向无敌；⑨高丽兵披靡，大军乘之，高丽兵大溃，斩首二万余级。上望见仁贵，召见，拜游击将军。⑩仁贵，安都之六世孙，⑪名礼，以字行。

延寿等将余众依山自固，上命诸军围之，长孙无忌悉撤桥梁，断其归路。己未，延寿、惠真帅其众三万六千八百人请降，入军门，膝行而前，拜伏请命。上语之曰：『东夷少年，跳梁海曲，⑫至于摧坚决胜，故当不及老人，自今复敢与天子战乎？』皆伏地不能对。上简耨萨已下酋长三千五百人，授以戎秩，迁之内地，余皆纵之，使还平壤；皆双举手以颡顿地，欢呼闻数十里外。收靺鞨三千三百人，悉坑之。⑬获马五万匹，牛五万头，铁甲万领，他器械称是。⑭高丽举国大骇，后黄城、银城皆自拔遁去，数百里无复人烟。

上驿书报太子，仍与高士廉等书曰：『朕为将如此，何如？』更名所幸山曰驻骅山。

【注释】

①省事：吏职名称。属尚书省吏，多办具体事。②灵舆：载运灵柩的车舆。③岩州：今辽宁辽阳市东燕州城。④安市城：今辽宁海城县东南营城子。⑤北部耨萨：高丽分五部，一曰内部，一名黄部，即桂娄部；二曰北部，一名后部，即绝奴部；

三曰东部，一名左部，即顺奴部；四曰南部，一名前部，即灌奴部；五曰西部，一名右部，即消奴部。各部各设有耨萨，盖其酋长之称，相当于都督。⑥对卢：高丽设置的官称。据《史记》载，高丽置官，有相加、对卢、沛者。大者号大对卢，比一品，总知国事。对卢以下官，总十一级。⑦旆：古代旐，上画有龟蛇的旗，末端形如燕尾的垂旒，古旗下面悬垂的饰物。⑧朝堂：行营各宫省之制，故亦有朝堂。⑨『龙门人』句：龙门，县名，今山西河津县东南。薛仁贵自编户应募，故著奇服。⑩游击将军：唐制，武散官，从五品下。⑪安都：即薛安都，为将，以勇闻于宋、魏之间。⑫跳梁：此为逞强横行义。⑬收靺鞨三千三百人，悉坑之：因靺鞨人犯阵，故坑之。⑭称是：名称数量同上述一样，都有定数定量。

秋，七月，辛未，上徙营安市城东岭。己卯，诏标识战死者尸，俟军还与之俱归。戊子，以高延寿为鸿胪卿，①高惠真为司农卿。②

张亮军过建安城下，壁垒未固，士卒多出樵牧，高丽兵奄至，军中骇扰。亮素怯，踞胡床，③直视不言，将士见之，更以为勇。总管张金树等鸣鼓勒兵击高丽，破之。

八月，甲辰，候骑获莫离支谍者高竹离，反接诣军门。④上召见，解缚问曰：『何瘦之甚？』对曰：『窃道间行，⑤不食数日矣。』命赐之食，谓曰：『尔为谍，宜速反命。⑥为我寄语莫离支：欲知军中消息，可遣人径诣吾所，何必间行辛苦也！』竹离徒跣，上赐屩而遣之。⑦

丙午，徙营于安市城南。上在辽外，凡置营，但明斥候，⑧不为堑垒，虽逼其城，高丽终不敢出为寇抄，军士单行野宿如中国焉。

上之将伐高丽也，薛延陀遣使入贡，上谓之曰：『语尔可汗：今我父子东征高丽，汝能为寇，宜亟来！』真珠可汗惶恐，遣使致谢，且请发兵助军；上不许。及高丽败于驻骅山，莫离支使靺鞨说真珠，啖以厚利，真珠慑服不敢动。

九月，壬申，真珠卒，上为之发哀。

初，真珠请以其庶长子曳莽为突利失可汗，居东方，统杂种；嫡子拔灼为肆叶护可汗，居西方，统薛延陀；诏许之，皆以礼册命。曳莽性躁扰，轻用兵，与拔灼不协。真珠卒，来会丧。既葬，曳莽恐拔灼图己，先还所部，拔灼追袭杀之，自立为颉利俱利薛沙多弥可汗。

上之克白岩也，谓李世勣曰：『吾闻安市城险而兵精，其城主材勇，莫离支之乱，城守不服，莫离支击之不能下，因而与之。建安兵弱而粮少，若出其不意，攻之必克。公可先攻建安，建安下，则安市在吾腹中，此兵法所谓「城有所不攻」者也。』[9]对曰：『建安在南，安市在北，吾军粮皆在辽东；今逾安市而攻建安，若贼断吾运道，将若之何？不如先攻安市，安市下，则鼓行而取建安耳。』上曰：『以公为将，安得不用公策。勿误吾事！』世勣遂攻安市。

安市人望见上旗盖，辄乘城鼓噪，上怒，世勣请克城之日，男子皆坑之。安市人闻之，益坚守，攻久不下。高延寿、高惠真请于上曰：『奴既委身大国，不敢不献其诚，欲天子早成大功，奴得与妻子相见。安市人顾惜其家，人自为战，未易猝拔。今奴以高丽十余万众，望旗沮溃，国人胆破，乌骨城耨萨老耄，[10]不能坚守，移兵临之，朝至夕克。其余当道小城，必望风奔溃。然后收其资粮，鼓行而前，平壤必不守矣。』群臣亦言：『张亮兵在沙城，召之信宿可至，[11]乘高丽凶惧，并力拔乌骨城，渡鸭绿水，直取平壤，在此举矣。』上将从之，独长孙无忌以为：『天子亲征，异于诸将，不可乘危徼幸。今建安、新城之虏，众犹十万，若向乌骨，皆蹑吾后，不如先破安市，取建安，然后长驱而进，此万全之策也。』上乃止。

诸军急攻安市，上闻城中鸡彘声，谓李世勣曰：『围城积久，城中烟火日微，今鸡彘甚喧，此必飨士，欲夜出袭我，宜严兵备之。』是夜，高丽数百人缒城而下。上闻之，自至城下，召兵急击，斩首数十级，高丽退走。

江夏王道宗督众筑土山于城东南隅，浸逼其城，城中亦增高其城以拒之。士卒分番交战，日六、七合，冲车炮石，坏其楼堞，城中随立木栅以塞其缺。道宗伤足，上亲为之针。筑山昼夜不息，凡六旬，用功五十万，山顶去城数丈，下临城中，道宗使果毅傅伏爱将兵屯山顶以备敌。山颓，压城，城崩，会伏爱私离所部，高丽数百人从城缺出战，遂夺据土山，堑而守之。上怒，斩伏爱以徇，命诸将攻之，三日不能克。道宗徒跣诣旗下请罪，上曰：『汝罪当死，但朕以汉武杀王恢，不如秦穆用孟明，[12]且有破盖牟、辽东之功，故特赦汝耳。』

【注释】

①鸿胪卿：官名。主要是参襄礼赞，接待四方宾客。②司农卿：官名。粮食积储，京官禄米及围池果实等。③胡床：一种轻便可以折叠的坐具。④反接：即反绑两手。⑤间行：行动隐密之意。⑥反命：返回交复命令。⑦屩：草鞋。⑧斥候：放哨。指岗哨，侦察人员。⑨兵法所谓『城有所不攻』：言用兵之法要多机变。如敌城大设防坚固，一时无力夺取暂不夺取，城虽小但设防坚固，攻取拖延时间会引起其他方面的不利，也暂不去夺取。⑩老耄：年老糊涂。⑪信宿：连

宿两夜。⑫『汝罪当死』句：汉武杀王恢，即汉武帝因大将王恢于马邑与匈奴单于作战逗留屈弱就把他杀了。秦穆用孟明：秦穆公用孟明帅师东伐，再次为晋所败，穆公再次任用孟明，孟明增修其政，帅师伐晋，晋人不敢出，遂霸西戎。此反映唐太宗圣明，允许将领知错而改。

上以辽左早寒，草枯水冻，士马难久留，且粮食将尽，癸未，敕班师。①先拔辽、盖二州户口渡辽，乃耀兵于安市城下而旋，城中皆屏迹不出。②城主登城拜辞，③上嘉其固守，赐缣百匹，以励事君。命李世勣、江夏王道宗将步骑四万为殿。

乙酉，至辽东。丙戌，渡辽水。④辽泽泥潦，车马不通，命长孙无忌将万人，剪草填道，水深处以车为梁，上自系薪于马鞘以助役。⑤冬，十月，丙申朔，上至蒲沟驻马，督填道诸军渡渤错水，暴风雪，士卒沾湿多死者，敕然火于道以待之。

凡征高丽，拔玄菟、横山、盖牟、磨米、辽东、白岩、卑沙、麦谷、银山、后黄十城，徙辽、盖、岩三州户口入中国者七万人。新城、建安、驻跸三大战，斩首四万余级，战士死者几二千人，战马死者什七八。上以不能成功，深悔之，叹曰：『魏征若在，不使我有是行也！』命驰驿祀征以少牢，复立所制碑，召其妻子诣行在，劳赐之。⑥

丙午，至营州。⑦诏辽东战亡士卒骸骨并集柳城东南，⑧命有司设太牢，⑨上自作文以祭之，临哭尽哀。其父母闻之，曰：『吾儿死而天子哭之，死何所恨！』上谓薛仁贵曰：『朕诸将皆老，思得新进骁勇者将之，无如卿者；朕不喜得辽东，喜得卿也。』

丙辰，上闻太子奉迎将至，从飞骑三千人驰入临渝关，⑩道逢太子。上之发定州也，指所御褐袍谓太子曰：『俟见汝，乃易此袍耳。』在辽左，虽盛暑流汗，弗之易。及秋，穿败，左右请易之，上曰：『军士衣多弊，吾独御新衣，可乎？』至是，太子进新衣，乃易之。

诸军所虏高丽民万四千口，先集幽州，将以赏军士，上愍其父子夫妇离散，命有司平其直，悉以钱布赎为民，欢呼之声，三日不息。十一月，辛未，车驾至幽州，高丽民迎于城东，拜舞号呼，宛转于地，尘埃弥望。

庚辰，过易州境，⑪司马陈元璹使民于地室蓄火种蔬而进之；上恶其谄，免元璹官。

丙戌，车驾至定州。

丁亥，吏部尚书杨师道坐所署用多非其才，左迁工部尚书。

壬辰，车驾发定州。十二月，辛丑，上病痈，⑫御步辇而行。戊申，至并州，太子为上吮痈，扶辇步从者数日。辛亥，上疾瘳，⑬百官皆贺。

上之征高丽也，使右领军大将军执失思力将突厥屯夏州之北，以备薛延陀。薛延陀多弥可汗既立，以上出征未还，引兵寇河南，⑭上遣左武候中郎将长安田仁会与思力合兵击之。思力羸形伪退，⑮诱之深入，及夏州之境，整陈以待之。薛延陀大败，追奔六百余里，耀威碛北而还。多弥复发兵寇夏州，己未，敕礼部尚书江夏王道宗，发朔、并、汾、箕、岚、代、忻、蔚、云九州兵镇朔州；右卫大将军代州都督薛万彻，左骁卫大将军阿史那社尔，发胜、夏、银、绥、丹、延、鄜、坊、石、隰十州兵镇胜州；⑯胜州都督宋君明，左武候将军薛孤吴，发灵、原、宁、盐、庆五州兵镇灵州；⑰又令执失思力发灵、胜二州突厥兵，与道宗等相应。薛延陀至塞下，知有备，不敢进。

初，上留侍中刘洎辅皇太子于定州，仍兼左庶子、检校民部尚书，总吏、礼、户部三尚书事。上将行，谓洎曰：『我今远征，尔辅太子，安危所寄，宜深识我意。』对曰：『愿陛下无忧，大臣有罪者，臣谨即行诛。』上以其言妄发，颇怪之，戒曰：『卿性疏而太健，必以此败，深宜慎之！』及上不豫，洎从内出，色甚悲惧，谓同列曰：『疾势如此，圣躬可忧！』或谮于上曰：『洎言国家事不足忧，但当辅幼主行伊、霍故事，⑱大臣有异志者诛之，自定矣。』上以为然，庚申，下诏称：『洎与人窃议，窥窬万一，谋执朝衡，自处伊、霍，猜忌大臣，皆欲夷戮。宜赐自尽，免其妻孥。』

中书令马周摄吏部尚书，以四时选为劳，请复以十一月选，至三月毕；从之。

是岁，右亲卫中郎将裴行方讨茂州叛羌黄郎弄，⑲大破之，穷其余党，西至乞习山，临弱水而归。

【注释】

①班师：军队出征返回。②耀兵：炫耀军事武力。屏迹：避匿，隐藏踪迹。③拜辞：拜谢唐军辞去。④辽水：今辽河。⑤马鞘：马鞍头。⑥少牢：古代祭祀宴享单用羊、猪称少牢。行在：皇上巡行临时所在处所，因亦指皇上。⑦营州：辽宁朝阳市。⑧柳城：今辽宁朝阳市西南十二台子营。⑨太牢：用牛、羊、猪三牲盛于食器宴享或祭祀曰太牢。⑩飞骑：唐皇帝侍卫军士。贞观十二年（公元638年），始置左右屯营于玄武门，领以诸卫将军，选材力骁勇敏捷善于驰射者充之，号『飞骑』。临渝关：地名。今河北抚宁县东榆关站，一说即今山海关。⑪易州：今河北易县。⑫痈：恶性毒疮。⑬瘳：病愈。⑭河南：此指朔方，今内蒙古抗锦旗西北黄河南岸及新秦，即今内蒙古河套以南、宁夏清水河流域、甘肃环县、

陕西吴旗县一带。⑮羸形：在外形上伪作出疲弱之状。⑯胜州：今内蒙古准格尔旗东北黄河南岸十二连城。⑰灵州：今宁夏武灵县西南。⑱行伊、霍故事：推行伊尹，霍光旧事例。伊尹商汤辅佐，连保汤、外丙、中壬三朝，中壬死传位太子太甲，其专权恣肆，逐太甲于桐（今河南虞城县东北）。霍光，西汉重臣，受武帝遗诏，立昭帝为嗣，以大司马大将军辅政，昭帝死，迎立昌邑王刘贺为帝，不久又废立宣帝，专废立大权。伊霍皆重臣，专用废立之故，故并称。⑲右亲卫中郎将：官名。掌领其属以宿卫，总理其府事。茂州：今四川茂汶羌族自治县。

二十年 春，正月，辛未，夏州都督乔师望、右领军大将军执失思力等击薛延陀，大破之，虏获二千余人。多弥可汗轻骑遁走，部内骚然矣。

丁丑，遣大理卿孙伏伽等二十二人以六条巡察四方，①刺史、县令以下多所贬黜，其人诣阙称冤者，前后相属。上令褚遂良类状以闻，上亲临决，以能进擢者二十人，以罪死者七人，流以下除免者数百千人。

二月，乙未，上发并州。三月，己巳，车驾还京师。上谓李靖曰：『吾以天下之众困于小夷，何也？』靖曰：『此道宗所解。』上顾问江夏王道宗，具陈在驻跸时乘虚取平壤之言。上怅然曰：『当时匆匆，吾不忆也。』

上疾未全平，欲专保养，庚午，诏军国机务并委皇太子处决。于是太子间日听政于东宫，既罢，则入侍药膳，不离左右。上命太子暂出游观，太子辞不愿出；上乃置别院于寝殿侧，使太子居之。褚遂良请遣太子旬日一还东宫，与师傅讲道义；从之。

上尝幸未央宫，辟仗已过，②忽于草中见一人带横刀，③诘之，曰：『闻辟仗至，惧不敢出，辟仗者不见，遂伏不敢动。』上遽引还，顾谓太子：『兹事行之，则数人当死，汝于后速纵遣之。』又尝乘腰舆，④有三卫误拂御衣，⑤其人惧，色变。上曰：『此间无御史，吾不汝罪也。』

陕人常德玄告刑部尚书张亮养假子五百人，与术士公孙常语，云『名应图谶』，⑥又问术士程公颖云：『吾臂有龙鳞起，欲举大事，可乎？』上命马周等按其事，亮辞不服。上曰：『亮有假子五百人，养此辈何为？正欲反耳！』命百官议其狱，皆言亮反，当诛。独将作少匠李道裕言：『亮反形未具，罪不当死。』上遣长孙无忌、房玄龄就狱与亮诀曰：『法者天下之平，与公共之。公自不谨，与凶人往还，陷入于法，今将奈何！公好去。』⑦己丑，亮与公颖俱斩西市，籍没其家。

岁余，刑部侍郎缺，上命执政妙择其人，拟数人，皆不称旨，既而曰：『朕得其人矣。往者李道裕议张亮狱云「反形未具」，此言当矣，朕虽不从，至今悔之。』遂以道裕为刑部侍郎。

闰月，癸巳朔，日有食之。

戊戌，罢辽州都督府及岩州。

夏，四月，甲子，太子太保萧瑀解太保，乃同中书门下三品。

五月，甲寅，高丽王藏及莫离支盖金遣使谢罪，并献二美女，上还之。金，即苏文也。

六月，丁卯，西突厥乙毗射匮可汗遣使入贡，且请婚；上许之，且使割龟兹、于阗、疏勒、朱俱波、葱岭五国以为聘礼。⑧

薛延陀多弥可汗，性褊急，猜忌无恩，废弃父时贵臣，专用己所亲昵，国人不附。多弥多所诛杀，人不自安。回纥酋长吐迷度与仆骨、同罗共击之，多弥大败。乙亥，诏以江夏王道宗、左卫大将军阿史那社尔为瀚海安抚大使；⑨又遣右领卫大将军执失思力将突厥兵，右骁卫大将军契苾何力将凉州及胡兵，代州都督薛万彻、营州都督张俭各将所部兵，分道并进，以击薛延陀。

上遣校尉宇文法诣乌罗护、靺鞨，遇薛延陀阿波设之兵于东境，法帅靺鞨击破之。薛延陀国中惊扰，曰：『唐兵至矣！』诸部大乱。多弥引数千骑奔阿史德时健部落，回纥攻而杀之，并其宗族殆尽，遂据其地。诸俟斤互相攻击，争遣使来归命。

薛延陀余众西走，犹七万余口，共立真珠可汗兄子咄摩支为伊特勿失可汗，归其故地。寻去可汗之号，遣使奉表，请居郁督军山之北；使兵部尚书崔敦礼就安集之。

敕勒九姓酋长，以其部落素服薛延陀种，闻咄摩支来，皆恐惧，朝议恐其为碛北之患，乃更遣李世勣与九姓敕勒共图之。上戒世勣曰：『降则抚之，叛则讨之。』己丑，上手诏，以『薛延陀破灭，其敕勒诸部，或来降附，或未归服，今不乘机，恐贻后悔，朕当自诣灵州招抚。其去岁征辽东兵，皆不调发。』

时太子当从行，少詹事张行成上疏，以为：『皇太子从幸灵州，不若使之监国，接对百寮，明习庶政，既为京师重镇，且示四方盛德。宜割私爱，俯从公道。』上以为忠，进位银青光禄大夫。⑩

【注释】

①六条：即汉时考察官吏的六条诏令。汉武帝察二千石官吏六条：一、强豪田宅逾制，陵弱暴寡；二、侵渔百姓，聚敛为奸；三、不卹疑狱，刑罚任性；四、苟阿所爱，蔽贤宠顽；五、子弟恃势，请托所监；六、通行货币，割损政令。②辟仗：在皇上御驾前攘辟左右，阻止行人的仪仗卫队，即所谓陈兵清道而后行。③横刀：兵器，即佩刀。④腰舆：令人抬举乘坐的轿舆，抬举至肩名肩舆，抬举其高只至腰曰腰舆。⑤三卫：即亲卫、勋卫、翊卫统称三卫，同掌宿卫之事。⑥图谶：汉代宣扬符命占验的书。⑦好去：与之诀别之辞，即你好好地离开人世去吧！⑧龟兹、于阗、疏勒、朱俱波、葱岭：皆汉西域国，今新疆天山、葱岭一带。⑨瀚海：盖为蒙古高原东北的北海，一说指内蒙的呼伦湖、贝尔湖，或沙漠。⑩银青光禄大夫：银印青绶的光禄大夫，唐从二品，与谏议大夫等同为掌论议的官。

李世勣至郁督军山，①其酋长梯真达官帅众来降。薛延陀咄摩支南奔荒谷，世勣遣通事舍人萧嗣业往招慰，咄摩支诣嗣业降。其部落犹持两端，世勣纵兵追击，前后斩五千余级，虏男女三万余人。秋，七月，咄摩支至京师，拜右武卫大将军。

八月，甲子，立皇孙忠为陈王。

己巳，上行幸灵州。

江夏王道宗兵既渡碛，遇薛延陀阿波达官众数万拒战，道宗击破之，斩首千余级，追奔二百里。道宗与薛万彻各遣使招谕敕勒诸部，其酋长皆喜，顿首请入朝。庚午，车驾至浮阳。回纥、拔野古、同罗、仆骨、多滥葛、思结、阿跌、契苾、跌结、浑、斛薛等十一姓各遣使入贡，称：『薛延陀不事大国，暴虐无道，不能与奴等为主，自取败死，部落鸟散，不知所之。奴等各有分地，不从薛延陀去，归命天子。愿赐哀怜，乞置官司，养育奴等。』上大喜。辛未，诏回纥等使者宴乐，颁赉拜官，赐其酋长玺书；遣右领军中郎将安永寿报使。

壬申，上幸汉故甘泉宫，②诏以『戎、狄与天地俱生，上皇并列，流殃构祸，乃自运初。③朕聊命偏师，遂擒颉利；始弘庙略，④已灭延陀。铁勒百余万户，散处北溟，⑤远遣使人，委身内属，请同编列，并为州郡；混元以降，⑥殊未前闻，宜备礼告庙，仍颁示普天。』

庚辰，至泾州；丙戌，逾陇山，[7]至西瓦亭，[8]观马牧。九月，上至灵州，敕勒诸部俟斤遣使相继诣灵州者数千人，咸云：『愿得天至尊为奴等天可汗，子子孙孙常为天至尊奴，死无所恨。』甲辰，上为诗序其事曰：『雪耻酬百王，除凶报千古。』[9]公卿请勒石于灵州；从之。

特进同中书门下三品宋公萧瑀，性狷介，[10]与同寮多不合，尝言于上曰：『房玄龄与中书门下众臣，朋党不忠，执权胶固。[11]陛下不详知，但未反耳。』上曰：『卿言得无太甚！人君选贤才以为股肱心膂，当推诚任之。人不可以求备，必舍其所短，取其所长。朕虽不能聪明，何至顿迷臧否，乃至于是！』瑀内不自得，既数忤旨，上亦衔之，但以其忠直居多，未忍废也。

上尝谓张亮曰：『卿既事佛，何不出家？』瑀因自请出家。上曰：『亦知公雅好桑门，[12]今不违公意。』瑀须臾复进曰：『臣适思之，不能出家。』上以瑀对群臣发言反覆，尤不能平；会称足疾不朝，或至朝堂而不入见。上知瑀意终怏怏，冬，十月，手诏数其罪曰：『朕于佛教，非意所遵。求其道者未验福于将来，修其教者翻受辜于既往。至若梁武穷心于释氏，[13]简文锐意于法门，[14]倾帑藏以给僧祇，殚人力以供塔庙。及乎三淮沸浪，五岭腾烟，假余息于熊蹯，[15]引残魂于雀鷇，[16]子孙覆亡而不暇，社稷俄顷而为墟，报施之征，何其谬也！瑀践覆车之余轨，袭亡国之遗风；弃公就私，未明隐显之际；身俗口道，莫辨邪正之心。修累叶之殃源，祈一躬之福本，上以违忤君主，下则扇习浮华。自请出家，寻复违异。一回一惑，在乎瞬息之间；自可自否，变于帷扆之所。[17]乖栋梁之体，岂具瞻之量乎！朕隐忍至今，瑀全无悛改。[18]可商州[19]刺史，仍除其封。』

上自高丽还，盖苏文益骄恣，虽遣使奉表，其言率皆诡诞；又待唐使者倨慢，常窥伺边隙。屡敕令勿攻新罗，而侵陵不止。壬申，诏勿受其朝贡，更议讨之。

丙戌，车驾还京师。

冬，十月，己丑，上以幸灵州往还，冒寒疲顿，欲于岁前专事保摄。十一月，己丑，诏祭祀、表疏、胡客、兵马、宿卫，行鱼契给驿、授五品以上官及除解、决死罪皆以闻，[20]余并取皇太子处分。

十二月，己丑，群臣累请封禅；从之。诏造羽卫送洛阳宫。[21]

戊寅，回纥俟利发吐迷度、仆骨俟利发歌滥拔延、多滥葛俟斤末、拔野古俟利发屈利失、同罗俟利发时健啜、思结酋长乌碎及浑、斛薛、奚结、阿跌、契苾、白霫酋长[22]皆来朝。庚辰，上赐宴于芳兰殿，[23]命有司厚加给待，每五日一会。

癸未，上谓长孙无忌等曰：『今日吾生日，世俗皆为乐，在朕翻成伤感。今君临天下，富有四海，而承欢膝下，永不可得，此子路所以有负米之恨也。㉔《诗》云：「哀哀父母，生我劬劳。」㉕奈何以劬劳之日更为宴乐乎！』因泣数行下，左右皆悲。

房玄龄尝以微谴归第，褚遂良上疏，以为：『玄龄自义旗之始翼赞圣功，武德之季冒死决策，㉖贞观之初选贤立政，㉗人臣之勤，玄龄为最。自非有罪在不赦，搢绅同尤，不可遐弃。陛下若以其衰老，亦当讽谕使之致仕，退之以礼；不可以浅鲜之过，弃数十年之勋旧。』上遽召出之。顷之，玄龄复避位还家。久之，上幸芙蓉园，㉘玄龄敕子弟汛扫门庭，曰：『乘舆且至！』有顷，上果幸其第，因载玄龄还宫。

【注释】

①郁督军山：今蒙古人民共和国杭爱山的东支。②甘泉宫：今陕西淳化县西北甘泉山上。③流殃构祸，乃自运初：言戎狄之流殃构祸，乃自唐兴运之初。④庙略：即国家的重大方略。⑤北溟：北海，也指沙漠。⑥混元：此指开天辟地之时。⑦陇山：今陕西陇县、宝鸡县与甘肃清水县、张家川回族自治县之间。北入沙漠，南止渭河，为关中平原西部屏障。⑧西瓦亭：在今宁夏隆德县西北。⑨雪耻酬百王，除凶报千古：言为汉人雪洗耻辱，以酬历代众帝王消灭边患的壮志；除去戎、狄凶顽，报千古以来的仇恨。⑩狷介：狷狂耿介，拘谨自守。⑪胶固：拘泥固执，不知变通。⑫桑门：僧。梵语，即『沙门』的异译。⑬梁武穷心于释氏：南朝梁武帝萧衍，大力提倡尊儒崇佛，建造寺院，多次舍身同泰寺；释氏，指佛教鼻祖释迦牟尼，借以代表佛教。⑭简文锐意于法门：南朝梁简文帝萧纲，父梁武帝死后，仅做了两年皇帝，也倾心于法门。其结果，梁武被困饿死在台城，简文又被侯景用酒灌醉，用土囊压死。法门：指佛教修行者入道的门径，泛指佛门，即佛教。⑮熊蹯：熊掌。⑯雀鷇：幼小待母喂食之雀，雏雀。此引赵武灵王赵雍的事。其后让位给少子何，自称主父，引起内讧。他退据沙丘（今河北平乡东北）宫，为乱军所围，像雏雀待食一样活活饿死。按熊蹯及雀鷇，引楚成王、赵武灵王故事，以喻崇佛的梁武、简文被困饿死去。⑰帷扆：扇，户牖间画有斧形的屏风。皇帝背扆面南而坐，因以指帝座。⑱悛改：悔改。⑲商州：治今陕西商县。⑳『诏祭祀』句：祭礼：指郊、庙、社稷、明堂的祭祀。表疏：指在朝群臣及四方，外夷等所上的表章疏奏。胡客：泛指戎、狄各族的宾客

来往接待迎送事宜处理。兵马：调遣征伐及番上宿卫的兵马。行鱼契给驿：鱼契是国家一切办公交往的凭证。因有契形如鱼故称。国置符宝郎掌天子八宝及国之符节，辨其所用，有事则请之于内，既事则奉而藏之，藏其左而班其右，以合中外之契。一曰铜鱼符，所以起军旅，易守长。二曰传符，所以给邮驿，通制命。三曰随身鱼符，所以明贵贱，应征召。四曰木契，所以重镇守，慎出纳。五曰旌节，所以委良能，假赏罚。鱼符之制，用于王畿内外。传符之制，太子监国曰双龙符。京师留守，曰麟符。东方青龙符，西方驺虞符，南方朱雀符，北方玄武符。随身符制，太子以玉，亲王以金，庶官以铜，佩以为饰。木契之制，用于各个方面。旌节之制，用于大将出征，遣使四方；旌以专赏，节以专杀。㉑羽卫：羽毛装饰的仪仗卫队。㉒俟利发：回纥各种族君王的称呼。㉓芳兰殿：宫殿名。㉔子路所以有负米之恨：见《孔子家语》，子路见引子曰：『昔由事二亲之时，常食藜藿之实，为亲负米百里之外。亲没之后，南游于楚，后车百乘，积粟万钟，累茵而坐，列鼎而食，愿欲食藜藿，为亲负米，不可得也。』子曰：『由也事亲，可为生事尽力，死事尽思者也。』引此，谓富贵欢乐之时，恨不得报亲以孝。㉕『哀哀父母，生我劬劳』：见《诗·小雅·蓼莪》。言太哀怜的父母，生养我太辛劳。㉖武德之季冒死决策：指诛李建成、李元吉。㉗贞观之初选贤立政：谓逊直于王，魏在朝，文武随能收叙。㉘芙蓉园：在都城的东南隅。本为曲江，因水盛芙蓉富丽，故云。

二十一年 春，正月，开府仪同三司申文献公高士廉疾笃；①辛卯，上幸其第，流涕与诀；壬辰，薨。上将往哭之，房玄龄以上疾新愈，固谏，上曰：『高公非徒君臣，兼以故旧姻戚，②岂得闻其丧不往哭乎？公勿复言！』帅左右自兴安门出。长孙无忌在士廉丧所，闻上将至，辍哭，迎谏于马首曰：『陛下饵金石，③于方不得临丧，奈何不为宗庙苍生自重！且臣舅临终遗言，深不欲以北首、夷衾，④辄屈銮驾。』上不听。无忌中道伏卧，流涕固谏，上乃还入东苑，南望而哭，涕下如雨。及柩出横桥，⑤上登长安故城西北楼，望之恸哭。

丙申，诏以回纥部为瀚海府，仆骨为金微府，多滥葛为燕然府，拔野古为幽陵府，同罗为龟林府，思结为卢山府，浑为皋兰州，斛薛为高阙州，奚结为鸡鹿州，阿跌为鸡田州，契苾为榆溪州，思结别部为蹛林州，白霫为置颜州；各以其酋长为都督、刺史，各赐金银缯帛及锦袍。敕勒大喜，捧戴欢呼拜舞，宛转尘中。及还，上御天成殿宴，设十部乐而遣之。诸酋长奏称：『臣等既为唐民，往来天至尊所，如指父母，请于回纥以南、突厥以北开一道，谓之参天可汗道，置六十八驿，各有马及酒肉以供过使，岁贡貂皮以充租赋，仍请能属文人，使为表疏。』上皆许之。于是北荒悉平，然回纥吐迷度已私自称可汗，官号皆如突厥故事。

丁酉，诏以明年仲春有事泰山，禅社首，⑥余并依十五年议。

二月，丁丑，太子释奠于国学。

上将复伐高丽，朝议以为：『高丽依山为城，攻之不可猝拔。前大驾亲征，国人不得耕种，所克之城，悉收其谷，继以旱灾，民太半乏食。今若数遣偏师，更迭扰其疆埸，⑦使彼疲于奔命，释耒入堡，数年之间，千里萧条，则人心自离，鸭绿之北，可不战而取矣。』上从之。三月，以左武卫大将军牛进达为青丘道行军大总管，⑧右武候将军李海岸副之，发兵万余人，乘楼船自莱州泛海而入。又以太子詹事李世勣为辽东道行军大总管，右武卫将军孙贰朗等副之，将兵三千人，因营州都督府兵自新城道入。两军皆选习水善战者配之。

辛卯，上曰：『朕于戎、狄所以能取古人所不能取，臣古人所不能臣者，皆顺众人之所欲故也。昔禹帅九州之民，凿山槎木，疏百川注之海，其劳甚矣，而民不怨者，因人之心，顺地之势，与民同利故也。』

是月，上得风疾，苦京师盛暑，夏，四月，乙丑，命修终南山太和废宫为翠微宫。⑨

丙寅，置燕然都护府，统瀚海等六都督、皋兰等七州，以扬州都督府司马李素立为之。素立抚以恩信，夷落怀之，共率马牛为献；素立唯受其酒一杯，余悉还之。

五月，戊子，上幸翠微宫。冀州进士张昌龄献《翠微宫颂》，上爱其文，命于通事舍人里供奉。⑩初，昌龄与进士王公治皆善属文，名振京师，考功员外郎王师旦知贡举，⑪黜之，举朝莫晓其故。及奏第，上怪无二人名，诘之。师旦对曰：『二人虽有辞华，然其体轻薄，终不成令器。若置之高第，恐后进效之，伤陛下雅道。』上善其言。

壬辰，诏百司依旧启事皇太子。

庚辰，上御翠微殿，问侍臣曰：『自古帝王虽平定中夏，不能服戎、狄。朕才不逮古人而成功过之，自不谕其故，诸公各率意以实言之。』群臣皆称：『陛下功德如天地，万物不得而名言。』上曰：『不然。朕所以能及此者，止由五事耳。自古帝王多疾胜己者，朕见人之善，若己有之。人之行能，不能兼备，朕常弃其所短，取其所长。人主往往进贤则欲置诸怀，退不肖则欲推诸壑，朕见贤者则敬之，不肖者则怜之，贤不肖各得其所。人主多恶正直，阴诛显戮，无代无之，朕践祚以来，正直之士，比肩于朝，未尝黜责一人。自古皆贵中华，贱夷、狄，朕独爱之如一，故其种落皆依朕如父母。此五者，朕所以成今日之功也。』顾谓褚遂良曰：『公尝为史官，[12]如朕言，得其实乎？』对曰：『陛下盛德不可胜载，独以此五者自与，盖谦谦之志耳。』

李世勣军既渡辽，历南苏等数城，高丽多背城拒战，世勣击破其兵，焚其罗郭而还。

【注释】①开府议同三司：唐宋为一品文散官称号。其开设府署，礼仪同三司的三公一样。②『高公』句：高士廉，长孙无忌之母舅，士廉识帝于潜龙，其外甥女为帝妻。③金石：此处指药饵。④北首：死者，尸体停放头朝北方，是为古俗。夷衾：尸体盖着被子。⑤柩：棺材。横桥：长安古城横门外有桥曰横桥。⑥社首：今山东泰安县西南。⑦疆埸：国界，边境。⑧青丘：传说中的海外国名。⑨翠微宫：在骊山绝顶。⑩命于通事舍人里供奉：没有正式命官，暂时命令供奉在通事舍人班子里。⑪考功员外郎王师旦知贡举：唐初，考功员外郎考功贡举人材，开元后为礼部侍郎主选士人。⑫公尝为史官：指褚遂良在贞观十八年（公元644年）前曾知起居注。

六月，癸亥，以司徒长孙无忌领扬州都督，实不之任。

丁丑，诏以『隋末丧乱，边民多为戎、狄所掠，今铁勒归化，宜遣使诣燕然等州，与都督相知，访求没落之人，赎以货财，给粮递还本贯；其室韦、乌罗护、靺鞨三部人为薛延陀所掠者，亦令赎还。』

癸未，以司农卿李纬为户部尚书。时房玄龄留守京师，有自京师来者，上问：『玄龄何言？』对曰：『玄龄闻李纬拜尚书，但云李纬美髭鬓。』帝遽改除纬洛州刺史。

秋，七月，牛进达、李海岸入高丽境，凡百余战，无不捷。攻石城，[1]拔之。进至积利城下，[2]高丽兵万余人出战，海岸击破之，斩首二千级。

上以翠微宫险隘，不能容百官，庚子，诏更营玉华宫于宜春之凤皇谷。[3]庚戌，车驾还宫。

八月，壬戌，诏以薛延陀新降，土功屡兴，加以河北水灾，停明年封禅。

辛未，骨利乂遣使入贡；丙戌，以骨利乂为玄阙州，拜其俟斤为刺史。骨利乂于铁勒诸部为最远，昼长夜短，日没后，天色正曛，煮羊脾适熟，日已复出矣。

己丑，齐州人段志冲上封事，请上致政于皇太子；太子闻之，忧形于色，发言流涕。长孙无忌等请诛志冲。上手诏曰：『五岳陵霄，四海亘地，纳污藏疾，④无损高深。志冲欲以匹夫解位天子，朕若有罪，是其直也；若其无罪，是其狂也。譬如尺雾障天，不亏于大；寸云点日，何损于明！』

丁酉，立皇子明为曹王。明母杨氏，巢刺王之妃也，有宠于上；文德皇后之崩也，欲立为皇后。魏征谏曰：『陛下方比德唐、虞，奈何以辰嬴自累！』⑤乃止。寻以明继元吉后。

戊戌，敕宋州刺史王波利等发江南十二州工人造大船数百艘，⑥欲以征高丽。

冬，十月，庚辰，奴剌啜匐俟友帅其所部万余人内附。⑦

十一月，突厥车鼻可汗遣使入贡。车鼻名斛勃，本突厥同族，世为小可汗。颉利之败，突厥余众欲奉以为大可汗，时薛延陀方强，车鼻不敢当，帅其众归之。或说薛延陀：『车鼻贵种，有勇略，为众所附，恐为后患，不如杀之。』车鼻知之，逃去。薛延陀遣数千骑追之，车鼻勒兵与战，大破之，乃建牙于金山之北，⑧自称乙注车鼻可汗，突厥余众稍稍归之，数年间胜兵三万人，时出抄掠薛延陀。及薛延陀败，车鼻势益张，遣其子沙钵罗特勒入见，又请身自入朝。诏遣将军郭广敬征之。车鼻特为好言，初无来意，竟不至。

癸卯，徙顺阳王泰为濮王。

壬子，上疾愈，三日一视朝。

十二月，壬申，西赵酋长赵磨帅万余户内附，以其地为明州。⑨

龟兹王伐叠卒，弟诃黎布失毕立，浸失臣礼，侵渔邻国。上怒，戊寅，诏使持节、昆丘道行军大总管、左骁卫大将军阿史那社尔、副大总管、右骁卫大将军契苾何力、安西都护郭孝恪等将兵击之，仍命铁勒十三州、突厥、吐蕃、吐谷浑连兵进讨。

高丽王使其子莫离支任武入谢罪，上许之。

【注释】

①石城：今山东苍山县境。②积利城：今辽宁复县境。③宜春：县名。今陕西宜君县西南玉华。④纳污藏疾：

此处引之，以天地之大，纳污藏疾算得了什么，喻皇上胸襟开阔，以社稷为重，不宜小不忍而危害社稷。⑤辰嬴：秦穆公女嬴氏，鲁僖公二十二年嫁给晋怀公子圉，称怀嬴。鲁文公六年晋文公重耳入秦，穆公纳女五人，怀嬴又在里面，称辰嬴，即所谓『辰嬴嬖于二君』。⑥江南十二州：即宣、润、常、苏、湖、杭、越、台、婺、括、江、洪等十二州。⑦奴剌：部落名称。其居处于吐谷浑、党项之间。⑧金山：今青海西于市西北。⑨西赵：南蛮族之一。明州：约今贵州贞丰布依族、苗族自治县、册亨布依自治县东北部、罗甸县西南一带。

二十二年 春，正月，己丑，上作《帝范》十二篇以赐太子，曰《君体》、《建亲》《求贤》《审官》《纳谏》《去谗》《戒盈》《崇俭》《赏罚》《务农》《阅武》《崇文》；且曰：『修身治国，备在其中。一旦不讳，更无所言矣。』又曰：『汝当更求古之哲王以为师，如吾，不足法也。夫取法于上，仅得其中；取法于中，不免为下。吾居位已来，不善多矣，锦绣珠玉不绝于前，宫室台榭屡有兴作，犬马鹰隼无远不致，行游四方，供顿烦劳，此皆吾之深过，勿以为是而法之。顾我弘济苍生，其益多；肇造区夏，其功大。益多损少，故人不怨；功大过微，故业不堕；然比之尽美尽善，固多愧矣。汝无我之功或而承我之富贵，竭力为善，则国家仅安；骄惰奢纵，则一身不保。且成迟败速者，国也；失易得难者，位也；可不惜哉！可不惜哉！』

中书令兼右庶子马周病，上亲为调药，使太子临问；庚寅，薨。

戊戌，上幸骊山温汤。

己亥，以中书舍人崔仁师为中书侍郎，参知机务。

新罗王金善德卒，以善德妹真德为柱国，封乐浪郡王，遣使册命。

丙午，诏以右武卫大将军薛万彻为青丘道行军大总管，右卫将军裴行方副之，将兵三万余人及楼船战舰自莱州泛海以击高丽。

长孙无忌检校中书令、知尚书门下省事。

戊申，上还宫。

结骨自古未通中国，[1]闻铁勒诸部皆服，二月，其俟利发失钵屈阿栈入朝。[2]其国人皆长大，赤发绿睛，有黑发者以为不祥。上宴之于天成殿，谓侍臣曰：『昔渭桥斩三突厥首，自谓功多，[3]今斯人在席，更不以为怪邪！』失钵屈阿栈请除一官，『执笏而归，诚百世之幸。』戊午，以结骨为坚昆都督府，以失钵屈阿栈为右屯卫大将军、坚昆都督，隶燕然都护。又以阿史德时健俟斤部落置祁连州，隶灵州都督。

是时四夷大小君长争遣使入献见，道路不绝，每元正朝贺，常数百千人。辛酉，上引见诸胡使者，谓侍臣曰：『汉武帝穷兵三十余年，疲弊中国，所获无几；岂如今日绥之以德，使穷发之地尽为编户乎！』[4]

上营玉华宫，务令俭约，惟所居殿覆以瓦，余皆茅茨；然备设太子宫、百司，苞山络野，所费已巨亿计。乙亥，上行幸玉华宫；己卯，畋于华原。[5]

中书侍郎崔仁师坐有伏阁自诉者，仁师不奏，除名，流连州。[6]

三月，己丑，分瀚海都督俱罗勃部置烛龙州。[7]

甲午，上谓侍臣曰：『朕少长兵间，颇能料敌；今昆丘行师，处月、处密二部及龟兹用事者羯猎颠、那利每怀首鼠，[8]必先授首，弩失毕其次也。』

庚子，隋萧后卒。诏复其位号，谥曰愍；使三品护葬，备卤簿仪卫，送至江都，与炀帝合葬。

充容长城徐惠以上东征高丽，[9]西讨龟兹，翠微、玉华，营缮相继，又服玩颇华靡，上疏谏，其略曰：『以有尽之农功，填无穷之巨浪；图未获之他众，丧已成之我军。昔秦皇并吞六国，反速危亡之基，晋武奄有三方，[10]翻成覆败之业；岂非矜功恃大，弃德轻邦，图利忘危，肆情纵欲之所致乎！是知地广非常安之术，人劳乃易乱之源也。』又曰：『虽复茅茨示约，犹兴木石之疲，和雇取人，不无烦扰之弊。』又曰：『珍玩伎巧，乃丧国之斧斤；珠玉锦绣，实迷心之鸩毒。』又曰：『作法于俭，犹恐其奢；作法于奢，何以制后！』上善其言，甚礼重之。

【注释】

①结骨：古部族名。居唐奴乌梁海叶尼塞河上游一带。②俟利发：结骨族官称。③『昔渭桥』句：三斩突厥首，谓武德九年，颉利犯便桥时之事。④穷发之地：指寸草不生荒野之地。⑤华原：今陕西耀县。⑥连州：今广东连县。⑦烛龙州：今新疆吉木萨尔县一带。⑧首鼠：游移不定，迟疑不决的意思。⑨充容：官名。为九嫔之一，正二品。长城：县名。今浙江长兴县。⑩晋武奄有三方：指晋武帝司马炎时已统一了魏、蜀、吴三方，拥有三方土地。

太宗文武大圣大广孝皇帝下之下

贞观二十二年 夏，四月，丁巳，右武候将军梁建方击松外蛮，[1]破之。

初，嶲州都督刘伯英上言[2]：『松外诸蛮暂降复叛，请出师讨之，以通西洱、天竺之道。』[3]敕建方发巴蜀十三州兵讨之。[4]蛮酋双舍帅众拒战，建方击败之，杀获千余人。群蛮震慑，亡窜山谷。建方分遣使者谕以利害，皆来归附，前后至者七十部，户十万九千三百，建方署其酋长蒙和等为县令，各统所部，莫不感悦。因遣使诣西洱河，其帅杨盛大骇，具船将遁，使者晓谕以威信，盛遂请降。其地有杨、李、赵、董等数十姓，各据一州，大者六百，小者二、三百户，无大君长，不相统壹，语虽小讹，其生业、风俗，大略与中国同，自云本皆华人，其所异者以十二月为岁首。

己未，契丹辱纥主曲据帅众内附。[5]以其地置玄州，[6]以曲据为刺史，隶营州都督府。

甲子，乌胡镇将古神感[7]将兵浮海击高丽，遇高丽步骑五千，战于易山，破之。其夜，高丽万余人袭神感船，神感设伏，又破之而还。

初，西突厥乙毗咄陆可汗以阿史那贺鲁为叶护，居多逻斯水，在西州北千五百里，统处月、处密、始苏、歌逻禄、失毕五姓之众。乙毗咄陆奔吐火罗，乙毗射匮可汗遣兵迫逐之，部落亡散。乙亥，贺鲁帅其余众数千帐内属，诏处之于庭州莫贺城，[8]拜左骁卫将军。贺鲁闻唐兵讨龟兹，请为乡导，仍从数十骑入朝。上以为昆丘道行军总管，厚宴赐而遣之。

五月，庚子，右卫率长史王玄策击帝那伏帝王阿罗那顺，[9]大破之。

初，中天竺王尸罗逸多兵最强，[10]四天竺皆臣之，玄策奉使至天竺，诸国皆遣使入贡。会尸罗逸多卒，国中大乱，其臣阿罗那顺自立，发胡兵攻玄策，玄策帅从者三十人与战，力不敌，悉为所擒，阿罗那顺尽掠诸国贡物。玄策脱身宵遁，抵吐蕃西境，以书征邻国兵，吐蕃遣精锐千二百人、泥婆国遣七千余骑赴之。[11]玄策与其副蒋师仁帅二国之兵，进至中天竺所居茶博和罗城，[12]连战三日，大破之，斩首三千余级，赴水溺死者且万人。阿罗那顺弃城走，更收余众，还与师仁战；又破之，擒阿罗那顺。余众奉其妃及王子，阻乾陀卫江，[13]师仁进击之，众溃，获其妃及王子，虏男女万二千人。于是天竺响震，城邑聚落降者五百八十余所，俘阿罗那顺以归。以玄策为朝散大夫。[14]

六月，乙丑，以白别部为居延州。

癸酉，特进宋公萧瑀卒，太常议谥曰『德』，尚书议谥曰『肃』。上曰：『谥者，行之迹，当得其实，可谥曰贞褊公。』[15]子锐嗣，尚上女襄城公主。上欲为之营第，公主固辞，曰：『妇事舅姑，当朝夕侍侧，若居别第，所阙多矣。』上乃命即瑀第而营之。

上以高丽困弊，议以明年发三十万众，一举灭之。或以为大军东征，须备经岁之粮，非畜乘所能载，宜具舟舰为水运。隋末剑南独无寇盗，属者辽东之役，剑南复不预及，其百姓富庶，宜使之造舟舰。上从之。秋，七月，遣右领左右府长史强伟于剑南道伐木造舟舰，[16]大者或长百尺，其广半之。别遣使行水道，自巫峡抵江、扬，趣莱州。

庚寅，西突厥相屈利啜请帅所部从讨龟兹。

初，左武卫将军武连县公武安李君羡直玄武门，[17]时太白屡昼见，[18]太史占云[19]：『女主昌。』民间又传《秘记》云：[20]『唐三世之后，女主武王代有天下。』上恶之。会与诸武臣宴宫中，行酒令，[21]使各言小名。君羡自言名五娘，上愕然，因笑曰：『何物女子，乃尔勇健！』又以君羡官称封邑皆有『武』字，深恶之，后出为华州刺史。有布衣员道信，自言能绝粒，晓佛法，君羡深敬信之，数相从，屏人语。御史奏君羡与妖人交通，谋不轨。壬辰，君羡坐诛，籍没其家。

上密问太史令李淳风：『《秘记》所云，信有之乎？』对曰：『臣仰稽天象，俯察历数，其人已在陛下宫中，为亲属，自今不过三十年，当王天下，杀唐子孙殆尽，其兆既成矣。』上曰：『疑似者尽杀之，何如？』对曰：『天之所命，人不能违也。王者不死，徒多杀无辜。且自今以往三十年，其人已老，庶几颇有慈心，为祸或浅。今借使得而杀之，天或生壮者肆其怨毒，恐陛下子孙，无遗类矣。』上乃止。

司空梁文昭公房玄龄留守京师，疾笃，上微赴玉华宫，肩舆入殿，至御座侧乃下，相对流涕，因留宫下，闻其小愈则喜形于色，加剧则忧悴。玄龄谓诸子曰：『吾受主上厚恩，今天下无事，唯东征未已，群臣莫敢谏，吾知而不言，死有余责。』乃上表谏，以为：『《老子》曰：「知足不辱，知止不殆。」陛下功名威德亦可足矣，拓地开疆亦可止矣。且陛下每决一重囚，必令三覆五奏，进素膳，止音乐者，重人命也。今驱无罪之士卒，委之锋刃之下，使肝脑涂地，独不足愍乎！向使高丽违失臣节，诛之可也；侵扰百姓，灭之可也；他日能为中国患，除之可也。今无此三条而坐烦中国，内为前代雪耻，外为新罗报仇，岂非所存者小，所损者大乎！愿陛下许高丽自新，焚陵波之船，罢应募之众，自然华、夷庆赖，远肃迩安。臣旦夕入地，傥蒙录此哀鸣，[22]死且不朽！』玄龄之遗爱尚上女高阳公主，上谓公主曰：

『彼病笃如此，尚能忧我国家。』上自临视，握手与诀，悲不自胜。癸卯，薨。

柳芳曰：玄龄佐太宗定天下，及终相位，凡三十二年，天下号为贤相；然无迹可寻，德亦至矣。故太宗定祸乱而房、杜不言功，王、魏善谏诤而房、杜让其贤，英、卫善将兵而房、杜行其道，理致太平，善归人主。为唐宗臣，宜哉！

【注释】

①松外蛮：即松州之外的蛮族。松州，今四川省松潘县。②嶲州：今四川西昌县。③西洱：今云南西部洱海。天竺：印度的古称。④巴蜀十三州：益、眉、荣、梓、利、绵、遂、巴、卢、渠、达、集、渝等十三州。⑤辱纥主：契丹酋长首领之称。⑥玄州：今辽宁朝阳市一带。⑦乌胡：亦作乌湖。岛名，今渤海湾中隍城岛。⑧庭州：今新疆吉木萨尔县北破子城。⑨右卫率长史：为太子东宫十率府之一的右卫率府长史。⑩中天竺：即天竺分东西南北中五部分，中天竺，即天竺中部。⑪泥婆国：今尼泊尔的旧译名。⑫茶镈和罗城：古印度都城。⑬乾陀卫江：今称恒河流经古印度乾陀罗，即义为遍香国的地段之称。⑭散朝大夫：唐制文散阶朝散大夫，从五品下。⑮谥曰贞褊公：贺琛《谥法》：直道不挠曰贞；俭啬无德曰褊，心隘政急曰褊。⑯右领左右府长史：领左右府，亦分为左、右，各有长史，此即左、右千牛府。⑰武连县：今四川剑阁县西南武连。直玄武门：此为掌管北门宿卫。⑱太白屡昼见：太白，星名。昼见封建迷信视为不祥之兆，传说多杀伐。⑲太史：专掌天文历法的官。⑳《秘记》：指谶纬之类的书籍。㉑酒令：饮酒时的一种游戏。其一人作令官，饮者听其号令，违则有罚。㉒哀鸣：指其言也善。

八月，己酉朔，日有食之。

丁丑，敕越州都督府及婺、洪等州造海船及双舫千一百艘。①

辛未，遣左领军大将军执失思力出金山道击薛延陀余寇。

九月，庚辰，昆丘道行军大总管阿史那社尔击处月、外密，破之，余众悉降。

癸未，薛万彻等伐高丽还。万彻在军中，使气陵物，裴行方奏其怨望，坐除名，流象州。②

己丑，新罗奏为百济所攻，破其十三城。

己亥，以黄门侍郎褚遂良为中书令。

强伟等发民造船，役及山獠，雅、邛、眉三州獠反。[3]壬寅，遣茂州都督张士贵、右卫将军梁建方发陇右、峡中兵二万余人以击之。[4]蜀人苦造船之役，或乞输直雇潭州人造船；[5]上许之。州县督迫严急，民至卖田宅、鬻子女不能供，谷价踊贵，剑外骚然。[6]上闻之，遣司农少卿长孙知人驰驿往视之。知人奏称：『蜀人脆弱，不耐劳剧。大船一艘，庸绢二千二百三十六匹。山谷已伐之木，挽曳未毕，复征船庸，二事并集，民不能堪，宜加存养。』上乃敕潭州船庸皆从官给。

冬，十月，癸丑，车驾还京师。

回纥吐迷度兄子乌纥烝其叔母。[7]乌纥与俱陆莫贺达官俱罗勃，皆突厥车鼻可汗之婿也，相与谋杀吐迷度以归车鼻。乌纥夜引十余骑袭吐迷度，杀之。燕然副都护元礼臣使人诱乌纥，[8]许奏以为瀚海都督，乌纥轻骑诣礼臣谢，礼臣执而斩之，以闻。上恐回纥部落离散，遣兵部尚书崔敦礼往安抚之。久之，俱罗勃入见，上留之不遣。

阿史那社尔既破处月、处密，引兵自焉耆之西趋龟兹北境，分兵为五道，出其不意，焉耆王薛婆阿那支弃城奔龟兹，保其东境。社尔遣兵追击，擒而斩之，立其从父弟先那准为焉耆王，使修职贡。龟兹大震，守将多弃城走。社尔进屯碛口，去其都城三百里，遣伊州刺史韩威帅千余骑为前锋，[9]骁卫将军曹继叔次之。至多褐城，龟兹王诃利布失毕、其相那利、羯猎颠帅众五万拒战。锋刃甫接，威引兵伪遁，龟兹悉众追之，行三十里，与继叔军合。龟兹惧，将却，继叔乘之，龟兹大败，逐北八十里。

甲戌，以回纥吐迷度子翊左郎将婆闰为左骁卫大将军、大俟利发、瀚海都督。

十一月，庚子，契丹帅窟哥、奚帅可度者并帅所部内属。以契丹部为松漠府，[10]以窟哥为都督；又以其别帅达稽等部为峭落等九州，[11]各以其辱纥主为刺史。以奚部为饶乐府，以可度者为都督；又以其别帅阿会等部为弱水等五州，[12]亦各以其辱纥主为刺史。辛丑，置东夷校尉官于营州。[13]

十二月，庚午，太子为文德皇后作大慈恩寺成。

龟兹王布失毕既败，走保都城，阿史那社尔进军逼之，布失毕轻骑西走。社尔拔其城，使安西都护郭孝恪守之。沙州刺史苏海政、尚辇奉御薛万备帅精骑追布失毕，行六百里，[14]布失毕窘急，保拨换城，[15]社尔进军攻之四旬，闰月，丁丑，拔之，擒布失毕及羯猎颠。那利脱身走，潜引西突厥之众并其国兵万余人，袭击孝恪。孝恪营于城外，龟兹人或告之，孝恪不以为意。那利奄至，孝恪帅所部千余人将入城，那利之众已登城矣。城中降胡与之相应，共击孝恪，矢刃如雨。孝恪不能敌，将复出，死于西门。城中大扰，仓部郎中崔义超召募得二百人，[16]卫军资财物，与龟兹战于城中，曹继叔、韩威亦营于城外，自城西北隅击之。那利经宿乃退，斩首三千余级，城中始定。后旬余日，那利复引山北龟兹万余人趣都城，继叔逆击，大破之，斩首八千级。那利单骑走，龟兹人执之，以诣军门。

阿史那社尔前后破其大城五，遣左卫郎将权祗甫诣诸城，⑰开示祸福，皆相帅请降，凡得七百余城，虏男女数万口。社尔乃召其父老，宣国威灵，谕以伐罪之意，立其王之弟叶护为主，龟兹人大喜。西域震骇，西突厥、于阗、安国争馈驼马军粮，⑱社尔勒石纪功而还。

戊寅，以昆丘道行军总管、左骁卫将军阿史那贺鲁为泥伏沙钵罗叶护，赐以鼓纛，使招讨西突厥之未服者。

癸未，新罗相金春秋及其子文王入见。春秋，真德之弟也。上以春秋为特进，文王为左武卫将军。春秋请改章服从中国，⑲内出冬服赐之。

【注释】①婺州：今浙江金华县。洪州：今江西南昌市。双舫：两两相互并连的舫舟。②象州：今广西象州县东北。③雅、邛、眉三州：今四川雅安县西、邛来县东南、眉山县。④茂州：今茂文羌族自治县。陇右：指甘肃陇山以西地区。⑤潭州：今湖南长沙市。⑥剑外：自四川剑门关以南谓之剑外。⑦蒸其叔母：与叔母淫乱。蒸，与母辈淫乱。⑧燕然副都护：燕然都护府中的副长官。燕然都护府，今内蒙古乌拉特中后旗西南。⑨伊州：今新疆哈密县。⑩松漠府：今内蒙古巴林右旗南。⑪九州：即峭落州、无逢州、羽陵州、白连州、徒何州、万丹州、疋黎州、赤山州、并松漠府为九州。⑫五州：弱水州、祁黎州、洛瓌州、太鲁州、渴野州。⑬东夷校尉官：掌管东夷地区的长官。⑭沙州：今甘肃敦煌县西。⑮拔换城：自安西府西出柘厥关，渡白马河四百余里至拔换城。⑯仓部郎中：官名。掌管天下仓储，受纳租税，出给禄廪之事，属户部。⑰左卫郎将：即唐左卫府中较低级的武官。⑱安国：今甘肃平凉县西北安国。⑲章服：以图文为等级标志的礼服。

二十三年 春，正月，辛亥，龟兹王布失毕及其相那利等至京师，上责让而释之，以布失毕为左武卫中郎将。

西南徒莫祇等蛮内附，以其地为傍、望、览、丘四州，隶朗州都督府。①

上以突厥车鼻可汗不入朝，遣右骁卫郎将高侃发回纥、仆骨等兵袭击之。兵入其境，诸部落相继来降。拔悉密吐屯肥罗察降，以其地置新黎州。

二月，丙戌，置瑶池都督府，②隶安西都护；戊子，以左卫将军阿史那贺鲁为瑶池都督。

三月，丙辰，置丰州都督府，③使燕然都护李素立兼都督。

去冬旱，至是始雨。辛酉，上力疾至显道门外，赦天下。丁卯，敕太子于金液门听政。

夏，四月，乙亥，上行幸翠微宫。

上谓太子曰：『李世勣才智有余，然汝与之无恩，恐不能怀服。我今黜之，若其即行，俟我死，汝于后用为仆射，亲任之；若徘徊顾望，当杀之耳。』五月，戊午，以同中书门下三品李世勣为叠州都督；④世勣受诏，不至家而去。

辛酉，开府仪同三司卫景武公李靖薨。

上苦利增剧，⑤太子昼夜不离侧，或累日不食，发有变白者。上泣曰：『汝能孝爱如此，吾死何恨！』丁卯，疾笃，召长孙无忌入含风殿。⑥上卧，引手扪无忌颐，无忌哭，悲不自胜；上竟不得有所言，因令无忌出。己巳，复召无忌及褚遂良入卧内，谓之曰：『朕今悉以后事付公辈。太子仁孝，公辈所知，善辅导之！』谓太子曰：『无忌、遂良在，汝勿忧天下！』又谓遂良曰：『无忌尽忠于我，我有天下，多其力也。我死，勿令谗人间之。』仍令遂良草遗诏。有顷，上崩。⑦

太子拥无忌颈，号恸将绝。无忌揽涕，请处分众事以安内外。太子哀号不已，无忌曰：『主上以宗庙社稷付殿下，岂得效匹夫唯哭泣乎！』乃秘不发丧。庚午，无忌等请太子先还，飞骑、劲兵及旧将皆从。辛未，太子入京城；大行御马舆，⑧侍卫如平日，继太子而至，顿于两仪殿。以太子左庶子于志宁为侍中，少詹事张行成兼侍中，以检校刑部尚书、右庶子、兼吏部侍郎高季辅兼中书令。壬申，发丧太极殿，宣遗诏，太子即位。军国大事，不可停阙；平常细务，委之有司。诸王为都督、刺史者，并听奔丧，濮王泰不在来限。罢辽东之役及诸土木之功。四夷之人入仕于朝及来朝贡者数百人，闻丧皆恸哭，剪发、剺面、割耳，流血洒地。

【注释】

①朗州：今湖南常德市。②瑶池都督府：今苏联境内巴尔喀什湖一带。③丰州：今内蒙古五原县西南黄河北岸。④叠州：今甘肃迭部县。⑤利：泄泻。⑥含风殿：在翠微宫。⑦上崩：即皇上唐太宗死，享年五十三岁。⑧大行：

一去不返。臣下因讳言皇帝死亡，故用大行作比喻。

六月，甲戌朔，高宗即位，赦天下。

丁丑，以叠州都督李勣为特进、检校洛州刺史、洛阳宫留守。①

先是，太宗二名，令天下不连言者勿避；至是，始改官名犯先帝讳者。②

癸未，以长孙无忌为太尉，兼检校中书令，知尚书、门下二省事。无忌固辞知尚书省事，帝许之，仍令以太尉同中书门下三品。

癸巳，以李勣为开府仪同三司、同中书门下三品。

阿史那社尔之破龟兹也，行军长史薛万备请因兵威说于阗王伏阇信入朝，社尔从之。秋，七月，己酉，伏阇信随万备入朝，诏入谒梓宫。③

八月，癸酉，夜，地震，晋州尤甚，压杀五千余人。

庚寅，葬文皇帝于昭陵，④庙号太宗。阿史那社尔、契苾何力请杀身殉葬，上遣人谕以先旨不许。蛮夷君长为先帝所擒服者颉利等十四人，皆琢石为其像，刻名列于北司马门内。

丁酉，礼部尚书许敬宗奏弘农府君庙应毁，⑤请藏主于西夹室；⑥从之。

九月，乙卯，以李勣为左仆射。

冬，十月，以突厥诸部置舍利等五州隶云中都督府，⑦苏农等六州隶定襄都督府。⑧

乙亥，上问大理卿唐临系囚之数，对曰：『见囚五十余人，唯二人应死。』上悦。上尝录系囚，前卿所处者多号呼称冤，临所处者独无言。上怪，问其故。因曰：『唐卿所处，本自无冤。』上叹息良久，曰：『治狱者不当如是邪！』

上以吐蕃赞普弄赞为驸马都尉，⑨封西海郡王。赞普致书于长孙无忌等云：『天子初即位，臣下有不忠者，当勒兵赴国讨除之。』

十二月，诏濮王泰开府置僚属，车服珍膳，特加优异。

【注释】①李勣：本为李世勣，因避太宗名字，称李勣。②讳：避讳。指对君主、尊长辈的名字避开不直言。③梓宫：帝后所用以梓木制作的棺材。④昭陵：唐太宗李世民墓。今陕西礼泉县东北九峻山。⑤弘农府君：即魏弘农太守李重耳，对唐高宗是其七世祖，亲尽应毁。⑥西夹室：太庙有太夹室，两边有东西二夹室。⑦五州：舍利州、思辟州、阿史那州、绰州、白登州。⑧六州：史只载苏农州、阿德州、执失州、拔延州，余二州佚。⑨驸马都尉：汉武帝置奉车、驸马、骑三都尉，唐以骑都尉为勋官，附马都尉以授尚主者，奉车都尉不复除受。

则天顺圣皇后上之上

光宅元年[1] 春，正月，甲申朔，改元嗣圣，赦天下。

立太子妃韦氏为皇后；擢后父玄贞自普州参军为豫州刺史。

癸巳，以左散骑常侍杜陵韦弘敏为太府卿、同中书门下三品。

中宗欲以韦玄贞为侍中，又欲授乳母之子五品官；裴炎固争，中宗怒曰：『我以天下与韦玄贞，何不可！而惜侍中邪！』炎惧，白太后，密谋废立。二月，戊午，太后集百官于乾元殿，裴炎与中书侍郎刘祎之、羽林将军程务挺、张虔勖勒兵入宫，[2]宣太后令，废中宗为庐陵王，扶下殿。中宗曰：『我何罪？』太后曰：『汝欲以天下与韦玄贞，何得无罪！』乃幽于别所。己未，立雍州牧豫王旦为皇帝。政事决于太后，居睿宗于别殿，[3]不得有所预。立豫王妃刘氏为皇后。后，德威之孙也。

有飞骑十余人饮于坊曲，[4]一人言：『向知别无勋赏，不若奉庐陵。』一人起，出诣北门告之。[5]座未散，皆捕得，系羽林狱，言者斩，余以知反不告皆绞，告者除五品官。告密之端自此兴矣。

壬子，以永平郡王成器为皇太子，睿宗之长子也。赦天下，改元文明。

庚申，废皇太孙重照为庶人，命刘仁轨专知西京留守事。流韦玄贞于钦州。

太后与刘仁轨书曰：『昔汉以关中之事委萧何，[6]今托公亦犹是矣。』仁轨上疏，辞以衰老不堪居守，因陈吕后祸败之事以申规戒。[7]太后使秘书监武承嗣赍玺书慰谕之曰：『今以皇帝谅闇不言，[8]眇身且代亲政；远劳劝戒，复辞衰疾。又云「吕氏见嗤于后代，禄、产贻祸于汉朝」，引喻良深，愧慰交集。公忠贞之操，终始不渝，劲直之风，古今罕比。初闻此语，能不罔然；静而思之，是为龟镜。[9]况公先朝旧德，[10]遐迩具瞻，愿以匡救为怀，无以暮年致请。』

辛酉，太后命左金吾将军丘神勣诣巴州，检校故太子贤宅，以备外虞，其实风使杀之。神勣，行恭之子也。[11]

甲子，太后御武成殿，皇帝帅王公以下上尊号。丁卯，太后临轩，遣礼部尚书武承嗣册嗣皇帝。自是太后常御紫宸殿，施惨紫帐以视朝。[12]

丁丑，以太常卿、检校豫王府长史王德真为侍中；中书侍郎、检校豫王府司马刘祎之同中书门下三品。

三月，丁亥，徙杞王上金为毕王，鄱阳王素节为葛王。

丘神勣至巴州，幽故太子贤于别室，逼令自杀。太后乃归罪于神勣，戊戌，举哀于显福门，贬神勣为叠州刺史。己亥，追封贤为雍王。神勣寻复入为左金吾将军。

【注释】

①光宅元年（公元684年）：这一年九月始改年号为光宅。②羽林将军：注：『贞观中，置北衙七营兵，选才力骁勇者充，龙朔二年曰左、右羽林军，置大将军各一员，将军各二员，品同诸卫，统领北衙禁兵之法令，而督摄左右厢飞骑之仪仗，以统诸曹之职，取府兵、越骑、步射，以为羽林军士，大朝会，则执仗以卫阶陛，行幸则夹驰道为内仗。』③睿宗：即李旦。睿宗是他的庙号。④飞骑：唐代皇帝的侍卫军士。坊曲：小街曲巷。⑤北门：即玄武门，为唐代羽林禁卫军的驻地。⑥萧何：西汉初政治家。今属江苏人。秦末佐刘邦起义。刘邦封汉王，任他为丞相。楚汉战争中，荐韩信为大将，并留守关中，输送军需士卒，为汉朝的建立起了重要作用。⑦吕后（前241～前180年）：汉高祖皇后。名雉，字娥姁。西汉初曾助高祖灭诸异姓王。其子惠帝继位，她掌握实权。惠帝死后，临朝称制，分封诸吕为王侯，控制南北军，以审食其为左丞相，掌握实权。她死后，其兄子梁王吕产、赵王吕禄等企图举兵反叛，为汉宗室刘章所杀。⑧谅闇：皇帝居丧。⑨龟镜：龟可卜吉凶，镜能辨美恶，故用来喻借鉴、鉴戒。⑩旧德：有德望的故老。⑪行恭：即唐朝将领丘行恭。今河南人。有勇，善骑射。贞观中讨高昌有功进右武侯将军。高帝立，迁大将军，冀、陕二州刺史。所守严烈，僚吏畏之。⑫惨紫：注：『紫色之浅者为惨紫。』

夏，四月，开府仪同三司、梁州都督滕王元婴薨。

辛酉，徙毕王上金为泽王，拜苏州刺史；葛王素节为许王，拜绛州刺史。

癸酉，迁庐陵王于房州；丁丑，又迁于均州故濮王宅。①

五月，丙申，高宗灵驾西还。

闰月，以礼部尚书武承嗣为太常卿、同中书门下三品。

秋，七月，戊午，广州都督路元睿为昆仑所杀。②元睿暗懦，僚属恣横，有商舶至，僚属侵渔不已。商胡诉于元睿，元睿索枷，欲系治之。群胡怒，有昆仑袖剑直登听事，[3]杀元睿及左右十余人而去，无敢近者，登舟入海，追之不及。

温州大水，[4]流四千余家。

突厥阿史那骨笃禄等寇朔州。

八月，庚寅，葬天皇大帝于乾陵，[5]庙号高宗。

初，尚书左丞冯元常为高宗所委，高宗晚年多疾，百司奏事，每曰：『朕体中不佳，可与元常平章以闻。』元常尝密言：『中宫威权太重，宜稍抑损。』高宗虽不能用，深以其言为然。及太后称制，四方争言符瑞；嵩阳令樊文献瑞石，太后命于朝堂示百官，元常奏：『状涉谄诈，不可诬罔天下。』太后不悦，出为陇州刺史。元常，子琮之曾孙也。[6]

丙午，太常卿、同中书门下三品武承嗣罢为礼部尚书。

栝州大水，[7]流二千余家。

九月，甲寅，赦天下，改元。旗帜皆从金色。八品以下，旧服青者更服碧。改东都为神都，宫名太初。又改尚书省为文昌台，左、右仆射为左、右相，六曹为天、地、四时六官；门下省为鸾台，中书省为凤阁，侍中为纳言，中书令为内史；御史台为左肃政台，增置右肃政台；[8]其余省、寺、监、率之名，[9]悉以义类改之。

以左武卫大将军程务挺为单于道安抚大使，以备突厥。

武承嗣请太后追王其祖，[10]立武氏七庙，[11]太后从之。裴炎谏曰：『太后母临天下，当示至公，[12]不可私于所亲。独不见吕氏之败乎！』太后曰：『吕后以权委生者，故及于败。今吾追尊亡者，何伤乎！』对曰：『事当防微杜渐，不可长耳。』太后不从。己巳，追尊太后五代祖克己为鲁靖公，妣为夫人；高祖居常为太尉、北平恭肃王，曾祖俭为太尉、金城义康王，祖华为太尉、太原安成王，考士彟为太师、魏定王；祖妣皆为妃。裴炎由是得罪。又作五代祠堂于文水。

时诸武用事，唐宗室人人自危，众心愤惋。会眉州刺史英公李敬业及弟盩厔令敬猷、给事中唐之奇、长安主簿骆宾王、詹事司直杜求仁皆坐事，敬业贬柳州司马，敬猷免官，之奇贬括苍令，宾王贬临海丞，求仁贬黟令。求仁，正伦之侄也。[13]盩厔尉魏思温尝为御史，复被黜。皆会于扬州，各自以失职怨望，乃谋作乱，以匡复庐陵王为辞。[14]

思温为之谋主，使其党监察御史薛仲璋求奉使江都，令雍州人韦超诣仲璋告变，云『扬州长史陈敬之谋反』。仲璋收敬之系狱。居数日，敬业乘传而至，矫称扬州司马来之官，云『奉密旨，以高州酋长冯子猷谋反，发兵讨之。』

于是开府库，令士曹参军李宗臣就钱坊，驱囚徒、工匠数百，授以甲。斩敬之于系所；录事参军孙处行拒之，亦斩以徇，僚吏无敢动者。遂起一州之兵，复称嗣圣元年。开三府，一曰匡复府，二曰英公府，三曰扬州大都督府。敬业自称匡复府上将，领扬州大都督。以之奇、求仁为左、右长史，宗臣、仲璋为左、右司马，思温为军师，宾王为记室，[15]旬日间得胜兵十余万。

移檄州县，略曰：『伪临朝武氏者，人非温顺，地实寒微。昔充太宗下陈，[16]尝以更衣入侍，洎乎晚节，[17]秽乱春宫。[18]密隐先帝之私，阴图后庭之嬖，践元后于翚翟，[19]陷吾君于聚麀。[20]』又曰：『杀姊屠兄，[21]弑君鸩母，[22]人神之所同嫉，天地之所不容。』又曰：『包藏祸心，窃窥神器。君之爱子，[23]幽之于别宫；贼之宗盟，委之以重任。』又曰：『一抔之土未干，六尺之孤安在！』又曰：『试观今日之域中，竟是谁家之天下！』太后见檄，问曰：『谁所为？』或对曰：『骆宾王。』太后曰：『宰相之过也。人有如此才，而使之流落不偶乎！』[24]

敬业求得人貌类故太子贤者，给众云：『贤不死，亡在此城中，令吾属举兵。』因奉以号令。

楚州司马李崇福帅所部三县应敬业。盱眙人刘行举独据县不从，敬业遣其将尉迟昭攻盱眙，行举拒却之。诏以行举为游击将军，[25]以其弟行实为楚州刺史。

甲申，[26]以左玉钤卫大将军李孝逸为扬州道大总管，将兵三十万，以将军李知士、马敬臣为之副，以讨李敬业。

【注释】

①故濮王宅：即贞观末濮王泰迁均州所居故宅。②昆仑：古地区名。唐代前后，泛称中南半岛南部及南洋诸岛为昆仑。③听事：厅堂。指官府治事之所。④温州：今浙江温州。⑤天皇大帝：唐高宗李治的尊号『天皇大圣大弘孝皇帝』的略称。⑥子琮：即北齐大臣冯子琮。今山东高青东南人。初为军府法曹，摄库部。累官吏部尚书、左仆射。⑦栝州：今浙江丽水东南。⑧御史台二句：左台专知京师百官及监诸军旅并承诏出使，右台专知诸州按察。⑨其余句：秘书、殿中二省，九卿寺，少府、将作、国子、军器等监，东宫十率。⑩追王：追封为王。⑪七庙：古代帝王设七庙供奉七代祖先。⑫至公：极公正，最大的公正。⑬正伦：即唐代大臣杜正伦今河北临漳西南人。隋仁寿中任羽骑尉。入唐，直秦王府文学馆。贞观初，擢兵部员外郎，累迁中书侍郎，以能谏诤为太宗赞许。后为太子左庶子。高宗朝官至中书令。被诬为有异谋，贬为横州刺史而卒。⑭匡复：挽救将亡之国，使转危为安。⑮记室：官名。掌

章表书记文檄。⑯昔充句：指武则天曾充当太宗的才人。古代统治者以婢妾充实后宫，称为充下陈。⑰晚节：晚年。⑱秽乱春宫：指与太子私通。秽乱，淫乱。春宫，即东宫，太子宫。⑲元后：帝王的嫡妻。⑳聚麀：麀，雌鹿。禽兽不知父子夫妇之伦，故有两代雄鹿共一麀之事。因以聚麀指两代人之间的乱伦行为。㉑杀姊屠兄：姊，谓韩国夫人；兄谓元爽、元庆。㉒弑君鸩母：此以高帝晏驾及太原王妃之死为后罪。㉓爱子：指唐睿宗李旦。㉔不偶：生不逢时，不得志。㉕诏以句：据中华书局本选录章钰校勘记，诸本于「诏」上有「行举拒却之」五字。㉖甲申：光宅元年。据新、旧《唐书》本，均列为十月事，即十月初六。原文漏「十月」二字。

武承嗣与从父弟右卫将军三思以韩王元嘉、鲁王灵夔属尊位重，①屡劝太后因事诛之。太后谋于执政，刘祎之、韦思谦皆无言；内史裴炎独固争，太后愈不悦。三思，元庆之子也。

及李敬业举兵，薛仲璋，炎之甥也，炎欲示闲暇，不汲汲议诛讨。太后问计于炎，对曰：「皇帝年长，不亲政事，故竖子得以为辞。若太后返政，则不讨自平矣。」监察御史蓝田崔詧闻之，上言：「炎受顾托，大权在己，若无异图，何故请太后归政？」太后命左肃政大夫金城骞味道、侍御史栎阳鱼承晔鞫之，收炎下狱。炎被收，辞气不屈。或劝炎逊辞以免，炎曰：「宰相下狱，安有全理！」

凤阁舍人李景谌证炎必反。②刘景先及凤阁侍郎义阳胡元范皆曰：「炎，社稷元臣，有功于国，悉心奉上，天下所知，臣敢明其不反。」太后曰：「炎反有端，顾卿不知耳。」对曰：「若裴炎为反，则臣等亦反也。」太后曰：「朕知裴炎反，知卿等不反。」文武间证炎不反者甚众，太后皆不听。俄并景先、元范下狱。丁亥，以骞味道检校内史同凤阁鸾台三品，李景谌同凤阁鸾台平章事。

魏思温说李敬业曰：「明公以匡复为辞，宜帅大众鼓行而进，直指洛阳，则天下知公志在勤王，四面响应矣。」薛仲璋曰：「金陵有王气，且大江天险，足以为固，不如先取常、润，③为定霸之基，然后北向以图中原，进无不利，退有所归，此良策也！」思温曰：「山东豪杰以武氏专制，愤惋不平，闻公举事，皆自蒸麦饭为粮，伸锄为兵，以俟南军之至。不乘此势以立大功，乃更蓄缩，欲自谋巢穴，远近闻之，其谁不解体！」敬业不从，使唐之奇守江都，将兵渡江攻润州。思温谓杜求仁曰：「兵势合则强，分则弱，敬业不并力渡淮，收山东之众以取洛阳，败在眼中矣！」

壬辰，敬业陷润州，执刺史李思文，以李宗臣代之。思文，敬业之叔父也，知敬业之谋，先遣使间道上变，为敬业所攻，拒守久之，力屈而陷。思温请斩以徇，敬业不许，谓思文曰：『叔党于武氏，宜改姓武。』润州司马刘延嗣不降，敬业将斩之，思温救之，得免，与思文皆囚于狱中。刘延嗣，审礼从父弟也。曲阿令河间尹元贞引兵救润州，战败，为敬业所擒，临以白刃，不屈而死。

丙申，斩裴炎于都亭。炎将死，顾兄弟曰：『兄弟官皆自致，炎无分毫之力，今坐炎流窜，不亦悲乎！』籍没其家，无甑石之储。④刘景先贬普州刺史，又贬辰州刺史，胡元范流琼州而死。裴炎弟子太仆寺丞伷先，年十七，上封事请见言事。太后召见，诘之曰：『汝伯父谋反，尚何言？』伷先曰：『臣为陛下画计耳，安敢诉冤！陛下为李氏妇，先帝弃天下，遽揽朝政，变易嗣子，疏斥李氏，封崇诸武。臣伯父忠于社稷，反诬以罪，戮及子孙。陛下所为如是，臣实惜之！陛下早宜复子明辟，高枕深居，则宗族可全；不然，天下一变，不可复救矣！』太后怒曰：『胡白，小子敢发此言！』命引出。伷先反顾曰：『今用臣言，犹未晚！』如是者三。太后命于朝堂杖之一百，长流瀼州。⑤

炎之下狱也，郎将姜嗣宗使至长安，刘仁轨问以东都事，嗣宗曰：『嗣宗觉裴炎有异于常久矣。』仁轨曰：『使人觉之邪？』嗣宗曰：『然。』仁轨曰：『仁轨有奏事，愿附使人以闻。』嗣宗曰：『诺。』明日，受仁轨表而还，表言：『嗣宗知裴炎反不言。』太后览之，命拉嗣宗于殿庭，绞于都亭。

【注释】①武承嗣句：注：『二王皆高祖子。』②凤阁舍人：官名。掌管诏令、侍从、宣旨和接纳上奏文表等事。③润：州名。今江苏镇江。④甑石：甑为口小腹大的瓦器，容量一石。这里用来形容数量相当少。⑤瀼州：今广西上思西南。

丁酉，追削李敬业祖考官爵，发冢斫棺，复姓徐氏。

李景谌罢为司宾少卿，①以右史武康沈君谅、著作郎崔詧为正谏大夫、同平章事。

徐敬业闻李孝逸将至，自润州回军拒之，屯高邮之下阿溪；使徐敬猷逼淮阴，别将韦超、尉迟昭屯都梁山。②

李孝逸军至临淮，偏将雷仁智与敬业战，不利，孝逸惧，按兵不进。监军殿中侍御史魏元忠谓孝逸曰：『天下安危，在兹一举。四方承平日久，忽闻狂狡，注心倾耳以俟其诛。今大军久留不进，远近失望，万一朝廷更命它将以代将军，将军何辞以逃逗挠之罪乎！』孝逸乃引军而前。壬寅，马敬臣击斩尉迟昭于都梁山。

十一月，辛亥，以左鹰扬大将军黑齿常之为江南道大总管，讨敬业。

韦超拥众据都梁山，诸将皆曰：『超凭险自固，士无所施其勇，骑无所展其足；且穷寇死战，攻之多杀士卒，不如分兵守之，大军直趣江都，覆其巢穴。』支度使薛克构曰③：『超虽据险，其众非多。今多留兵则前军势分，少留兵则终为后患，不如先击之，其势必举，举都梁，则淮阴、高邮望风瓦解矣。』魏元忠请先击徐敬猷，诸将曰：『不如先攻敬业，敬业败，则敬猷不战自擒矣。若击敬猷，则敬业引兵救之，是腹背受敌也。』元忠曰：『不然。贼之精兵，尽在下阿，乌合而来，利在一决，万一失利，大事去矣！敬猷出于博徒，不习军事，其众单弱，人情易摇，大军临之，驻马可克。敬业虽欲救之，计程必不能及。我克敬猷，乘胜而进，虽有韩、白不能当其锋矣。今不先取弱者而遽攻其强，非计也。』孝逸从之，引兵击超，超夜遁；进击敬猷，敬猷脱身走。

庚申，敬业勒兵阻溪拒守，后军总管苏孝祥夜将五千人，以小舟渡溪先击之，兵败，孝祥死，士卒赴溪溺死者过半。左豹韬卫果毅渔阳成三朗为敬业所擒。唐之奇给其众曰：『此李孝逸也！』将斩之，三朗大呼曰：『我果毅成三朗，非李将军也。官军今大至矣，尔曹破在朝夕。我死，妻子受荣，尔死，妻子籍没，尔终不及我！』遂斩之。

孝逸等诸军继至，战数不利。孝逸惧，欲引退，魏元忠与行军管记刘知柔言于孝逸曰：『风顺荻干，此火攻之利。』固请决战。敬业置阵既久，士卒多疲倦顾望，阵不能整；孝逸进击之，因风纵火，敬业大败，斩首七千级，溺死者不可胜纪。敬业等轻骑走入江都，挈妻子奔润州，将入海奔高丽；孝逸进屯江都，分遣诸将追之。乙丑，敬业至海陵界，阻风，其将王那相斩敬业、敬猷及骆宾王首来降。余党唐之奇、魏思温皆捕得，传首神都，④扬、润、楚三州平。

陈岳论曰：敬业苟能用魏思温之策，直指河、洛，专以匡复为事，纵军败身戮，亦忠义在焉。而妄希金陵王气，是真为叛逆，不败何待！

敬业之起也，名敬猷将兵五千，循江西上，略地和州。前弘文馆直学士历阳高子贡帅乡里数百人拒之，敬猷不能西。以功拜朝散大夫、成均助教。⑤

丁卯，郭待举罢为左庶子；以鸾台侍郎韦方质为凤阁侍郎、同平章事。方质，云起之孙也。⑥

十二月，刘景先又贬吉州员外长史，郭待举贬岳州刺史。

初，裴炎下狱，单于道安抚大使、左武卫大将军程务挺密表申理，由是忤旨。务挺素以唐之奇、杜求仁善，或谮之曰：『务挺与裴炎、徐敬业通谋。』癸卯，遣左鹰扬将军裴绍业即军中斩之，籍没其家。突厥闻务挺死，所在宴饮相庆；又为务挺立祠，每出师，必祷之。

太后以夏州都督王方翼与务挺连职，素相亲善，且废后近属，征下狱，流崖州而死。

【注释】

①司宾少卿：即鸿胪寺少卿。②都梁山：今江苏盱眙县东南。③支度使：唐制，凡天下边军有支度使，以计军资粮仗之用，所费皆申度支会计，以长行旨为准。④神都：唐光宅元年（公元684年），武则天定都洛阳，洛阳旧号东都，至此改称神都，今河南洛阳。⑤朝散大夫：散官名。隋置，唐至元沿袭。成均助教：即国子助教，掌佐博士分经以教授。⑥云起：即隋、唐时官吏韦云起今陕西西安人。隋开皇时以明经举。累官治书御史，后左迁大理司直。入唐，以司农卿兼领西麟州刺史。后迁益州行台兵部尚书。玄武门之变后，以党于李建成之罪被杀。

垂拱元年 春，正月，丁未朔，赦天下，改元。

太后以徐思文为忠，特免缘坐，①拜司仆少卿。②谓曰：『敬业改卿姓武，朕今不复夺也。』

庚戌，以骞味道守内史。

戊辰，文昌左相、同凤阁鸾台三品乐城文献公刘仁轨薨。

二月，癸未，制：『朝堂所置登闻鼓及肺石，③不须防守，有挝鼓立石者，令御史受状以闻。』

乙巳，以春官尚书武承嗣、秋官尚书裴居道、右肃政大夫韦思谦并同凤阁鸾台三品。④

突厥阿史那骨笃禄等数寇边；以左玉钤卫中郎将淳于处平为阳曲道行军总管，击之。

正谏大夫、同平章事沈君谅罢。

三月，正谏大夫、同平章事崔督罢。

丙辰，迁庐陵王于房州。⑤

辛酉，武承嗣罢。

辛未，颁《垂拱格》。⑥

朝士有左迁诣宰相自诉者，内史骞味道曰：『此太后处分。』同中书门下三品刘祎之曰：『缘坐改官，由臣下奏请。』太后闻之，夏，四月，丙子，贬味道为青州刺史，加祎之太中大夫。谓侍臣曰：『君臣同体，岂得归恶于君，引善自取乎！』

癸未，突厥寇代州；淳于处平引兵救之，至忻州，为突厥所败，死者五千余人。

五月，丙午，以裴居道为内史。纳言王德真流象州。

己酉，以冬官尚书苏良嗣为纳言。⑦

壬戌，制内外九品以上及百姓，咸令自举。

壬申，韦方质同凤阁鸾台三品。

六月，天官尚书韦待价同凤阁鸾台三品。⑧待价，万石之兄也。

同罗、仆固等诸部叛；遣左豹韬卫将军刘敬同发河西骑士出居延海以讨之，同罗、仆固等皆败散。敕侨置安北都护府于同城以纳降者。

秋，七月，己酉，以文昌左丞魏玄同为鸾台侍郎、同凤阁鸾台三品。

诏自今祀天地，高祖、太宗、高宗皆配坐；用凤阁舍人元万顷等之议也。

九月，丁卯，广州都督王果讨反獠，平之。

冬，十一月，癸卯，命天官尚书韦待价为燕然道行军大总管，以讨突厥。初，西突厥兴昔亡、继往绝可汗既死，十姓无主，部落多散亡，太后乃擢兴昔亡之子左豹韬卫翊府中郎将元庆为左玉钤卫将军，兼崐陵都护，袭兴昔亡可汗押出咄陆部落。

麟台正字射洪陈子昂上疏，⑨以为：『朝廷遣使巡察四方，不可任非其人，及刺史、县令，不可不择。比年百姓疲于军旅，不可不安。』其略曰：『夫使不择人，则黜陟不明，刑罚不中，朋党者进，贞直者退；徒使百姓修饰道路，送往迎来，无所益也。谚曰：「欲知其人，观其所使。」不可不慎也。』又曰：『宰相，陛下之腹心；刺史、县令，陛下之手足；未有无腹心手足而能独理者也。』又曰：『天下有危机，祸福因之而生，机静则有福，机动则有祝，百姓是也。百姓安则乐其生，不安则轻其死，轻其死则无所不至，祆逆乘衅，⑩天下乱矣！』又曰：『隋炀帝不知天下有危机，而信贪佞之臣，冀收夷狄之利，卒以灭亡，其为殷鉴，岂不大哉！』

太后修故白马寺，以僧怀义为寺主。怀义，鄠人，[11]本姓冯，名小宝，卖药洛阳市，因千金公主以进，[12]得幸于太后；太后欲令出入禁中，乃度为僧，名怀义。又以其家寒微，令与驸马都尉薛绍合族，[13]命绍以季父事之。出入乘御马，宦者十余人侍从，士民遇之者皆奔避，有近之者，辄挝其首流血，委之而去，任其生死。见道士则极意殴之，仍髡其发而去。朝贵皆匍匐礼谒，武承嗣、武三思皆执僮仆之礼以事之，为之执辔，怀义视之若无人。多聚无赖少年，度为僧，纵横犯法，人莫敢言。右台御史冯思勖屡以法绳之，怀义遇思勖于途，令从者殴之，几死。

【注释】

①缘坐：注：『缘坐者，缘亲党而坐罪也。』徐思文是徐敬业的叔父。②司仆少卿：即太仆寺少卿。③登闻鼓：古代帝王悬鼓于朝堂外，臣下有谏议或冤情，许击鼓上闻，称为登闻鼓。肺石：古代于朝廷门外设赤色石头，形如肺。民有不平，可击石鸣冤。④春官尚书：即礼部尚书。秋官尚书：即刑部尚书。右肃政大夫：即右御史大夫。⑤房州：州名。隋开皇十八年（公元598年）以罗州改置，今湖北竹山。唐贞观十年（公元636年）移治房陵（在今湖北房县）。⑥《垂拱格》：垂拱初所制定的法条格式。⑦冬官尚书：即工部尚书。⑧天官尚书：即吏部尚书。⑨射洪：县名，治所在今四川射洪县西北金华镇。⑩祆：地面的反常变异现象。⑪鄠：县名。今陕西户县北。⑫千金公主：唐高祖李渊之女。⑬薛绍：薛绍尚武后女太平公主。是武则天的女婿。

二年春，正月，太后下诏复政于皇帝。睿宗知太后非诚心，奉表固让；太后复临朝称制。辛酉，赦天下。

二月，辛未朔，日有食之。

右卫大将军李孝逸既克徐敬业，声望甚重；武承嗣等恶之，数谮于太后，[1]左迁施州刺史。

三月，戊申，太后命铸铜为匦，[2]置之朝堂，以受天下表疏铭。其东曰『延恩』，献赋颂、求仕进者投之；南曰：『招谏』，言朝政得失者投之；西曰：『伸冤』，有冤抑者投之；北曰：『通玄』，言天象灾变及军机秘计者投之。命正谏、补阙、拾遗一人掌之，[3]先责识官，[4]乃听投表疏。

徐敬业之反也，侍御史鱼承晔之子保家教敬业作刀车及弩，[5]敬业败，仅得免。太后欲周知人间事，保家上书，请铸铜为匦以受天下密奏。其器共为一室，中有四隔，上各有窍，以受表疏。可入不可出。太后善之。未几，其怨家投匦告保家为敬业作兵器，杀伤官军甚众，遂伏诛。

太后自徐敬业之反，疑天下人多图己，又自以久专国事，且内行不正，知宗室大臣怨望，心不服，欲大诛杀以威之。乃盛开告密之门，有告密者，臣下不得问，皆给驿马，供五品食，使诣行在。虽农夫樵人，皆得召见，廪于客馆，所言或称旨，则不次除官，无实者不问。于是四方告密者蜂起，人皆重足屏息。⑥

有胡人索元礼，知太后意，因告密召见，擢为游击将军，令案制狱。元礼性残忍，推一人必令引数十百人，太后数召见赏赐以张其权。于是尚书都事长安周兴、万年人来俊臣之徒效之，纷纷继起。兴累迁至秋官侍郎，俊臣累迁至御史中丞，相与私畜无赖数百人，专以告密为事；欲陷一人，辄令数处俱告，事状如一。俊臣与司刑评事洛阳万国俊共撰《罗织经》数千言，教其徒网罗无辜，织成反状，构造布置，皆有支节。太后得告密者，辄令元礼等推之，竞为讯囚酷法，作大枷，有『定百脉』『突地吼』『死猪愁』『求破家』『反是实』等名号，或以椽关手足而转之，谓之『凤皇晒翅』；或以物绊其腰，引枷向前，谓之『驴驹拔撅』；或使跪捧枷，累甓其上，⑦谓之『仙人献果』；或使立高木之上，引枷尾向后，谓之『玉女登梯』；或倒悬石缒其首，⑧或以醋灌鼻，或以铁圈毂其首而加楔，⑨至有脑裂髓出者。每得囚，辄先陈其械具以示之，皆战栗流汗，望风自诬。每有赦令，俊臣辄令狱卒先杀重囚，然后宣示。太后以为忠，益宠任之。中外畏此数人，甚于虎狼。

麟台正字陈子昂上疏，以为：『执事者疾徐敬业首乱唱祸，将息奸源，穷其党与，遂使陛下大开诏狱，重设严刑，有迹涉嫌疑，辞相逮引，莫不穷捕考按。至有奸人荧惑，乘险相诬，纠告疑似，冀图爵赏，恐非伐罪吊人之意也。臣窃观当今天下，百姓思安久矣，故扬州构逆，殆有五旬，而海内晏然，纤尘不动，陛下不务玄默以救疲人，而反任威刑以失其望，臣愚暗昧，窃有大惑。伏见诸方告密，囚累百千辈，乃其究竟，百无一实。陛下仁恕，又屈法容之，遂使奸恶之党快意相仇，睚眦之嫌即称有密，⑩一人被讼，百人满狱，使者推捕，冠盖如市。或谓陛下爱一人而害百人，天下喁喁，⑪莫知宁所。臣闻隋之末代，天下犹平，杨玄感作乱，不逾月而败。天下之弊，未至土崩，蒸人之心，⑫犹望乐业。炀帝不悟，遂使兵部尚书樊子盖专行屠戮，⑬大穷党与，海内豪士，无不罹殃；遂至杀人如麻，流血成泽，天下靡然，⑭始思为乱，于是雄杰并起而隋族亡矣。夫大狱一起，不能无滥，冤人吁嗟，感伤和气，群生疠疫，水旱随之。

人既失业，则祸乱之心怵然而生矣。⑮古者明王重慎刑法，盖惧此也。昔汉武帝时巫蛊狱起，⑯使太子奔走，兵交宫阙，无辜被害者以千万数，宗庙几覆，赖武帝得壶关三老书，廓然感悟，夷江充三族，余狱不论，天下以安尔。古人云：「前事之不忘，后事之师。」⑰伏愿陛下念之！』太后不听。

夏，四月，太后铸大仪，⑱置北阙。⑲

以岑长倩为内史。六月，辛未，以苏良嗣为左相，同凤阁鸾台三品韦待价为右相。己卯，以韦思谦为纳言。

苏良嗣遇僧怀义于朝堂，怀义偃蹇不为礼；⑳良嗣大怒，命左右捽曳，㉑批其颊数十。怀义诉于太后，太后曰：『阿师当于北门出入，南牙宰相所往来，勿犯也。』

太后托言怀义有巧思，故使入禁营造。补阙长社王求礼上表，以为：『太宗时，有罗黑黑善弹琵琶，太宗阉为给使，使教宫人。陛下若以怀义有巧性，欲宫中驱使者，臣请阉之，庶不乱宫闱。』表寝不出。

秋，九月，丁未，以西突厥继往绝可汗之子斛瑟罗为右玉钤卫将军，袭继往绝可汗押五弩失毕部落。

己巳，雍州言新丰县东南有山踊出，㉒改新丰为庆山县。四方毕贺。江陵人俞文俊上书：『天气不和而寒暑并，人气不和而疣赘生，地气不和而埴阜出。今陛下以女主处阳位，反易刚柔，故地气塞隔而山变为灾。陛下谓之「庆山」，臣以为非庆也。臣愚以为宜侧身修德以答天谴；㉓不然，殃祸至矣！』太后怒，流于岭外，㉔后为六道使所杀。㉕

突厥入寇，左鹰扬卫大将军黑齿常之拒之，至两井，遇突厥三千余人，见唐兵，皆下马擐甲，常之以二百余骑冲之，皆弃甲走。日暮，突厥大至，常之令营中燃火，东南又有火起，虏疑有兵相应，遂夜遁。

狄仁杰为宁州刺史。右台监察御史晋陵郭翰巡察陇右，所至多所按劾，入宁州境，耆老歌刺史德美者盈路；翰荐之于朝，征为冬官侍郎。㉖

【注释】

①谮：说坏话诬陷他人。②匭：箱子，匣子。③命正谏句：『正谏，即谏议大夫也。垂拱元年，置左、右补阙各一人，从七品上；左、右拾遗各二人，从八品上；掌供奉讽谏，行立次左、右之下；左属门下省，右属中书省。』④识官：指担保的官吏，署名担保他人的品行称为保识。⑤刀车：古代的一种战车。凡是敌方攻破城门，便以刀车堵塞。⑥重足：累足。两足相叠，不敢正立。⑦甓：砖。⑧缒：用绳子拴住东西往下送。⑨毂：紧箍。⑩睚眦之嫌：很小的嫌怨。

睚眦，发怒时瞪眼。⑪喁喁：小声议论。⑫蒸人：众民，百姓。⑬樊子盖（公元545～616年）：治今安徽合肥人，字华宗。炀帝初为武威太守。炀帝赴辽东时，任东都太守。大业九年（公元613年），守洛阳拒杨玄感。玄感败死，他奉命与裴蕴穷究玄感党，杀三万余人，枉死者大半，进爵济公。⑭靡：损害。⑮怵：利诱。⑯巫蛊狱：汉武帝时，方士和神巫多聚京师，女巫出入宫中，教宫人埋木偶祭祀免灾。适遇武帝病，江充谓帝祟在巫蛊，因于宫中掘地搜查。江充与太子刘据有嫌怨，遂诬称在太子宫中查获木偶甚多。太子惧，起兵捕杀江充，失败自杀。巫蛊，古巫师用邪术加祸于人。⑰前事二句：以前的经验教训牢记不忘，可以作为今后行事的借鉴。⑱大仪：仪范、大法。⑲北阙：在玄武门外，是皇城北门外的门阙。⑳偃蹇：傲慢。㉑捽：揪住头发。㉒新丰县：今陕西临潼新丰镇。㉓侧身：戒慎恐惧，不敢安身的意思。㉔岭外：即岭南。㉕六道使：指长寿二年（公元693年）武后派往岭南等六道的使者。㉖冬官侍郎：即工部侍郎。

则天顺圣皇后上之下

垂拱三年 春，闰正月，丁卯，封皇子成美为恒王，隆基为楚王，隆范为卫王，隆业为赵王。

二月，丙辰，突厥骨笃禄等寇昌平，①命左鹰扬大将军黑齿常之帅诸军讨之。

三月，乙丑，纳言韦思谦以太中大夫致仕。

夏，四月，命苏良嗣留守西京。时尚方监裴匪躬检校京苑，②将鬻苑中蔬果以收其利。良嗣曰：『昔公仪休相鲁，③犹能拔葵、去织妇，未闻万乘之主鬻蔬果也。』乃止。

壬戌，裴居道为纳言。五月，丙寅，夏官侍郎京兆张光辅为凤阁侍郎、同平章事。

凤阁侍郎、同凤阁鸾台三品刘祎之窃谓凤阁舍人永年贾大隐曰：『太后既废昏立明，安用临朝称制！不如返政，以安天下之心。』大隐密奏之，太后不悦，谓左右曰：『祎之我所引，乃复叛我！』或诬祎之受归诚州都督孙万荣金，④又与许敬宗妾有私，太后命肃州刺史王本立推之。本立宣敕示之，祎之曰：『不经凤阁鸾台，何名为敕！』太后大怒，以为拒捍制使；庚午，赐死于家。

祎之初下狱，睿宗为之上疏申理，亲友皆贺之，祎之曰：『经乃所以速吾死也。』临刑，沐浴，神色自若，自草谢表，立成数纸。麟台郎郭翰、太子文学周思均称叹其文。⑤太后闻之，左迁翰巫州司法，思钧播州司仓。

秋，七月，壬辰，魏玄同检校纳言。

岭南俚户旧输半课，⑥交趾都护刘延祐使之全输，俚户不从，延祐诛其魁首。其党李思慎等作乱，攻破安南府城，杀延祐。桂州司马曹玄静将兵讨思慎等，斩之。

突厥骨笃禄、元珍寇朔州，遣燕然道大总管黑齿常之击之，以右鹰扬大将军李多祚为之副，大破突厥于黄花堆，追奔四十余里，突厥皆散走碛北。多祚世为靺鞨酋长，以军功得入宿卫。黑齿常之每得赏赐，皆分将士；有善马为军士所损，官属请笞之，常之曰：『奈何以私马笞官兵乎！』卒不问。

九月，己卯，虢州人杨初成诈称郎将，矫制于都市募人迎庐陵王于房州；事觉，伏诛。

冬，十月，庚子，右监门卫中郎将爨宝璧与突厥骨笃禄、元珍战，全军皆没，宝璧轻骑遁归。

宝璧见黑齿常之有功，表请穷追余寇。诏与常之计议，遥为声援。宝璧欲专其功，不待常之，引精兵万三千人先行，出塞二千余里，掩击其部落；既至，又先遣人告之，使得严备，与战，遂败。太后诛宝璧，改骨笃禄曰不卒禄。

命魏玄同留守西京。

武承嗣又使人诬李孝逸自云『名中有兔，兔，月中物，当有天分。』太后以孝逸有功，十一月，戊寅，减死除名，流儋州而卒。⑦

太后欲遣韦待价将兵击吐蕃，凤阁侍郎韦方质奏，请如旧制遣御史监军。太后曰：『古者名君遣将，阃外之事悉以委之。⑧比闻御史监军，军中事无大小皆须承禀。以下制上，非令典也；且何以责其有功！』遂罢之。

是岁，天下大饥，山东、关内尤甚。

【注释】

①昌平：今北京昌平县东南。②时尚方监句：光宅年间改少府监为尚方监。京苑，西京之苑。③公仪休：战国时鲁国人。曾任鲁博士，后为鲁穆公之相，为人清廉。回家见妻子织帛，怒而赶走妻子，烧掉织机；用饭时食葵菜觉得味美，愠而拔掉园葵，弃之。他说：『吾已食禄，又夺园夫红女利乎！』④归诚州：在今内蒙古巴林右旗一带。⑤麟台郎：光宅年间改秘书郎为麟台郎。太子文学：太子宫司经局有太子文学一人，正六品，掌侍奉文章。⑥俚：古族名。主要分布在今广东西南沿海及广西东南等地。⑦儋州：今海南儋县西北旧儋县。⑧阃外：此指统兵在外。

四年 春，正月，甲子，于神都立高祖、太宗、高宗三庙，四时享祀如西庙之仪。又立崇先庙以享武氏祖考。太后命有司议崇先庙室数，司礼博士周悰请为七室，①又减唐太庙为五室。春官侍郎贾大隐奏：『礼，天子七庙，诸侯五庙，百王不易之义。今周悰别引浮议，广异述文，直崇临朝权仪，不依国家常度。皇太后亲承顾托，光显大猷，其崇先庙室应如诸侯之数，国家宗庙不应辄有变移。』太后乃止。

太宗、高宗之世，屡欲立明堂，诸儒议其制度，不决而止。及太后称制，独与北门学士议其制，不问诸儒。诸儒以为明堂当在国阳丙巳之地，②三里之外，七里之内。太后以为去宫太远。二月，庚午，毁乾元殿，于其地作明堂，以僧怀义为之使，凡役数万人。

夏，四月，戊戌，杀太子通事舍人郝象贤。[③]象贤，处俊之孙也。[④]

初，太后有憾于处俊，会奴诬告象贤反，太后命周兴鞫之，致象贤族罪。象贤家人诣朝堂，讼冤于监察御史乐安任玄殖。[⑤]玄殖奏象贤无反状，玄殖坐免官。象贤临刑，极口骂太后，发扬宫中隐慝，夺市人柴以击刑者；金吾兵共格杀之。太后命支解其尸，发其父祖坟，毁棺焚尸。自是终太后之世，法官每刑人，先以木丸塞其口。

武承嗣使凿白石为文曰：『圣母临人，永昌帝业。』末紫石杂药物填之。[⑥]庚午，使雍州人唐同泰奉表献之，[⑦]称获之于洛水。太后喜，命其石曰『宝图』，擢同泰为游击将军。五月，戊辰，诏当亲拜洛，受『宝图』；有事南郊，先谢昊天；礼毕，御明堂，朝群臣。命诸州都督、刺史及宗室、外戚以拜洛前十日集神都。乙亥，太后加尊号为圣母神皇。

六月，丁亥朔，日有食之。

壬寅，作神皇三玺。

东阳大长公主削封邑，[⑧]并二子徙巫州。公主适度履行，太后以高氏长孙无忌之舅族，故恶之。

河南道巡抚大使、冬官侍郎狄仁杰以吴、楚多淫祠，奏焚其一千七百余所，独留夏禹、吴太伯、季札、伍员四祠。

【注释】

①司礼句：『光宅改太常曰司礼。史言周悰之请，希旨迎合。』悰。②丙巳之地：古人以天干、地支作为方位标志。丙巳代表南偏东的方位。③太子通事舍人：掌导引宫臣辞见及劳问之事。④处俊：即唐大臣郝处俊（公元607～681年）。令属湖北人。贞观进士，累迁至吏部侍郎，曾副李勣攻高丽。入拜东台侍郎，进同东西台三品。上元时，迁中书令，高宗以病风眩，议使武后摄知国政，因其谏而止。后拜侍中，罢为太子少保。⑤乐安：今山东惠民东南。⑥末紫石：把紫石打碎为粉末。紫石，紫色玉石，古人以为祥瑞之物。⑦雍州：今陕西西安西北。⑧东阳大长公主：唐太宗李世民的女儿。

秋，七月，丁巳，赦天下。更命『宝图』为『天授圣图』；洛水为永昌洛水，封其神为显圣侯，加特进，禁渔钓，祭祀比四渎。[①]名图所出曰『圣图泉』，泉侧置永昌县。又改嵩山为神岳，封其神为天中王，拜太师、使持节、神岳大都督，禁刍牧。又以先于汜水得瑞石，改汜水为广武。

太后潜谋革命，稍除宗室。绛州刺史韩王元嘉、青州刺史霍王元轨、刑州刺史鲁王灵夔、豫州刺史越王贞及元嘉子通州刺史黄公譔、元轨子金州刺史江都王绪、虢王凤子申州刺史东莞公融、灵夔子范阳王蔼、贞子博州刺史琅邪王冲，在宗室中皆以才行有美名，太后尤忌之。元嘉等内不自安，密有匡复之志。

譔谬为书与贞云：『内人病浸重，当速疗之，若至今冬，恐成痼疾。』及太后召宗室朝明堂，诸王因递相惊曰：『神皇欲于大飨之际，[2]使人告密，尽收宗室，诛之无遗类。』譔诈为皇帝玺书与冲云：『朕遭幽絷，诸王宜各发兵救我。』冲又诈为皇帝玺书云：『神皇欲移李氏社稷，以授武氏。』八月，壬寅，冲召长史萧德琮等令募兵，分告韩、霍、鲁、越及贝州刺史纪王慎，各令起兵共趣神都。太后闻之，以左金吾将军丘神勣为清平道行军大总管以讨之。

冲募兵得五千余人，欲渡河取济州；先击武水，[3]武水令郭务悌诣魏州求救。莘令马玄素将兵千七百人中道邀冲，恐力不敌，入武水，闭门拒守。冲推草车塞其南门，因风纵火焚之，欲乘火突入；火作而风回，冲军不得进，由是气沮。堂邑董玄寂为冲将兵击武水，谓人曰：『琅邪王与国家交战，此乃反也。』冲闻之，斩玄寂以徇，众惧而散入草泽，不可禁止，惟家僮左右数十人在。冲还走博州，戊申，至城门，为守门者所杀，凡起兵七日而败。丘神勣至博州，官吏素服出迎，神勣挥刃尽杀之，凡破千余家。

越王贞闻冲起，亦举兵于豫州，遣兵陷上蔡。九月，丙辰，命左豹韬大将军麹崇裕为中军大总管，岑长倩为后军大总管，将兵十万以讨之，又命张光辅为诸军节度。削贞、冲属籍，更姓虺氏。贞闻冲败，欲自锁诣阙谢罪，会所署新蔡令傅延庆募得勇士二千余人，贞乃宣言于众曰：『琅邪已破魏、相数州，有兵二十万，朝夕至矣。』发属县兵共得五千，分为五营，使汝阳县丞裴守德等将之，署九品以上官五百余人。所署官皆受迫胁，莫有斗志，惟安德与之同谋，贞以其女妻之，署大将军，委以腹心。贞使道士及僧诵经以求事成，左右及战士皆带辟兵符。麹崇裕等军至豫州城东四十里，贞遣少子规及裴守德拒战，兵溃而归。贞大惧，闭阁自守。崇裕等至城下，左右谓贞曰：『王岂可坐待戮辱！』贞、规、守德及其妻皆自杀。与冲皆枭首东都阙下。

初，范阳王蔼遣使语贞及冲曰：『若四方诸王一时并起，事无不济。』诸王往来相约结，未定而冲先发，惟贞狼狈应之，诸王皆不敢发，故败。

贞之将起兵也，遣使告寿州刺史越环，环妻常乐长公主谓使者曰[4]：『为我语越王：昔隋文帝将篡周室，尉迟迥，[5]周之甥也，犹能举兵匡救社稷。功虽不成，威震海内，足为忠烈。况汝诸王，先帝之子，岂得不以社稷为心！

今李氏危若朝露，汝诸王不舍生取义，尚犹豫不发，欲何须邪！祸且至矣，大丈夫当为忠义鬼，无为徒死也。』

及贞败，太后欲悉诛韩、鲁等诸王，命监察御史蓝田苏珦按其密状。珦讯问，皆无明验，或告珦与韩、鲁通谋，太后召珦诘之，珦抗论不回。太后曰：『卿大雅之士，朕当别有任使，此狱不必卿也。』乃命珦于河西监军，更使周兴等按之。于是收韩王元嘉、鲁王灵夔、黄公譔、常乐公主于东都，迫胁皆自杀，更其姓曰『虺』，亲党皆诛。

以文昌左丞狄仁杰为豫州刺史。时治越王贞党与，当坐者六七百家，籍没者五千口，司刑趣使行刑。⑥仁杰密奏：『彼皆诖误，⑦臣欲显奏，似为逆人申理；知而不言，恐乖陛下仁恤之旨。』太后特原之，皆流丰州。道过宁州，宁州父老迎劳之曰：『我狄使君活汝邪？』⑧相携哭于德政碑下，设斋三日而后行。

时张光辅尚在豫州，将士恃功，多所求取，仁杰不之应。光辅怒曰：『州将轻元帅邪？』⑨仁杰曰：『乱河南者，一越王贞耳，⑩今一贞死，万贞生！』光辅诘其语，仁杰曰：『明公总兵三十万，所诛者止于越王贞。城中闻官军至，逾城出降者四面成蹊，⑪明公纵将士暴掠，杀已降以为功，流血丹野，非万贞而何！恨不得尚方斩马剑，加于明公之颈，虽死如归耳！』光辅不能诘，归，奏仁杰不逊，左迁复州刺史。

【注释】

①祭祀句：隋唐以来封建王朝祠祭，分大祀、中祀、群祀三等。中祀，为祭日、月、先农、先蚕、前代帝王、太岁等之礼，祭五岳、四渎也属此等。四渎，即江、淮、河、济。②大飨：即大袷，古代合祀先王的祭礼。③武水：古县名。今山东聊城西南。④常乐长公主：唐高祖李渊的女儿。⑤尉迟迥：今山西大同东北人，字薄居罗。鲜卑族。文帝宇文泰甥，累有军功。北周初拜柱国大将军。宣帝继位，为相州总管。帝死，杨坚独揽天下军权，他起兵讨伐，兵败自杀。⑥司刑：司刑寺即大理寺。⑦诖误：连累。⑧我狄使君句：狄仁杰曾任宁州刺史。⑨州将：汉代称刺史为州将。⑩河南：注：『当作汝南。』⑪蹊：小路。

丁卯，左肃政大夫骞味道、夏官侍郎王本立并同平章事。

太后之召宗室朝明堂也，东莞公融密遣使问成均助教高子贡，子贡曰：『来必死。』融乃称疾不赴。越王贞起兵，遣使约融，融仓猝不能应，①为官属所逼，执使者以闻，擢拜右赞善大夫。②未几，为支党所引，冬，十月，己亥，戮于市，籍没其家。高子贡亦坐诛。

济州刺史薛觊、觊弟绪、绪弟驸马都尉绍，皆与琅邪王冲通谋。觊闻冲起兵，作兵器，募人；冲败，杀录事参军高纂以灭口。③十一月，辛酉，觊、绪伏诛，绍以太平公主故，杖一百，饿死于狱。

十二月，乙酉，司徒、青州刺史霍王元轨坐与越王连谋，废徙黔州，④载以槛车，⑤行至陈仓而死。江都王绪、殿中监成公裴承先皆戮于市。承先，寂之孙也。⑥

命裴居道留守西京。

左肃政大夫、同平章事骞味道素不礼于殿中侍御史周矩，屡言其不能了事。会有罗告味道者，敕矩按之。矩谓味道曰：『公常责矩不了事，今日为公了之。』乙亥，味道及其子辞玉皆伏诛。

己酉，太后拜洛受图，皇帝、皇太子皆从，内外文武百官、蛮夷酋长各依方叙立，珍禽、奇兽、杂宝列于坛前，文物卤簿之盛，⑦唐兴以来未之有也。

辛亥，明堂成，高二百九十四尺，方三百尺。凡三层：下层法四时，各随方色。中层法十二辰；⑧上为圆盖，九龙捧之。上层法二十四气；亦为圆盖，上施铁凤，高一丈，饰以黄金。中有巨木十围，上下通贯，栭栌樽楷藉以为本。⑨下施铁渠，为辟雍之象。⑩号曰万象神宫。宴赐君臣，赦天下，纵民入观。改河南为合宫县。又于明堂北起天堂五级以贮大像；至三级，则俯视明堂矣。僧怀义以功拜左威卫大将军、梁国公。

侍御史王求礼上书曰：『古之明堂，茅茨不剪，采椽不斫。今者饰以珠玉，图以丹青，铁鹙入云，金龙隐雾，昔殷辛琼台，夏癸瑶室，无以加也。』太后不报。

太后欲发梁、凤、巴蜑，⑪自雅州开山通道，出击生羌，因袭吐蕃。正字陈子昂上书，⑫以为：『雅州边羌，自国初以来未尝为盗。今一旦无罪戮之，其怨必甚；且惧诛灭，必蜂起为盗。西山盗起，⑬则蜀之边邑不得不连兵备守，兵久不解，臣愚以为西蜀之祸，自此结矣。臣闻吐蕃爱蜀富饶，欲盗之久矣，徒以山川阻绝，障隘不通，势不能动。今国家乃乱边羌，开隘道，使其收奔亡之种，为乡导以攻边，是借寇兵而为贼除道，举全蜀以遗之也。蜀者国家之宝库，可以兼济中国。今执事者乃图侥幸之利以事西羌，得其地不足以稼穑，财不足以富国，徒为糜费，无益圣德，况其成败未可知哉！夫蜀之所恃者险也，人之所以安者无役也；今国家乃开其险，役其人，险开则便寇，人役则伤财，臣恐未见羌戎，已有奸盗在其中矣。且蜀人尪劣，[14]不习兵战，山川阻旷，去中夏远，今无故生西羌、吐蕃之患，臣见其不及百年，蜀为戎矣。国家近废安北，拔单于，弃龟兹，放疏勒，天下翕然谓之盛德者，盖以陛下务在养人，不在广地也。今山东饥，关、陇弊，而徇贪夫之议，谋动甲兵，兴大役，自古国亡家败，未尝不由黩兵，愿陛下熟计之。』既而役不果兴。

【注释】

①仓猝：仓促。②右赞善大夫：太子属官。掌传令、讽过失、赞礼仪，以经教授诸郡王。③录事参军：掌正违失，莅符印。④黔州：古州名。今四川彭水。⑤槛车：囚禁犯人或装载猛兽的有栅栏的车。此指囚车。⑥寂：即唐朝武德开国功臣裴寂（公元573～632年）。今山西临猗西南人，字玄真。隋大业中任晋阳宫副监，支持李渊起兵反隋。入唐，任尚书左仆射，特受高祖信任，参与制定《唐律》。后为司空。贞观初免官归乡，后流放静州（今广西昭平），死赠河东郡公。⑦卤簿：古代帝王、后妃、太子、王公大臣驾出时的仪仗队。⑧十二辰：自子至亥十二个时辰。⑨栭：柱顶上支承大梁的方木。栌：梁上短柱，即斗拱。橕：同『樘』。斜柱，支撑。楷：屋檐前板。⑩辟雍：周代为贵族子弟所设的大学。⑪梁：指梁州。凤：指凤州。巴：指巴州。蜑：古代南方民族之一。⑫正字：官名。掌详定典籍，订正文字。⑬西山句：注：『西山在成都西，松、茂二州都督所统诸州，皆西山羌也。』⑭尪劣：孱弱。

永昌元年 春，正月，乙卯朔，大飨万象神宫，太后服衮冕，搢大圭，执镇圭为初献，[1]皇帝为亚献，太子为终献。先诣昊天上帝座，次高祖、太宗、高宗，次魏国先王，[2]次五方帝座。太后御则天门，赦天下，改元。丁巳，太后御明堂，受朝贺。戊午，布政于明堂，颁九条以训百官。己未，御明堂，飨群臣。

二月，丁酉，尊魏忠孝王曰周忠孝太皇，妣曰忠孝太后，文水陵曰章德陵，咸阳陵曰明义陵。[3]置崇先府官。戊戌，尊鲁公曰太原靖王，北平王曰赵肃恭王，金城王曰魏义康王，太原王曰周安成王。

三月，甲子，张光辅守纳言。

壬申，太后问正字陈子昂当今为政之要。子昂退，上疏，以为：『宜缓刑崇德，息兵革，省赋役，抚慰宗室，各使自安。』辞婉意切，其论甚美，凡三千言。

癸酉，以天官尚书武承嗣为纳言，张光辅守内史。

夏，四月，甲辰，杀辰州别驾汝南王炜、连州别驾鄱阳公伋等宗室十二人，徙其家于巂州。炜，恽之子；④伋，元庆之子也。⑤

己酉，杀天官侍郎蓝田邓玄挺。玄挺女为伋妻，又与炜善。伋谋迎中宗于庐陵，以问玄挺，炜又尝谓玄挺曰：『欲为急计，何如？』玄挺皆不应。故坐知反不告，同诛。

五月，丙辰，命文昌右相韦待价为安息道行军大总管，击吐蕃。

浪穹州蛮酋傍时昔等二十五部，⑥先附吐蕃，至是来降；以傍时昔为浪穹州刺史，令统其众。

己巳，以僧怀义为新平军大总管，北讨突厥。行至紫河，不见虏，于单于台刻石纪功而还。

诸王之起兵也，贝州刺史纪王慎独不预谋，亦坐系狱；秋，七月，丁巳，槛车徙巴州，更姓虺氏，行及蒲州而卒。八男徐州刺史东平王续等，相继被诛，家徙岭南。

女东光县主楚媛，幼以孝谨称，适司议郎裴仲将，相敬如宾；姑有疾，亲尝药膳；接遇娣姒，皆得欢心。时宗室诸女皆以骄奢相尚，诮楚媛独俭素，曰：『所贵于富贵者，得适志也；今独守勤苦，将以何求？』楚媛曰：『幼而好礼，今而行之，非适志欤！观自古女子，皆以恭俭为美，纵侈为恶。辱亲是惧，何所求乎；富贵倘来之物，何足骄人！』众皆惭服。及慎凶问至，楚媛号恸，呕血数升；免丧，不御膏沐者垂二十年。

韦待价军至寅识迦河，与吐蕃战，大败。会大雪，粮运不继。待价既无将领之才，狼狈失据，士卒冻馁，死亡甚众，乃引军还。太后大怒，丙子，待价除名，流绣州，斩副大总管安西大都护阎温古。安西副都护唐休璟收其余众，抚安西土，太后以休璟为西州都督。

戊寅，以王本立同凤阁鸾台三品。

徐敬业之败也，弟敬真流绣州，逃归，将奔突厥，过洛阳，洛州司马弓嗣业、洛阳令张嗣明资遣之；至定州，为吏所获，嗣业缢死。嗣明、敬真多引海内知识，云有异图，冀以免死；于是朝野之士为所连引坐死者甚众。嗣明诬内史张光辅，云『征豫州日，⑦私论图谶、天文，阴怀两端。』八月，甲申，光辅与敬真、嗣明等同诛，籍没其家。

乙未，秋官尚书太原张楚金、陕州刺史郭正一、凤阁侍郎元万顷、洛阳令魏元忠，并免死流岭南。楚金等皆为敬直所引，云与敬业通谋。临刑，太后使凤阁舍人王隐客驰骑传声赦之。声达于市，当刑者皆喜跃欢呼，宛转不已；

元忠独安坐自如，或使之起，元忠曰：『虚实未知。』隐客至，又使起，元忠曰：『俟宣敕已。』既宣敕，乃徐起，舞蹈再拜，竟无忧喜之色。是日，阴云四塞，既释楚金等，天气晴霁。

【注释】①搢大圭二句：搢，插。大圭，佩玉，也称珽，是古代用于隆重仪式的礼器，作丁字形，插在衣带间以记事备忘。镇圭，古代朝聘祭享所用的作为凭信的玉制礼器，由帝王拿着行礼。②魏国先王：即武士彟。③文水陵二句：武氏之先葬文水，士彟及其妻葬咸阳。④恽：即唐太宗李世民之子李恽，封蒋王。⑤元庆：即唐高祖李渊之子李元庆，封道王。⑥浪穹州：今云南洱源县。⑦征豫州日：指征越王贞时。

九月，壬子，以僧怀义为新平道行军大总管，将兵二十万以讨突厥骨笃禄。

初，高宗之世，周兴以河阳令召见，上欲加擢用，或奏以非清流，[1]罢之。兴不知，数于明堂俟命。诸相皆无言，地官尚书、检校纳言魏玄同，[2]时同平章事，谓之曰：『周明府可去矣。』[3]兴以为玄同沮己，衔之。玄同素与裴炎善，时人以其终始不渝，谓之耐久朋。周兴奏诬玄同言：『太后老矣，不若奉嗣君为耐久。』太后怒，闰月，甲午，赐死于家。监刑御史房济谓玄同曰：『丈人何不告密，冀得召见，可以自直！』玄同叹曰：『人杀鬼杀，[4]亦复何殊，岂能作告密人邪！』乃就死。又杀夏官侍郎崔詧于隐处。[5]自余内外大臣坐死及流贬甚众。

彭州长史刘易从亦为徐敬真所引，戊申，就州诛之。易从为人，仁孝忠谨，将刑于市，吏民怜其无辜，远近奔赴，竞解衣投地曰：『为长史求冥福。』有司平准，直十余万。

周兴等诬右武卫大将军燕公黑齿常之谋反，征下狱。冬，十月，戊午，常之缢死。

己未，杀宗室鄂州刺史嗣郑王璥等六人。庚申，嗣滕王修琦等六人免死，流岭南。

丁卯，春官尚书范履冰、凤阁侍郎邢文伟并同平章事。

己卯，诏太穆神皇后、[6]文德圣皇后宜配皇地祇，[7]忠孝太后从配。[8]

右卫胄曹参军陈子昂上疏，[9]以为：『周颂成、康，汉称文、景，皆以能措刑故也。今陛下之政，虽尽善矣，然太平之朝，上下乐化，不宜有乱臣贼子，日犯天诛。比者大狱增多，逆徒滋广，愚臣顽昧，初谓皆实，乃去月十五日，陛下特察系囚李珍等无罪，百僚庆悦，皆贺圣明，臣乃知亦有无罪之人挂于疏网者。陛下务在宽典，狱官务在急刑，以伤陛下之仁，以诬太平之政，臣窃恨之。又，九月二十一日敕免楚金等死，初有风雨，变为景云。[10]臣闻阴惨者刑也，阳舒者德也；圣人法天，天亦助圣。天意如此，陛下岂可不承顺之哉！今又阴雨，臣恐过在狱官。凡系狱之囚，多在极法，道路之议，或是或非，陛下何不悉召见之，自诘其罪。罪有实者显示明刑，滥者严惩狱吏，使天下咸服，人知政刑，岂非至德克明哉！』

【注释】

①清流，指负有时望的清高的士大夫。②地官：唐光宅元年，武则天改户部为地官。③明府：唐人呼县令为明府。④鬼杀：指染病而死。⑤又杀句：指不在市朝公开地处死。夏官，唐光宅元年，武则天改兵部为夏官。⑥太穆神皇后：唐高祖李渊的皇后。⑦文德圣皇后：唐太宗李世民的皇后。⑧忠孝太后：武则天尊其母为忠孝太后。⑨胄曹参军：掌戎仗、器械及公廨兴造、决罚之事。⑩景云：即卿云、庆云，象征祥瑞的云彩。

天授元年[1] 十一月，庚辰朔，日南至。太后享万象神宫，赦天下。始用周正，[2]改永昌元年十一月为载初元年正月，以十二月为腊月，夏正月为一月。以周、汉之后为二王后，舜、禹、成汤之后为三恪，[3]周、隋之嗣同列国。[4]凤阁侍郎河东宗秦客，改造『天』『地』等十二字以献，[5]丁亥，行之。太后自名『曌』，改诏曰制。[6]秦客，太后从父姊之子也。

乙未，司刑少卿周兴奏除唐亲属籍。

腊月，辛未，以僧怀义为右卫大将军，赐爵鄂国公。

春，一月，戊子，武承嗣迁文昌左相，岑长倩迁文昌右相、同凤阁鸾台三品，凤阁侍郎武攸宁为纳言，邢文伟守内史，左肃政大夫、同凤阁鸾台三品王本立罢为地官尚书。攸宁，士彟之兄孙也。

时武承嗣、三思用事，宰相皆下之。地官尚书、同凤阁鸾台三品韦方质有疾，承嗣、三思往问之，方质据床不为礼。或谏之，方质曰：『死生有命，大丈夫安能曲事近戚以求苟免乎！』寻为周兴等所构，甲午，流儋州，籍没其家。

二月，辛酉，太后策贡士于洛城殿。贡士殿试自此始。

丁卯，地官尚书王本立薨。

三月，丁亥，特进、同凤阁鸾台三品苏良嗣薨。

夏，四月，丁巳，春官尚书、同平章事范履冰坐尝举犯逆者，下狱死。

醴泉人侯思止，始以卖饼为业，后事游击将军高元礼为仆，素诡谲无赖。恒州刺史裴贞杖一判司，[7]判司使思止告贞与舒王元名谋反，秋，七月，辛巳，元名坐废，徙和州，壬午，杀其子豫章王亶，贞亦族灭。擢思止为游击将军。时告密者往往得五品，思止求为御史，太后曰：『卿不识字，岂堪御史！』对曰：『獬豸何尝识字？[8]但能触邪耳。』太后悦，即以为朝散大夫、侍御史。他日，太后以先所籍没宅赐之，思止不受，曰：『臣恶反逆之人，不愿居其宅。』太后益赏之。

衡水人王弘义，素无行，尝从邻舍乞瓜，不与，乃告县官瓜田中有白兔。县官使人搜捕，蹂践瓜田立尽。又游赵、贝，见闾里耆老作邑斋，遂告以谋反，杀二百余人，擢授游击将军，俄迁殿中侍御史。或告胜州都督王安仁谋反，敕弘义按之。安仁不服，弘义即于枷上刎其首；又捕其子，适至，亦刎其首，函之以归。道过汾州，司马毛公与之对食，须臾，叱毛公下阶，斩之，枪揭其首入洛，见者无不震栗。

时置制狱于丽景门内，[9]入是狱者，非死不出，弘义戏呼为『例竟门』。[10]朝士人人自危，相见莫敢交言，道路以目。或因入朝密遭掩捕，每朝，辄与家人诀曰：『未知复相见否？』

时法官竞为深酷，唯司刑丞徐有功、杜景俭独存平恕，[11]被告者皆曰：『遇来、侯必死，遇徐、杜必生。』有功，文远之孙也，[12]名弘敏，以字行。初为蒲州司法，[13]以宽为治，不施敲朴，吏相约有犯徐司法杖者，众共斥之。迨官满，不杖一人，职事亦修。累迁司刑丞，酷吏所诬构者，有功皆为直之，前后所活数十百家。尝廷争狱事，太后厉色诘之，左右为战栗，有功神色不挠，争之弥切。太后虽好杀，知有功正直，甚敬惮之。景俭，武邑人也。

司刑丞荥阳李日知亦尚平恕。少卿胡元礼欲杀一囚，日知以为不可，往复数日，元礼怒曰：『元礼不离刑曹，此囚终无生理！』日知曰：『日知不离刑曹，此囚终无死法！』竟以两状列上，日知果直。

东魏国寺僧法明等撰《大云经》四卷，表上之，言太后乃弥勒佛下生，当代唐为阎浮提主；[14]制颁于天下。

武承嗣使周兴罗告隋州刺史泽王上金、舒州刺史许王素节谋反，征诣行在。素节发舒州，闻遭丧哭者，叹曰：『病死何可得，乃更哭邪！』丁亥，至龙门，缢杀之。上金自杀。悉诛其诸子及支党。

太后欲以太平公主妻其伯父士让之孙攸暨，攸暨时为右卫中郎将，太后潜使人杀其妻而妻之。公主方额广颐，多权略，太后以为类己，宠爱特厚，常与密议天下事。旧制，食邑，诸王不过千户，公主不过三百五十户；太平食邑独累加至三千户。

【注释】

①天授元年（公元640年）：这一年九月，始改年号为天授。②周正：周代的历法。古代历法以建子、建丑、建寅为三正。夏代建寅，殷代建丑，周代建子。建子就是说以农历十一月为正月。③以周汉二句：古代新王朝建立后，封前两朝的王侯后裔为诸侯国君，称二王。另外往往还要给予前代三朝的王族后裔王侯的名号，称三恪。恪，尊敬的意思。④周：此指后周朝。⑤改造句：胡三省注：『十二字：「照」为「曌」，「天」为「而」，「地」为「埊」，「日」为「乙」，「月」为「囝」，「星」为「〇」，「君」为「鍪」，「臣」为「恧」，「人」为「匡」，「载」为「凰」，「年」为「𠡦」，「正」为「缶」。又有「证」为「鍪」，「圣」为「𨦼」二字。⑥改诏曰制：避武后名讳。⑦判司：唐代称州曹各司的参军为判司。⑧獬豸：传说中的一种兽名。个性忠直，看见人争斗，便用其独角触那不直的人。⑨制狱：即诏狱。关押奉诏令逮捕的人犯的监狱。⑩例竟门：竟有死的意思，入此门照例必死，故称例竟门。⑪司刑丞：官名，即大理寺丞。⑫文远：即隋唐之际的学者徐文远（公元550～623年），偃师（今属河南）人，名旷，以字行。博通五经，尤精《春秋左氏传》。李密、王世充等均从受学。隋文帝时迁太学博士，炀帝时擢国子博士。入唐仍为国子博士，封东莞县男。⑬司法：掌鞫狱、丽法、督盗贼、知赃贿没入。⑭阎浮提：佛教称人世为阎浮提。

八月，甲寅，杀太子少保、纳言裴居道；癸亥，杀尚书左丞张行廉。辛未，杀南安王颍等宗室十二人，又鞭杀故太子贤二子，唐之宗室于是殆尽矣，其幼弱存者亦流岭南，又诛其亲党数百家。惟千金长公主以巧媚得全，自请为太后女，仍改姓武氏；太后爱之，更号延安大长公主。

九月，丙子，侍御史汲人傅游艺帅关中百姓九百余人诣阙上表，请改国号曰周，赐皇帝姓武氏，太后不许；擢游艺为给事中。于是百官及帝室宗戚、远近百姓、四夷酋长、沙门、道士合六万余人，俱上表如游艺所请，皇帝亦上表自请赐姓武氏。戊寅，群臣上言：『有凤皇自明堂飞入上阳宫，还集左台梧桐之上，①久之，飞东南去；及赤雀数万集朝堂。

庚辰，太后可皇帝及群臣之请。壬午，御则天数，赦天下，以唐为周，改元。乙酉，上尊号曰圣神皇帝，以皇帝为皇嗣，赐姓武氏；以皇太子为皇孙。

丙戌，立武氏七庙于神都，追尊周文王曰始祖文皇帝，妣姒氏曰文定皇后，平王少子武曰睿祖康皇帝，妣姜氏曰康惠皇后；②太原靖王曰严祖成皇帝，妣曰成庄皇后；赵肃恭王曰肃祖章敬皇帝，魏义康王曰烈祖昭安皇帝，周安成王曰显祖文穆皇帝，忠孝太皇曰太祖孝明高皇帝，妣皆如考谥，称皇后。立武承嗣为魏王，三思为梁王，攸宁为建昌王，士彟兄孙攸归、重规、载德、攸暨、懿宗、嗣宗、攸宜、攸望、攸绪、攸止皆为郡王，诸姑姊皆为长公主。

又以司宾卿溧阳史务滋为纳言，凤阁侍郎宗秦客检校内史，给事中傅游艺为鸾台侍郎、平章事。游艺与岑长倩、右玉钤卫大将军张虔勗、左金吾大将军丘神勣、侍御史来子珣等并赐姓武。秦客潜劝太后革命，故首为内史。游艺期年之中历衣青、绿、朱、紫，③时人谓之四时仕宦。④

敕改州为郡；或谓太后曰：『陛下始革命而废州，不祥。』⑤太后遽追止之。

命史务滋等十人存抚诸道。癸卯，太后立兄孙延基等六人为郡王。

冬，十月，甲子，检校内史宗秦客坐赃贬遵化尉，弟楚客、晋卿亦以奸赃流岭外。

丁卯，杀流人韦方质。

辛未，内史邢文伟坐附会宗秦客贬珍州刺史。⑥顷之，有制使至州，文伟以为诛己，遽自缢死。

壬申，敕两京诸州各置大云寺一区，藏《大云经》，使僧升高座讲解，其撰疏僧云宣等九人皆赐爵县公，仍赐紫袈裟、银龟袋。⑦

制天下武氏咸蠲课役。

西突厥十姓，自垂拱以来，为东突厥所侵掠，散亡略尽。濛池都护继往绝可汗斛瑟罗收其余众六七万人入居内地，拜左卫大将军，改号竭忠事主可汗。

道州刺史李行褒兄弟为酷吏所陷，当族，秋官郎中徐有功固争不能得。秋官侍郎周兴奏有功故出反囚，当斩，太后虽不许，亦免有功官；然太后雅重有功，久之，复起为侍御史。有功伏地流涕固辞曰：『臣闻鹿走山林而命悬庖厨，势使之然也。陛下以臣为法官，臣不敢枉陛下法，必死是官矣。』太后固授之，远近闻者相贺。

是岁，以右卫大将军泉献诚为左卫大将军。太后出金宝，命选南北牙善射者五人赌之，献诚第一，以让右玉钤卫大将军薛咄摩，咄摩复让献诚。献诚乃奏言：『陛下令选善射者，今多非汉官，窃恐四夷轻汉，[8]请停此射。』太后善而从之。

【注释】

①左台：官署名。即左肃政台。唐光宅元年，武则天改御史台为左肃政台，并增置右肃政台。②追尊四句：武则天改国号为周，故以上古周王姬氏为其远祖。康睿：严衍《通鉴补》改为『康惠』。③游艺句：谓傅游艺在一年之内由九品升到一品。衣：穿着。④四时仕官：一年四季，每季都升迁官位。⑤不祥：因为州、周同音，故『废州』犯忌。⑥珍州：贵州正安县西北。⑦仍赐句：僧徒一般着缁色袈裟，有恩赐才穿紫色袈裟。唐五品以上官员原来佩鱼符，天授二年改佩龟袋，中宗改佩鱼，此时又改为佩龟。⑧今多非二句：泉献诚是高丽泉男生的儿子，薛咄摩是薛延陀族人，都不是汉族官吏。

二年 正月，癸酉朔，太后始受尊号于万象神宫，旗帜尚赤。甲戌，改置社稷于神都。辛巳，纳武氏神主于太庙；唐太庙之在长安者，更命曰享德庙。四时唯享高祖已下三庙，余四室皆闭不享。[1]又改长安崇先庙为崇尊庙。乙酉，日南至，大享明堂，祀昊天上帝，百神从祀，武氏祖宗配享，唐三帝亦同配。

御史中丞知大夫事李嗣真以酷吏纵横，上疏，以为：『今告事纷纭，虚多实少，恐有凶慝阴谋离间陛下君臣。古者狱成，公卿参听，王必三宥，然后行刑。比日狱官单车奉使，推鞫既定，法家依断，不令重推；或临时专决，不复闻奏。如此，则权由臣下，非审慎之法，倘有冤滥，何由可知！况以九品之官专命推覆，操杀生之柄，窃人主之威，按覆既不在秋官，省审复不由门下，国之利器，轻以假人，恐为社稷之祸。』太后不听。

饶阻尉姚贞亮等数百人表请上尊号曰上圣大神皇帝，不许。

侍御史来子珣诬尚衣奉御刘行感兄弟谋反，[2]皆坐诛。

春，一月，地官尚书武思文及朝集使二千八百人表请封中岳。

己亥，废唐兴宁、永康、隐陵署官，[3]唯量置守户。

左金吾大将军丘神勣以罪诛。

纳言史务滋与来俊臣同鞫刘行感狱，俊臣奏务滋与行感亲密，意欲寝其反状。太后命俊臣并推之，庚子，务滋恐惧自杀。

或告文昌右丞周兴与丘神勣通谋，太后命来俊臣鞫之，俊臣与兴方推事对食，谓兴曰：『囚多不承，当为何法？』兴曰：『此甚易耳。取大瓮，以炭四周炙之，令囚入中，何事不承！』俊臣乃索大瓮，火围如兴法，因起谓兴曰：『有内状推史，请兄入此瓮。』兴惶恐，叩头服罪。法当死，太后原之。二月，流行岭南，在道，为仇家所杀。

兴与索元礼、来俊臣竞为暴刻，兴、元礼所杀各数千人，俊臣所破千余家。元礼残酷尤甚，太后亦杀之以慰人望。

徙左卫大将军千乘王武攸暨为定王。

立故太子贤之子光顺为义丰王。

甲子，太后命始祖墓曰德陵，睿祖墓曰乔陵，严祖墓曰节陵，肃祖墓曰简陵，烈祖墓曰靖陵，显祖墓曰永陵，改章德陵为昊陵，显义陵为顺陵。

追复李君羡官爵。④

夏，四月，壬寅朔，日有食之。

癸卯，制以释教开革命之阶，⑤升于道教之上。

命建安王攸宜留守长安。

丙辰，铸大钟，置北阙。

五月，以岑长倩为武威道行军大总管，击吐蕃，中道召还，军竟不出。

六月，以左肃政大夫格辅元为地官尚书，与鸾台侍郎乐思晦、凤阁侍郎任知古并同平章事。思晦，彦玮之子也。⑥

【注释】

①四室：指奉祀宣帝、元帝、光帝、景帝的殿堂。②尚衣奉御：掌皇帝衣服、进御之事。③兴宁：元帝陵称兴宁。永康：景帝陵称永康。④李君羡：唐初将领。今河北永年人。高祖时从破宋金刚，讨王世充，破窦建德、刘黑闼，累建功。

又与尉迟敬德攻突厥。封武连县公，拜兰州都督。贞观时，有谣言当有女主武王代有天下，太宗心忌之。逢内宴作酒令，各言小名，君羡自报曰五娘，太宗惊愕。又因为君羡的官称封邑属县都带有『武』字，为太宗所不容，贬为华州刺史，借故将他处死。⑤革命之阶：指《大云经》也。⑥彦玮：即唐朝官员乐彦玮，字德珪。今陕西西安人。显庆中为给事中。麟德初，以西台侍郎同东西台三品；数月，罢为大司宪卒。

秋，七月，徙关内户数十万以实洛阳。

八月，戊申，纳言武攸宁罢为左羽林大将军；夏官尚书欧阳通为司礼卿兼判纳言事。①

庚申，杀玉钤卫大将军张虔勖。来俊臣鞫虔勖狱，虔勖自讼于徐有功；俊臣怒，命卫士以刀乱斫杀之，枭首于市。

义丰王光顺、嗣雍王守礼、永安王守义、长信县主等皆赐姓武氏，与睿宗诸子皆幽闭宫中，不出门庭者十余年。守礼、守义，光顺之弟也。

或告地官尚书武思文初与徐敬业通谋；甲子，流思文于岭南，复姓徐氏。

九月，乙亥，杀岐州刺史云弘嗣。来俊臣鞫之，不问一款，②先断其首，乃伪立案奏之。其杀张虔勖亦然。敕旨皆依，海内钳口。

鸾台侍郎、同平章事傅游艺梦登湛露殿，以语所亲，所亲告之；壬辰，下狱，自杀。

癸巳，以左羽林卫大将军建昌王武攸宁为纳言，洛州司马狄仁杰为地官侍郎，与冬官侍郎裴行本并同平章事。太后谓仁杰曰：『卿在汝南，甚有善政，③卿欲知谮卿者名乎！』仁杰谢曰：『陛下以臣为过，臣请改之；知臣无过，臣之幸也，不愿知谮者名。』太后深叹美之。

先是，凤阁舍人修武张嘉福使洛阳人王庆之等数百人上表，请立武承嗣为皇太子。文昌右相、同凤阁鸾台三品岑长倩以皇嗣在东宫，不宜有此议，奏请切责上书者，告示令散。太后又问地官尚书、同平章事格辅元，辅元固称不可。由是大忤诸武意，故斥长倩令西征吐蕃，未至，征还，下制狱。承嗣又谮辅元。来俊臣又胁长倩子灵原，令引司礼卿兼判纳言事欧阳通等数十人，皆云同反。通为俊臣所讯，五毒备至，终无异词，俊臣乃诈为通款。冬，十月，己酉，长倩、辅元、通等皆坐诛。

王庆之见太后，太后曰：『皇嗣我子，奈何废之？』对曰：『「神不歆非类，民不祀非族。」④今谁有天下，而以李氏为嗣乎！』太后谕遣之。庆之伏地，以死泣请，不去。太后乃以印纸遗之曰：『欲见我，以此示门者。』自是庆之屡求见，太后颇怒之，命凤阁侍郎李昭德赐庆之杖。昭德引出光政门外，以示朝士曰：『此贼欲废我皇嗣，立武承嗣！』命扑之，耳目皆血出，然后杖杀之，其党乃散。

昭德因言于太后曰：『天皇，陛下之夫；皇嗣，陛下之子。陛下身有天下，当传之子孙为万代业，岂得以侄为嗣乎！自古未闻侄为天子而为姑立庙者也！且陛下受天皇顾托，若以天下与承嗣，则天皇不血食矣。』太后亦以为然。昭德，乾祐之子也。⑤

壬辰，杀鸾台侍郎、同平章事乐思晦、右卫将军李安静。安静，纲之孙也。⑥太后将革命，王公百官皆上表劝进，安静独正色拒之。及下制狱，来俊臣诘其反状，安静曰：『以我唐家老臣，须杀即杀！若问谋反，实无可对！』俊臣竟杀之。

太学生王循之上表，乞假还乡，太后许之。狄仁杰曰：『臣闻君人者唯杀生之柄不假人，自余皆归之有司。故左、右丞，徒以下不句；左、右相，流以上乃判，为其渐贵故也。彼学生求假，丞、簿事耳，若天子为之发敕，则天下之事几敕可尽乎！必欲不违其愿，请普为立制而已。』太后善之。

【注释】

①司礼卿：唐光宅元年，武则天改太常寺为司礼寺，司礼卿即该寺长官。②款：指囚犯的供词。③卿在二句：指垂拱四年（公元688年）狄仁杰任豫州刺史时，有好政绩。④神不歆二句：意思是：神灵不享不同族类的祭物，百姓不祭祀不同宗族的人。歆，古人认为祭祀时神鬼先用鼻嗅，口吸的方式享用祭物的气味。⑤乾祐：即唐朝官吏李乾祐，今陕西西安人，贞观初为殿中侍御史，历治书，有能名。永徽初擢御史大夫，为褚遂良所恶，迁邢、魏二州刺史。因刺取朝廷事发，获罪，流驩州。后为司刑，太常伯，又坐罪免官卒。⑥纲：即唐朝官吏李纲（公元547～631年）。蓨县（今河北景县）人，字文纪，初名瑗，字子玉。仕隋为太子洗马、尚书右丞等官，为杨素所忌，使为行军司马，从刘方远攻林邑。旋被排斥去官。入唐，为礼部尚书兼太子詹事，以太子建成不听谏，屡请致仕，高祖仅解除其尚书。贞观中，夏为少师，发言陈事，无所回避，以刚直著称。

则天顺圣皇后中之上

长寿元年① 正月，戊辰朔，②太后享万象神宫。

腊月，立故于阗王尉迟伏阇雄之子瑕为于阗王。

春，一月，丁卯，太后引见存抚使所举人，无问贤愚，悉加擢用，高者试凤阁舍人、给事中，次试员外郎、侍御史、补阙、拾遗、校书郎。试官自此始。时人为之语曰：『补阙连车载，拾遗平斗量；欋推侍御史，碗脱校书郎。』③有举人沈全交续之曰：『糊心存抚使，眯目圣神皇。』④为御史纪先知所擒，劾其诽谤朝政，请杖之朝堂，然后付法，太后笑曰：『但使卿辈不滥，何恤人言！宜释其罪。』先知大惭。太后虽滥以禄位收天下人心，然不称职者，寻亦黜之，或加刑诛。挟刑赏之柄以驾御天下，政由己出，明察善断，故当时英贤亦竞为之用。

宁陵丞庐江郭霸以谄谀干太后，拜监察御史。中丞魏元忠病，霸往问之，因尝其粪，喜曰：『大夫粪甘则可忧；⑤今苦，无伤也。』元忠大恶之，遇人辄告之。

戊辰，以夏官尚书杨执柔同平章事。执柔，恭仁弟之孙也，⑥太后以外族用之。

初，隋炀帝作东都，无外城，仅有短垣而已，至是，凤阁侍郎李昭德始筑之。

左台中丞来俊臣罗告同平章事任知古、狄仁杰、裴行本、司农卿裴宣礼、前文昌左丞卢献、御史中丞魏元忠、潞州刺史李嗣真谋反。先是，来俊臣奏请降敕，一问即承反者得减死。及知古等下狱，俊臣以此诱之，仁杰对曰：『大周革命，万物惟新，唐室旧臣，甘从诛戮。反是实！』俊臣乃少宽之。判官王德寿谓仁杰曰：『尚书定减死矣。德寿业受驱策，欲求少阶级，烦尚书引杨执柔，可乎？』仁杰曰：『皇天后土遣狄仁杰为如此事！』以头触柱，血流被面；德寿惧而谢之。

侯思止鞫魏元忠，元忠辞气不屈；思止怒，命倒曳之。元忠曰：『我薄命，譬如坠驴，足珪于镫，为所曳耳。』思止愈怒，更曳之，元忠曰：『侯思止，汝若须魏元忠头则截取，何必使承反也！』

狄仁杰既承反，有司待报行刑，不复严备。仁杰裂衾帛书冤状，置绵衣中，谓王德寿曰：『天时方热，请授家人去其绵。』德寿许之。仁杰子光远得书，持之告变，⑦得召见。则天览之，以问俊臣，对曰：『仁杰等下狱，臣未尝褫其巾带，寝处甚安，苟无事实，安肯承反！』太后使通事舍人周綝往视之，俊臣暂假仁杰等巾带，罗立于西，使綝视之；綝不敢视，唯东顾唯诺而已。俊臣又诈为仁杰等谢死表，使綝奏之。

乐思晦男未十岁，没入司农，上变，⑧得召见。太后问状，对曰：『臣父已死，臣家已破，但惜陛下法为俊臣等所弄。陛下不信臣言，乞择朝臣之忠清、陛下素所信任者，为反状以付俊臣，无不承反矣。』太后意稍寤，召见仁杰等，问曰：『卿承反何也？』对曰：『不承，则已死于拷掠矣。』太后曰：『何为作谢死表？』对曰：『无之。』出表示之，乃知其诈，于是出此七族。庚午，贬知古江夏令，仁杰彭泽令，宣礼夷陵令，元忠涪陵令，献西乡令；流行本、嗣真于岭南。

俊臣与武承嗣等固请诛之，太后不许。俊臣乃独称行本罪尤重，请诛之；秋官郎中徐有功驳之，以为：『明主有更生之恩，俊臣不能将顺，⑨亏损恩信。』

殿中侍御史贵乡霍献可，宣礼之甥也，言于太后曰：『陛下不杀裴宣礼，臣请陨命于前。』以头触殿阶，血流沾地，以示为人臣不私其亲。太后皆不听。献可常以绿帛裹其伤，微露之于幞头下，冀太后见之以为忠。

甲戌，补阙薛谦光上疏，以为：『选举之法，宜得实才，取舍之间，风化所系。今之选人，⑩咸称觅举，奔竞相尚，喧诉无惭。至于才应经邦，惟令试策；⑪武能制敌，止验弯弧。⑫昔汉武帝见司马相如赋，恨不同时，及置之朝廷，终文园令，知其不堪公卿之任故也。吴起将战，左右进剑，起曰：「将者提鼓挥桴，⑬临敌决疑，一剑之任，非将事也。」然则虚文岂足以佐时，善射岂足以克敌！要在文吏察其行能，武吏观其勇略，考居官之臧否，行举者赏罚而已。』

来俊臣求金于左卫大将军泉献诚，不得，诬以谋反，下狱。乙亥，缢杀之。

庚辰，司刑卿、检校陕州刺史李游道为冬官尚书、同平章事。

二月，己亥，吐蕃党项部落万余人内附，分置十州。

戊午，以秋官尚书袁智弘同平章事。⑭

夏，四月，丙申，赦天下，改元如意。

五月，丙寅，禁天下屠杀及捕鱼虾。江淮旱，饥，民不得采鱼虾，饿死者甚众。

右拾遗张德，生男三日，私杀羊会同僚，补阙杜肃怀一啖，⑮上表告之。明日，太后对仗，谓德曰：『闻卿生男，甚喜。』德拜谢。太后曰：『何从得肉？』德叩头服罪。太后曰：『朕禁屠宰，吉凶不预。然卿自今召客，亦须择人。』

出肃表示之。肃大惭，举朝欲唾其面。

吐蕃酋长曷苏帅部落请内附，以右玉钤卫将军张玄遇为安抚使，将精卒二万迎之。六月，军至大渡水西，曷苏事泄，为国人所擒。别部酋长昝捶帅羌蛮八千余人内附，玄遇以其部落置莱川州而还。⑯

辛亥，万年主簿徐坚上疏，以为：『书有五听之道，⑰令著三覆之奏。⑱窃见比有敕推按反者，令使者得实，即行斩决。人命至重，死不再生，万一怀枉，吞声赤族，岂不痛哉！此不足肃奸逆而明典刑，适所以长威福而生疑惧。臣望绝此处分，依法覆奏。又，法官之任，宜加简择，有用法宽平，为百姓所称者，愿亲而任之；有处事深酷，不允人望者，愿疏而退之。』坚，齐聃之子也。⑲

【注释】

①长寿元年（公元692年）：注：『是年四月，改元如意；九月，改元长寿。自四月以前犹是天授三年。』②戊辰朔：当时以十一月为岁首，戊辰朔乃天授二年十一月初一。③补阙等四句：意思是补阙、拾遗、侍御史、校书郎员额多而滥杂。欋推：用四齿耙翻动。碗脱：指人如同脱坯于同一模型的碗，个个都一个模样。④眯：异物进入目中，难以睁开眼睛辨清东西。⑤大夫：时魏元忠任御史中丞，此称魏元忠为『大夫』，是超出魏元忠身份的谄媚举动。御史中丞位居御史大夫之下。⑥恭仁：即隋宗室杨恭仁。⑦告变：向朝廷密告变故。此处意为申冤。⑧上变：意同『告变』。⑨将顺：顺势助成。⑩选人：候补、候选的官员。⑪试策：古代科举试士用对策。策即策问，试者按问题逐条对答，内容多为议论时政。⑫弯弧：弯弓射箭。⑬桴：鼓槌。⑭秋官：光宅元年，武则天改刑部为秋官。⑮饫：薄饼卷肉。⑯莱川州：作叶川州。今四川省康定县境内。⑰五听之道：古代审案的五种方法。一曰辞听，二曰色听，三曰气听，四曰耳听，五曰目听。』即多方面观察来判断案情曲直。⑱三覆之奏：指唐太宗规定的死刑执行之前须履行的『三覆奏』手续，即决前一日、二日和执行之日要经过三次覆勘奏闻。⑲齐聃：即唐代官吏徐齐聃。字将道，今浙江长兴人。八岁能文，太宗召试，赐所佩金削刀。高宗时累官崇文馆学士、桃林令、西台舍人。后因事贬蕲州司马，又流钦州卒。

夏官侍郎李昭德密言于太后曰①：『魏王承嗣权太重。』太后曰：『吾侄也，故委以腹心。』昭德曰：『侄之于姑，其亲何如子之于父？子犹有篡弑其父者，况侄乎！今承嗣既陛下之侄，为亲王，又为宰相，权侔人主，臣恐陛下不得久安天位也！』太后矍然曰[2]：『朕未之思。』秋，七月，戊寅，以文昌左相、同凤阁鸾台三品武承嗣为特进，纳言武攸宁为冬官尚书，夏官尚书、同平章事杨执柔为地官尚书，并罢政事；以秋官侍郎新郑崔元综为鸾台侍郎，夏官侍郎李昭德为凤阁侍郎，检校天官侍郎姚璹为文昌左丞，检校地官侍郎李元素为文昌右丞，与司宾卿崔神基并同平章事。璹，思廉之孙；[3]元素，敬玄之弟也。[4]辛巳，以营缮大匠王璿为夏官尚书、同平章事。[5]承嗣亦毁昭德于太后，太后曰：『吾任昭德，始得安眠，此代吾劳，汝勿言也。』

是时，酷吏恣横，百官畏之侧足，昭德独廷奏其奸。太后好祥瑞，有献白石赤文者，执政诘其异，对曰：『以其赤心。』昭德怒曰：『此石赤心，他石尽反邪？』左右皆笑。襄州人胡庆以丹漆书龟腹曰：『天子万万年。』诣阙献之。昭德以刀刮尽，奏请付法。太后曰：『此心亦无恶。』命释之。

太后习猫，使与鹦鹉共处，出示百官。传观未遍，猫饥，搏鹦鹉食之，太后甚惭。

太后自垂拱以来，任用酷吏，先诛唐宗室贵戚数百人，次及大臣数百家，其刺史、郎将以下，不可胜数。每除一官，户婢窃相谓曰：『鬼朴又来矣。』不旬月，辄遭掩捕、族诛。监察御史朝邑严善思，公直敢言。时告密者不可胜数，太后亦厌其烦，命善思按问，引虚伏罪者八百五十余人。罗织之党为之不振，乃相与共构陷善思，坐流欢州。太后知其枉，寻复召为浑仪监丞。[6]善思名譔，以字行。

右补阙新郑朱敬则以太后本任威刑以禁异议，今既革命，众心已定，宜省刑尚宽，乃上疏，以为：『李斯相秦，用刻薄变诈以屠诸侯，不知易之以宽和，卒至土崩，此不知变之祸也。汉高祖定天下，陆贾、叔孙通说之以礼义，传世十二，此知变之善也。自文明草昧，天地屯蒙，[7]三叔流言，四凶构难，[8]不设钩距，[9]无以应天顺人，不切刑名，不可摧奸息暴。故置神器，开告端，[10]曲直之影必呈，包藏之心尽露，神道助直，无罪不除，苍生晏然，紫宸易主。[11]然而急趋无善迹，促柱少和声，向时之妙策，乃当今之刍狗也。[12]伏愿览秦、汉之得失，考时事之合宜，审糟粕之可遗，觉蘧庐之须毁，[13]去萋菲之牙角，[14]顿奸险之锋芒，窒罗织之源，扫朋党之迹，使天下苍生坦然大悦，岂不乐哉！』太后善之，赐帛三百段。

侍御史周矩上疏曰：『推劾之吏皆相矜以虐，泥耳笼头，枷研楔疢，摺膺签爪，悬发薰耳，号曰「狱持」。或累日节食，连宵缓问，昼夜摇撼，使不得眠，号曰「宿囚」。此等既非木石，且救目前，苟求赊死。臣窃听舆议，皆称天下太平，何苦须反！岂被告者尽是英雄，欲求帝王邪？但不胜楚毒自诬耳。愿陛下察之。今满朝侧息不安，皆以为陛下朝与之密，夕与之仇，不可保也。周用仁而昌，秦用刑而亡。愿陛下缓刑用仁，天下幸甚！』太后颇采其言，制狱稍衰。

太后春秋虽高，善自涂泽，⑮虽左右不觉其衰。丙戌，敕以齿落更生，九月，庚子，御则天门，赦天下，改元。更以九月为社。

制于并州置北都。⑯

癸丑，同平章事李游道、王璿、袁智弘、崔神基、李元素、春官侍郎孔思元、益州长史任令辉，皆为王弘义所陷，流岭南。

左羽林中郎将来子珣坐事流爱州，寻卒。

初，新丰王孝杰从刘审礼击吐蕃，为副总管，与审礼皆没于吐蕃。赞普见孝杰泣曰：『貌类吾父。』厚礼之，后竟得归，累迁右鹰扬卫将军。孝杰久在吐蕃，知其虚实。会西州都督唐休璟请复取龟兹、于阗、疏勒、碎叶四镇，敕以孝杰为武威军总管，与左武卫大将军阿史那忠节将兵击吐蕃。冬，十月，丙戌，大破吐蕃，复取四镇，置安西都护府于龟兹，发兵戍之。

【注释】

①夏官：光宅元年，武则天改兵部为夏官。②瞿然：惊惶、急视的样子。③思廉：即唐代史学家姚思廉（公元557～637年）。名简，以字行。今陕西西安人。仕隋，历汉王府参军、河间郡司法书佐。继承父姚察事业，续撰梁、陈二史，迁代王府侍读。入唐，授秦王府文学。贞观初为著作郎、弘文馆学士，奉诏与魏征等共撰史，终成《梁书》《陈书》。④敬玄：即唐大臣李敬玄（公元615～682年）。今安徽亳县人。贞观末入东宫侍读。高宗时，历任弘文馆学士，西台侍郎、同东西台三品兼检校司列少常伯，中书令。仪凤中，迁洮河道大总管，与吐蕃战于青海，大败。贬衡州刺史。后迁扬州大都督府长史。⑤营缮大匠：官名。职掌宫室、宗庙、路寝、陵园的土木建设。营缮是官署名，光宅元年改将作监为营缮监。⑥浑仪监：官署名。掌管天文、历法等。⑦自文明二句：草，造也；昧，蒙也。造物之始，始于冥昧，言后称制之初，改元文明，造始之时也。屯者物主始，蒙者物之稚，言后称制初，犹天地生物之始。⑧三叔二句：三叔，指韩、霍诸王；

四凶，指徐敬业等。⑨钩距：反复调查，究其情实。是盘问人的一种方法。⑩故置二句：指铸匦从开告密之门也。⑪紫宸：唐宋时内朝的正殿名。⑫刍狗：祭祀所用，祭后则弃之。⑬蘧庐：旅舍。借住之处，不可久居，终当离去。⑭萋菲：当作『萋斐』。本指文章交错的样子。后因作谗毁之人的代称。⑮涂泽：修饰容貌。⑯并州：今山西太原西南。

二年　正月，壬辰朔，太后享万象神宫，以魏王承嗣为亚献，梁王三思为终献。太后自制神宫乐，用舞者九百人。

户婢团儿为太后所宠信，有憾于皇嗣，乃谮皇嗣妃刘氏、德妃窦氏为厌咒。[1]癸巳，妃与德妃朝太后于嘉豫殿，既退，同时杀之，瘗于宫中，莫知所在。德妃，抗之曾孙也。[2]皇嗣畏忤旨，不敢言，居太后前，容止自如。团儿复欲害皇嗣，有言其情于太后者，太后乃杀团儿。

是时，告密者皆诱人奴婢告其主，以求功赏。德妃父孝谌为润州刺史，有奴妄为妖异以恐德妃母庞氏，庞氏惧，奴请夜祠祷解，因发其事。下监察御史龙门薛季昶按之，季昶诬奏，以为与德妃同祝诅，先涕泣不自胜，乃言曰：『庞氏所为，臣子所不忍道。』太后擢季昶为给事中。庞氏当斩，其子希瑊诣侍御史徐有功讼冤，有功牒所司停刑，上奏论之，以为无罪；季昶奏有功阿党恶逆，请付法，法司处有功罪当绞。令史以白有功，[3]有功叹曰：『岂我独死，诸人永不死邪！』既食，掩扇而寝。人以为有功苟自强，必内忧惧，密伺之，方熟寝。太后召有功，迎谓曰：『卿比按狱，失出何多？』对曰：『失出，人臣之小过；好生，圣人之大德。』太后默然。由是庞氏得减死，与其三子皆流岭南，孝谌贬罗州司马，有功亦除名。

戊申，姚璹奏请令宰相撰《时政记》，[4]月送史馆；从之。《时政记》自此始。

腊月，丁卯，降皇孙成器为寿春王，恒王成义为衡阳王，楚王隆基为临淄王，卫王隆范为巴陵王，赵王隆业为彭城王，皆睿宗之子也。

春，一月，庚子，以夏官侍郎娄师德同平章事。师德宽厚清慎，犯而不校。与李昭德俱入朝，师德体肥行缓，昭德屡待之不至，怒骂曰：『田舍夫！』师德徐笑曰：『师德不为田舍夫，谁当为之！』其弟除代州刺史，将行，师德谓曰：『吾备位宰相，汝复为州牧，荣宠过盛，人所疾也，将何以自免？』弟长跪曰[5]：『自今虽有人唾某面，某拭之而已，庶不为兄忧。』师德愀然曰：『此所以为吾忧也！人唾汝面，怒汝也；汝拭之，乃逆其意，所以重其怒。

夫唾，不拭自干，当笑而受之。』

甲寅，前尚方监裴匪躬、内常侍范云仙坐私谒皇嗣，腰斩于市。自是公卿以下皆不得见。又有告皇嗣潜有异谋者，太后命来俊臣鞫其左右，左右不胜楚毒，皆欲自诬。太常工人京兆安金藏大呼谓俊臣曰：『公既不信金藏之言，请剖心以明皇嗣不反。』即引佩刀自剖其胸，五藏皆出，[6]流血被地。太后闻之，令舆入宫中，[7]使医内五藏，[8]以桑皮线缝之，傅以药，经宿始苏。太后亲临视之，叹曰：『吾有子不能自明，使汝至此。』既命俊臣停推。睿宗由是得免。

罢举人习《老子》，更习太后所造《臣轨》。

二月，丙子，新罗王政明卒，遣使立其子理洪为王。

乙亥，禁人间锦。侍御史侯思止私畜锦，李照德按之，杖杀于朝堂。

或告岭南流人谋反，太后遣司刑评事万国俊摄监察御史就按之。国俊至广州，悉召流人，矫制赐自尽。流人号呼不服，国俊驱就水曲，尽斩之，一朝杀三百余人。然后诈为反状，还奏，因言诸道流人，亦必有怨望谋反者，不可不早诛。太后喜，擢国俊为朝散大夫、行侍御史。更遣右翊卫兵曹参军刘光业、司刑评事王德寿、苑南面监丞鲍思恭、尚辇直长王大贞、右武威卫兵曹参军屈贞筠皆摄监察御史，诣诸道按流人。光业等以国俊多杀蒙赏，争效之，光业杀七百人，德寿杀五百人，自余少者不减百人，其远年杂犯流人亦与之俱毙。太后颇知其滥，制：『六道流人未死者并家属皆听还乡里。』国俊等亦相继死，或得罪流窜。

来俊臣诬冬官尚书苏干，云在魏州与琅邪王冲通谋，夏，四月，乙未，杀之。

五月，癸丑，棣州河溢，[9]流二千余家。

秋，九月，丁亥朔，日有食之。

魏王承嗣等五千人表请加尊号曰金轮圣神皇帝。

乙未，太后御卫象神宫，受尊号，赦天下。作金轮等七宝，[10]每朝会，陈之殿庭。

庚子，追尊昭安皇帝曰浑元昭安皇帝，文穆皇帝曰立极文穆皇帝，孝明高皇帝曰无上孝明高皇帝，皇后从帝号。

辛丑，以文昌左丞、同平章事姚𪻐为司宾卿，罢政事；以司宾卿万年豆卢钦望为内史，文昌左丞韦巨源同平章事，秋官侍郎吴人陆元方为鸾台侍郎、同平章事。巨源，孝宽之玄孙也。[11]

【注释】①厌咒：用巫术迷信的方法，祈祷鬼神或诅咒。②抗：即唐高祖李渊的皇后窦氏之从兄窦抗。字道生。在隋以文帝甥早贵，累迁幽州总管。炀帝时免官。少年时与李渊亲近，李渊下长安后归唐，拜将作大将。后罢为左武侯大将军。从李世民征讨薛举、王世充，皆有战功。③令史：官名。掌文书，位次于郎。晋、南北朝沿置，皆有品秩。隋唐以后，已没有品秩，变为三省、六部及御史台的低级吏员。此指侍御史的属员。④时政记：自长寿二年（公元693年），宰相每上朝奏论政事后，退归中书，由知印宰相记述当日奏对之语，送付史馆，称时政记。史官凭此，编于典册。⑤长跪：直起身子跪着，表示恭敬。⑥五藏：藏同『脏』。⑦轝：车。同『舆』。⑧内：同『纳』。⑨棣州：古州名。今山东惠民东南。⑩七宝：七宝，曰金轮宝，曰白象宝、曰女宝、曰马宝、曰珠宝、曰主兵臣宝、曰主藏臣宝。⑪孝宽：即北周大将韦孝宽（公元509～580年），名叔裕，以字行。今陕西西安东南人。北魏末为统军。后从宇文泰。大统八年（公元542年）任晋州刺史，镇玉壁。以功授骠骑大将军。周静帝即位，杨坚辅政，相州总管尉迟迥不服，他讨平尉迟迥，不久病死。

延载元年① 正月，丙戌，太后享万象神宫。

突厥可汗骨笃禄卒，其子幼，弟默啜自立为可汗。腊月，甲戌，默啜寇灵州。

室韦反，②遣右鹰扬卫大将军李多祚击破之。

春，一月，以娄师德为河源等军检校营田大使。

二月，武威道总管王孝杰破吐蕃教论赞刃、突厥可汗俀子等于泠泉及大岭，③各三万余人，碎叶镇守使韩思忠破泥熟俟斤等万余人。

庚午，以僧怀义为代北道行军大总管，以讨默啜。

三月，甲申，以凤阁舍人苏味道为凤阁侍郎、同平章事，李昭德检校内史，更以僧怀义为朔方道行军大总管，以李昭德为长史，苏味道为司马，帅契苾明、曹仁师、沙吒忠义等十八将军以讨默啜，未行，虏退而止。昭德尝与怀义议事，失其旨，怀义挞之，昭德惶惧请罪。

夏，四月，壬戌，以夏官尚书、武威道大总管王孝杰同凤阁鸾台三品。

五月，魏王承嗣等二万六千余人上尊号曰越古金轮圣神皇帝。甲午，御则天门楼受尊号，赦天下，改元天授中，遣监察御史寿春裴怀古安集西南蛮。六月，癸丑，永昌蛮酋薰期帅部落二十余万户内附。

河内有老尼居神都麟趾寺，[4]与嵩山人韦什方等以妖妄惑众。尼自号净光如来，云能知未然；什方自云吴赤乌元年生。又有老胡亦自言五百岁，云见薛师已二百年矣，容貌愈少。太后甚信重之，赐什方姓武氏。秋，七月，癸未，以什方为正谏大夫、同平章事，制云：『迈轩代之广成，[5]逾汉朝之河上。』[6]八月，什方乞还山，制罢遣之。

戊辰，以王孝杰为瀚海道行军总管，仍受朔方道行军大总管薛怀义节度。

己巳，以司宾少卿姚𪻐为纳言；左肃政中丞原武杨再思为鸾台侍郎，洛州司马杜景俭为凤阁侍郎，并同平章事。

豆卢钦望请京官九品已上输两月俸以赡军，转帖百官，令拜表。百官但赴拜，不知何事。拾遗王求礼谓钦望曰：『明公禄厚，输之无伤；卑官贫迫，奈何不使其知而欺夺之乎？』钦望正色拒之。既上表，求礼进言曰：『陛下富有四海，军国有储，何藉贫官九品之俸而欺夺之！』姚𪻐曰：『求礼不识大体。』求礼曰：『如姚𪻐，为识大体者邪？』事遂寝。

戊寅，鸾台侍郎、同平章事崔元综坐事流振州。

武三思帅四夷酋长请铸铜铁为天枢，[7]立于端门之外，[8]铭纪功德，黜唐颂周；以姚𪻐为督作使。诸胡聚钱百万亿，买铜铁不能足，赋民间农器以足之。

九月，壬午朔，日有食之。

殿中丞来俊臣坐赃贬同州参军。王弘义流琼州，诈称敕追还，至汉北，侍御史胡元礼遇之，按验，得其奸状，杖杀之。

内史李昭德恃太后委遇，颇专权使气，人多疾之。前鲁王府功曹参军丘愔上疏攻之，[9]其略曰：『陛下天授以前，万机独断。自长寿以来，委任昭德，参奉机密，献可替否；[10]事有便利，不预咨谋，要待画日将行，[11]方乃别生驳异。扬露专擅，显示于人，归美引愆，义不如此。』又曰：『臣观其胆，乃大于身，鼻息所冲，上拂云汉。』又曰：『蚁穴坏堤，针芒写气，[12]权重一去，收之极难。』长上果毅邓注，[13]又著《石论》数千言，述昭德专权之状。凤阁舍人逢弘敏取奏之，太后由是恶昭德。壬寅，贬昭德为南宾尉，寻又免死流窜。

太后出黎花一枝以示宰相，[14]宰相皆以为瑞。杜景俭独曰：『今草木黄落，而此更发荣，阴阳不时，咎在臣等。』因拜谢。太后曰：『卿真宰相也！』

冬，十月，壬申，以文昌右丞李元素为凤阁侍郎，右肃政中丞周允元检校凤阁侍郎，并同平章事。允元，豫州人也。

岭南獠反，以容州都督张玄遇为桂、永等州经略大使以讨之。

【注释】

①延载元年（公元694年）：此年五月才改年号为延载。②室韦：古族名。居住在黑龙江上游及额尔古纳河一带，以狩猎为生。③大岭：在今青海西宁市西。④河内：古县名。今河南沁阳县。⑤广成：即传说中黄帝时人广成子，居崆峒山中。⑥河上：即汉人河上公，其姓名无人知。相传于汉文帝时结草庵黄河之滨，文帝以《老子》求教，河上公说：『余注是经以来千七百余年。』⑦天枢：纪功德柱。⑧端门：洛阳皇城南门。⑨功曹参军：官名。掌文官簿书、考课陈设。⑩献可替否：进献可行的建议，除去不可行的主张，即诤言进谏之意。⑪画日：指批示可行的意思。⑫写：同『泻』。⑬长上果毅：武官名。唐制，兵部尚书选取骁勇材艺可任统领者，拔优，命为诸色长上。据《唐六典》，应召值宿皇宫侍卫的，有长上折冲、长上果毅。⑭黎：通『梨』。

天册万岁元年① 正月，辛巳朔，太后加号慈氏越古金轮圣神皇帝，赦天下，改元证圣。

周允元与司刑少卿皇甫文备奏内史豆卢钦望、同平章事韦巨源、杜景俭、苏味道、陆元方附会李昭德，不能匡正，钦望贬赵州，巨源贬麟州，景俭贬溱州，味道贬集州，元方贬绥州刺史。

初，明堂既成，太后命僧怀义作夹纻大像，②其小指中犹容数十人，于明堂北构天堂以贮之。堂始构，为风所摧，更构之，日役万人，采木江岭，数年之间，所费以万亿计，府藏为之耗竭。怀义用财如粪土，③太后一听之，无所问。每作无遮会，④用钱万缗；士女云集，又散钱十车，使之争拾，相蹈践有死者。所在公私田宅，多为僧有。怀义颇厌入宫，多居白马寺，所度力士为僧者满千人。侍御史周矩疑有奸谋，固请按之。太后曰：『卿姑退，朕即令往。』矩至台，怀义亦至，乘马就阶而下，坦腹于床。矩召吏将按之，遽跃马而去。矩具奏其状，太后曰：『此道人病风，⑤不足诘，所度僧，惟卿所处。』悉流远州。迁矩天官员外郎。

乙未，作无遮会于朝堂，凿地为坑，深五丈，结彩为宫殿，佛像皆于坑中引出之，云自地涌出。又杀牛取血，画大像，首高二百尺，云怀义刺膝血为之。丙申，张像于天津桥南，设斋。时御医沈南璆亦得幸于太后，怀义心愠，是夕，密烧天堂，延及明堂。火照城中如昼，比明皆尽，暴风裂血像为数百段。太后耻而讳之，但云内作工徒误烧麻主，遂涉明堂。时方酺宴，左拾遗刘承庆请辍朝停酺以答天谴，太后将从之。姚璹曰：『昔成周宣榭，⑥卜代愈隆；汉武建章，盛德弥永。今明堂布政之所，非宗庙也，不应自贬损。』太后乃御端门，观酺如平日。命更造明堂、天堂，仍以怀义充使。又铸铜为九州鼎及十二神，皆高一丈，各置其方。先是，河内老尼昼食一麻一米，夜则烹宰宴乐，畜弟子百余人，淫秽靡所不为。武什方自言能合长年药，太后遣乘驿于岭南采药。及明堂火，尼入唁太后，太后怒叱之，曰：『汝常言能前知，何以不言明堂火？』因斥还河内，弟子及老胡等皆逃散。又有发其奸者，太后乃复召尼还麟趾寺，弟子毕集，敕给使掩捕，⑦尽获之，皆没为官婢。什方还，至偃师，闻事露，自绞死。

庚子，以明堂火告庙，下制求直言。刘承庆上疏，以为：『火发既从麻主，后及总章，⑧所营佛舍，恐劳无益，请罢之。又，明堂所以统和天人，一旦焚毁，臣下何心犹为酺宴！忧喜相争，伤于情性。又，陛下垂制博访，许陈至理，而左史张鼎以为今既火流王屋，弥显大周之祥，通事舍人逢敏奏称，弥勒成道时有天魔烧宫，七宝台须臾散坏，斯实谄妄之邪言，非君臣之正论。伏愿陛下乾乾翼翼，无戾天人之心而兴不急之役，则兆人蒙赖，福禄无穷。』

获嘉主簿彭城刘知几表陈四事。其一以为：『皇业权舆，天地开辟，嗣君即位，黎元更始，则时藉非常之庆，以申再造之恩。今六合清晏而赦令不息，近则一年再降，远则每岁无遗，至于违法悖礼之徒，无赖不仁之辈，编户则寇攘为业，当官则赃贿是求。而元日之朝，指期天泽，重阳之节，伫降皇恩，如其忖度，咸果释免。或有名垂结正，罪将断决，窃行货贿，方便规求，故致稽延，毕沾宽宥。用使俗多顽悖，时罕廉隅，为善者不预恩光，作恶者独承徼幸。古语曰：「小人之幸，君子之不幸。」斯之谓也。望陛下而今而后，颇节于赦，使黎氓知禁，奸宄肃清。』其二以为：『海内具僚九品以上，每岁逢赦，必赐阶勋，至于朝野宴集，公私聚会，绯服众于青衣，⑨象板多于木笏；⑩皆荣非德举，位罕才升，不知何者为妍蚩，何者为美恶。臣望自今以后，稍息私恩，使有善者逾效忠勤，无才者咸知勉励。』其三以为：『陛下临朝践极，取士太广，六品以下职事清官，遂乃方之土芥，⑪比之沙砾，若遂不加沙汰，臣恐有秽皇风。』其四以为：『今之牧伯迁代太速，⑫倏来忽往，蓬转萍流，既怀苟县之谋，何暇循良之政！望自今刺史非三岁以上不可迁官，仍明察功过，尤甄赏罚。』疏奏，太后颇嘉之。是时官爵易得而法网严峻，故人竞为趋进而多陷刑戮，知几乃著《思慎赋》以刺时见志焉。

丙午，以王孝杰为朔方道行军总管，击突厥。

春，二月，己酉朔，日有食之。

僧怀义益骄恣，太后恶之。既焚明堂，心不自安，言多不顺；太后密选宫人有力者百余人以防之。壬子，执之于瑶光殿前树下，使建昌王武攸宁帅壮士殴杀之，送尸白马寺，焚之以造塔。

甲子，太后去『慈氏越古』之号。

三月，丙辰，凤阁侍郎、同平章事周允王薨。

夏，四月，天枢成，高一百五尺，径十二尺，八面，各径五尺。下为铁山，周百七十尺，以铜为蟠龙麒麟萦绕之；上为腾云承露盘，径三丈，四龙人立捧火珠，高一丈。工人毛婆罗造模，武三思为文，刻百官及四夷酋长名，太后自书其榜曰『大周万国颂德天枢』。

秋，七月，辛酉，吐蕃寇临洮，以王孝杰为肃边道行军大总管以讨之。

九月，甲寅，太后合祭天地于南郊，加号天册金轮大圣皇帝，赦天下，改元。

冬，十月，突厥默啜遣使请降，太后喜，册授左卫大将军、归国公。

【注释】

①天册万岁元年（公元695年）：此年九月才改年号为『天册万岁』。②纻：苎麻织成的布。③粪：扫除。④无遮会：『无遮大会』的略称。它是佛教举行的一种以布施为中心的法会。⑤风：通『疯』。⑥昔成周句：据《左传》宣公十七年，成周藏乐器的宣榭失火，是人为造成的。⑦给使：官名。《唐六典》：『北齐内职有散给使五十人，唐因之置内给使，无常员，属宫闱局。凡宦人无官品者称内给使。』⑧总章：此处代指明堂，因为总章年间朝廷曾议定明堂制度。⑨绯服句：四品服深绯，五品服浅绯，九品服深青。⑩象板句：五品以上笏用象，九品以上用木。⑪方：比拟。⑫牧伯：汉代以后州郡长官的尊称。

万岁通天元年 腊月，甲戌，太后发神都；甲申，封神岳；①赦天下，改元万岁登封，天下百姓无出今年租税；大酺九日。丁亥，禅于少室；②己丑，御朝觐坛受贺；癸巳，还宫；甲午，谒太庙。

右千牛卫将军安平王武攸绪，少有志行，恬澹寡欲，扈从封中岳还，即求弃官，隐于嵩山之阳。太后疑其诈，许之，以观其所为。攸绪遂优游岩壑，冬居茅椒，③夏居石室，一如山林之士。太后所赐及王公所遗野服器玩，攸绪一皆置之不用，尘埃凝积。买田使奴耕种，与民无异。

春，一月，甲寅，以娄师德为肃边道行军副总管，击吐蕃。己巳，以师德为左肃政大夫，知政事如故。

改长安崇尊庙为太庙。

二月，辛巳，尊神岳天中王为神岳天中黄帝，灵妃为天中黄后；启为齐圣皇帝；封启母神为玉京太后。

三月，壬寅，王孝杰、娄师德与吐蕃将论钦陵赞婆战于素罗汗山，④唐兵大败；孝杰坐免为庶人，师德贬原州员外司马。师德因署移牒，惊曰：『官爵尽无邪？』既而曰：『亦善，亦善！』不复介意。

丁巳，新明堂成，高二百九十四尺，方三百尺，规模率小于旧。上施金涂铁凤，高二丈，后为大风所损；更为铜火珠，群龙捧之，号曰通天宫。赦天下，改元万岁通天。

大食请献师子。⑤姚璹上疏，以为：『师子专食肉，远道传致，肉既难得，极为劳费。陛下鹰犬不蓄，渔猎悉停，岂容菲薄于身而厚给于兽！』乃却之。

以检校夏官侍郎孙元亨同平章事。

夏，五月，壬子，营州契丹松漠都督李尽忠、归诚州刺史孙万荣举兵反，⑥攻陷营州，杀都督赵文翙。尽忠，万荣之妹夫也，皆居于营州城侧。文翙刚愎，契丹饥不加赈给，视酋长如奴仆，故二人怨而反。乙丑，遣左鹰扬卫将军曹仁师、右金吾卫大将军张玄遇、左威卫大将军李多祚、司农少卿麻仁节等二十八将讨之。秋，七月，辛亥，以春官尚书梁王武三思为榆关道安抚大使，姚璹副之，以备契丹。改李尽忠为李尽灭，孙万荣为孙万斩。

尽忠寻自称无上可汗，据营州，以万荣为前锋，略地，所向皆下，旬日，兵至数万，进围檀州，⑦清边前军副总管张九节击却之。

八月，丁酉，曹仁师、张玄遇、麻仁节与契丹战于硖石谷，⑧唐兵大败。先是，契丹破营州，获唐俘数百，囚之地牢，闻唐兵将至，使守牢霫给之曰⑨：『吾辈家属，饥寒不能自存，唯俟官军至即降耳。』既而契丹引出其俘，饲以糠粥，慰劳之曰：『吾养汝则无食，杀汝又不忍，今纵汝去。』遂释之。俘至幽州，具言其状，诸军闻之，争欲先入。至黄獐谷，⑩虏又遣老弱迎降，故遗老牛瘦马于道侧。仁师等三军弃步卒，将骑兵轻进。契丹设伏横击之，飞索以䋁玄遇、仁节，⑪生获之，将卒死者填山谷，鲜有脱者。契丹得军印，诈为牒，令玄遇等署之，牒总管燕匪石、宗怀昌等云：『官军已破贼，若至营州，军将皆斩，兵不叙勋。』匪石等得牒，昼夜兼行，不遑寝食以赴之，士马疲弊；契丹伏兵于中道邀之，全军皆没。

九月，制：『天下系囚及士庶家奴骁勇者，官偿其直，发以击契丹。』初令山东近边诸州置武骑团兵，以同州刺史建安王武攸宜为右武威卫大将军，充清边道行军大总管，以讨契丹。

右拾遗陈子昂为攸宜府参谋，上疏曰：『恩制免天下罪人及募诸色奴充兵讨击契丹，此乃捷急之计，非天子之兵。且比来刑狱久清，罪人全少，奴多怯弱，不惯征行，纵其募集，未足可用。况当今天下忠臣勇士，万分未用其一，契丹小孽，假命待诛，何劳免罪赎奴，损国大体！臣恐此策不可威示天下。』

【注释】

①神岳：即嵩山，在今河南登封北。②少室：山名。今河南登封西北。③茅椒：此指用茅草和椒搭盖的房屋。④素罗汗山：山名。今甘肃临潭境内。⑤师子：『师』通『狮』，即狮子。⑥营州：州名。松漠：都督府名。它是营州的羁縻府，唐太宗时以归附的契丹部落置。归诚州：州名。它是营州的羁縻州，唐太宗时以归附的契丹部落置。⑦檀州：今北京密云。⑧硖石谷：今河北卢龙。⑨霤：古代少数民族名。⑩黄麞谷：地名。注：『黄麞谷在西硖石。』⑪纥：用绳索套住、捆住。

丁巳，突厥寇凉州，执都督许钦明。钦明，绍之曾孙也；①时出按部，突厥数万奄至城下，钦明拒战，为所虏。钦明兄钦寂，时为龙山军讨击副使，与契丹战于崇州，②军败，被擒。虏将围安东，令钦寂说其属城未下者。安东都护裴玄珪在城中，钦寂谓曰：『狂贼天殃，灭在朝夕，公但励兵谨守以全忠节。』虏杀之。

吐蕃复遣使请和亲，太后遣右武卫胄曹参军贵乡郭元振往察其宜。③吐蕃将论钦陵请罢安西四镇戍兵，并求分十姓突厥之地。④元振曰：『四镇、十姓与吐蕃种类本殊，今请罢唐兵，岂非有兼并之志乎？』钦陵曰：『吐蕃苟贪土地，欲为边患，则东侵甘、凉，岂肯规利于万里之外邪！』乃遣使者随元振入请之。

朝廷疑未决，元振上疏，以为：『钦陵求罢兵割地，此乃利害之机，诚不可轻举措也。今若直拒其善意，则为边患必深。四镇之利远，甘、凉之害近，不可不深图也。宜以计缓之，使其和望未绝则善矣。彼四镇、十姓，吐蕃之所甚欲也，而青海、吐谷浑，亦国家之要地也，今报之宜曰：「四镇、十姓之地，本无用于中国，所以遣兵戍之，欲以镇抚西域，分吐蕃之势，使不得并力东侵也。今若果无东侵之志，当归我吐谷浑诸部及青海故地，⑤则五俟斤部亦当以归吐蕃。」⑥如此则足以塞钦陵之口，而亦未与之绝也。若钦陵小有乖违，则曲在彼矣。且四镇、十姓款附岁久，今未察其情之向背，事之利害，遥割而弃之，恐伤诸国之心，非所以御四夷也。』太后从之。

元振又上言：『吐蕃百姓疲于徭戍，早愿和亲；钦陵利于统兵专制，独不欲归款。若国家岁发和亲使，而钦陵常不从命，则彼国之人怨钦陵日深。望国恩日甚，设欲大举其徒，固亦难矣。斯亦离间之渐，可使其上下猜阻，祸乱内兴矣。』太后深然之。元振名震，以字行。

庚申，以并州长史王方庆为鸾台侍郎，与殿中监万年李道广并同平章事。

突厥默啜请为太后子，并为其女求昏，悉归河西降户，帅其部众为国讨契丹。太后遣豹韬卫大将军阎知微、左卫郎将摄司宾卿田归道册授默啜左卫大将军、迁善可汗。知微，立德之孙；⑦归道，仁会之子也。⑧

冬，十月，辛卯，契丹李尽忠卒，孙万荣代领其众。突厥默啜乘间袭松漠，虏尽忠、万荣妻子而去。太后进拜默啜为颉跌利施大单于、立功报国可汗。

孙万荣收合余众，军势复振，遣别帅骆务整、何阿小为前锋，攻陷冀州，杀刺史陆宝积，屠吏居数千人；又攻瀛州，河北震动。制起彭泽令狄仁杰为魏州刺史。前刺史独孤思庄畏契丹猝至，悉驱百姓入城，缮修守备。仁杰至，悉遣还农，曰：『贼犹在远，何烦如是！万一贼来，吾自当之。』百姓大悦。

时契丹入寇，军书填委，⑨夏官郎中硖石姚元崇剖析如流，皆有条理，太后奇之，擢为夏官侍郎。

太后思徐有功用法平，擢拜左台殿中侍御史，远近闻者无不相贺。鹿城主簿宗城潘好礼著论，称有功蹈道依仁，固守诚节，不以贵贱死生易其操履。设客问曰：『徐公于今谁与为比？』主人曰：『四海至广，人物至多，或匿迹韬光，仆不敢诬，若所闻见，则一人而已，当于古人中求之。』客曰：『何如张释之？』⑩主人曰：『释之所行者甚易，徐公所行者甚难。难易之间，优劣见矣。张公逢汉文之时，天下无事，至如盗高庙玉环及渭桥惊马，守法而已，岂不易哉！徐公逢革命之秋，属惟新之运，唐朝遗老，或包藏祸心，使人主有疑。如周兴、来俊臣，乃尧年之四凶也，⑪崇饰恶言以诬盛德；而徐公守死善道，深相明白，几陷囹圄，数挂网罗，此吾子所闻，岂不难哉！』客曰：『使为司刑卿，乃得展其才矣。』主人曰：『吾子徒见徐公用法平允，谓可置司刑；仆睹其人，方寸之地，何所不容，若其用之，何事不可，岂直司刑而已哉！

【注释】

①绍：即唐初所封凌烟阁功臣之一许绍。字嗣宗，今属湖北人。儿时与李渊同学，相友善。隋大业末任夷陵通守，保全郡境，开仓赈民，流民数十万来归。炀帝亡，以所部遥属越王杨侗。王世充代隋，许绍率黔安等郡归李渊，授峡州刺史，封安陆郡公。后屡有军功，进谯国公。受命督兵图荆州，击萧铣，卒于军中。贞观中，追封荆州都督。②崇州：营州境内的废阳师镇。③胄曹参军：官名。掌兵械、公廨兴善、罪谪；大朝会行从，则受黄质甲铠弓矢于卫尉。④吐蕃将二句：长寿元年置四镇戍兵。十姓突厥，即五咄陆、五弩失毕。⑤当归我句：吐谷浑诸部，唐高宗咸亨三年（公元672年）内迁，故地沦为吐蕃所有。青海故地，在咸亨元年（公元670年）因薛仁贵兵败大非川，亦沦为吐蕃所有。⑥五俟斤：注：『西突厥五弩失毕部，各有酋长，曰五俟斤。』⑦立德：即唐代画家阎立德，今陕西西安人。贞观时任将作大匠、博州刺史、工部尚书。有巧思，绘人物故实称能手。善营建宫殿、城池、陵寝。以营造高祖、太宗陵寝工程，进封为公。⑧仁会：即唐代官吏田仁会。今陕西西安人。制举出身，仕累左武候中郎将。太宗时，与执失思力受诏败薛延陀。高宗永徽中，为平州刺史，有政声。后迁胜州都督，境内治安无盗寇。人为太府少卿，迁右金吾将军，昼夜遁行，毫奸必发，京师无论贵贱均敬畏他。转右卫将军，以年老乞休而卒。⑨填委：诸事纷集的意思。⑩张释之：西汉官吏。字季，今河南方城东人。文帝时，以赀选为郎，累迁公车令。后任廷尉，执法严明。屡不顾文帝旨意，严格按法处理案件。景帝立，任淮南相。年老病死。⑪四凶：即浑敦、穷奇、梼杌、饕餮。

则天顺圣皇后中之下

神功元年① 正月，己亥朔，太后享通天宫。

突厥默啜寇灵州，以许钦明自随。钦明至城下大呼，求美酱、粱米及墨，意欲城中选良将，引精兵，夜袭虏营，而城中无谕其意者。

箕州刺史刘思礼学相人于术士张憬藏，憬藏谓思礼当历箕州，位至太师。思礼念太师人臣极贵，非佐命无以致之，乃与洛州录事参军綦连耀谋反，阴结朝士，托相术，许人富贵，俟其意悦，因说以『綦连耀有天命，公必因之以得富贵。』凤阁舍人王勮兼天官侍郎事，用思礼为箕州刺史。

明堂尉河南吉顼闻其谋，②以告合宫尉来俊臣，③使上变告之。太后使河内王武懿宗推之。懿宗令思礼广引朝士，许免其死，凡小忤意者皆引之。于是思礼引凤阁侍郎同平章事李元素、夏官侍郎同平章事孙元亨、知天官侍郎事石抱忠、刘奇、给事中周谮及王勃兄泾州刺史勔、弟监察御史助等，凡三十六家，皆海内名士，穷楚毒以成其狱。壬戌，皆族诛之，亲旧连坐流窜者千余人。

初，懿宗宽思礼于外，使诬引诸人。诸人既诛，然后收思礼，思礼悔之。懿宗自天授以来，太后数使之鞫狱，喜诬陷人，时人以为周、来之亚。

来俊臣欲擅其功，复罗告吉顼，顼上变，得召见，仅免。俊臣由是复用，而顼亦以此得进。

俊臣党人罗告司刑府史樊惎谋反，④诛之。惎子讼冤于朝堂，无敢理者，乃援刀自刳其腹。⑤秋官侍郎上邽刘如璿见之，窃叹而泣。俊臣奏如璿党恶逆，下狱，处以绞刑；制流瀼州。

尚乘奉御张易之，行成之族孙也，⑥年少，美姿容，善音律。太平公主荐易之弟昌宗入侍禁中，昌宗复荐易之，兄弟皆得幸于太后，常傅朱粉，衣锦绣。昌宗累迁散骑常侍，易之为司卫少卿；⑦拜其母韦氏、臧氏为太夫人，赏赐不可胜纪，仍敕凤阁侍郎李迥秀为臧氏私夫。迥秀，大亮之族孙也。⑧武承嗣、三思、懿宗、宗楚客、晋卿皆侯易之门庭，争执鞭辔，谓易之为五郎，昌宗为六郎。

癸亥，突厥默啜寇胜州，平狄军副使安道买击破之。

甲子，以原州司马娄师德守凤阁侍郎、同平章事。

春，三月，戊申，清边道总管王孝杰、苏宏晖等将兵十七万与孙万荣战于东硖石谷，唐兵大败，孝杰死之。孝杰遇契丹，帅精兵为前锋，力战。契丹引退，孝杰追之，行背悬崖，契丹回兵薄之，宏晖先遁，孝杰坠崖死，将士死亡殆尽。管记洛阳张说驰奏其事。太后赠孝杰官爵，遣使斩宏晖以徇；使者未至，宏晖以立功得免。

武攸宜军渔阳，⑨闻孝杰等败没，军中震恐，不敢进。契丹乘胜寇幽州，攻陷城邑，剽掠吏民，攸宜遣将击之，不克。

阎知微、田归道同使突厥，册默啜为可汗。知微中道遇默啜使者，辄与之绯袍、银带，且上言：『虏使至都，宜大为供张。』归道上言：『突厥背诞积年，方今悔过，宜待圣恩宽宥。今知微擅与之袍带，使朝廷无以复加；宜令反初服以俟朝恩。又，小虏使臣，不足大为供张。』太后然之。知微见默啜，舞蹈，吮其靴鼻；归道长揖不拜。默啜囚归道，将杀之，归道辞色不挠，责其无厌，为陈祸福。阿波达干元珍曰⑩：『大国使者，不可杀也。』默啜怒稍解，但拘留不遣。

初，咸亨中，突厥有降者，皆处之丰、胜、灵、夏、朔、代六州，至是，默啜求六州降户及单于都护府之地，并谷种、缯帛、农器、铁，太后不许。默啜怒，言辞悖慢。姚琦、杨再思以契丹未平，请依默啜所求给之。麟台少监、⑪知凤阁侍郎赞皇李峤曰：『戎狄贪而无信，此所谓「借寇兵资盗粮」也，不如治兵以备之。』琦、再思固请与之，乃悉驱六州降户数千帐以与默啜，并给谷种四万斛，杂彩五万段，农器三千事，铁数万斤，并许其昏。默啜由是益强。田归道始得还，与阎知微争论于太后前。归道以为默啜必负约，不可恃和亲，宜为之备。知微以为和亲必可保。

【注释】

①神功元年（公元697年）：这一年九月改年号为『神功』。②明堂：县名。今陕西西安城南。③合宫：县名。河南洛阳西郊。④司刑府史：官名。大理卿的属官。唐制，大理寺有府二十八，史五十六人。⑤刳：剖开。⑥行成：即唐初官吏张行成（公元586年～公元653年）。字德立，治今河北安国人。隋大业末，以孝廉授谒者台散从员外郎。后为王世充度支尚书。有能名。唐太宗时召补殿中侍御史，官至侍中兼刑部尚书。高宗即位，拜尚书左仆射、太子少傅。⑦司卫少卿：官名，即卫尉少卿。⑧大亮：即唐初将领李大亮（公元586年～公元645年），今属陕西人。有文武才略。隋末为庞玉行军兵曹，后投李渊，后与李靖分道击吐谷浑。拜右卫大将军。⑨渔阳：县名。今天津蓟县。⑩阿波达干元珍：即阿史德元珍。阿波达干是他的官名。突厥的官长分二十八等，从『设』直到『达干』，都是世袭的。⑪麟台少监：官名。

即秘书少监。

夏，四月，铸九鼎成，徙置通天宫。豫州鼎高丈八尺，受千八百石；余州高丈四尺，受千二百石；①各图山川物产于其上，共用铜五十六万七百余斤。太后欲以黄金千两涂之，姚璹曰：『九鼎神器，贵于天质自然。且臣观其五采焕炳相杂，不待金色以为炫耀。』太后从之。自玄武门曳入，令宰相、诸王帅南北牙宿卫兵十余万人并仗内大牛、白象共曳之。

前益州长史王及善已致仕，会契丹作乱，山东不安，起为滑州刺史。太后召见，问以朝廷得失，及善陈治乱之要十余条。太后曰：『外州末事，此为根本，卿不可出。』癸酉，留为内史。

癸未，以右金吾卫大将军武懿宗为神兵道行军大总管，与右豹韬卫将军何迦密将兵击契丹。五月，癸卯，又以娄师德为清边道副大总管，右武威卫将军沙吒忠义为前军总管，将兵二十万击契丹。

先是，有朱前疑者，上书云：『臣梦陛下寿满八百。』即拜拾遗。又自言『梦陛下发白再玄，齿落更生。』迁驾部郎中。②出使还，上书云：『闻嵩山呼万岁。』赐以绯算袋，③时未五品，于绿衫上佩之。会发兵讨契丹，敕京官出马一匹供军，酬以五品。前疑买马输之，屡抗表求进阶；太后恶其贪鄙，六月，乙丑，敕还其马，斥归田里。

右司郎中冯翊乔知之有美妾曰碧玉，知之为之不昏。武承嗣借以教诸姬，遂留不还。知之作《绿珠怨》诗以寄之，④碧玉赴井死。承嗣得诗于裙带，大怒，讽酷吏罗告，族之。

司仆少卿来俊臣倚势贪淫，士民妻妾有美者，百方取之；或使人罗告其罪，矫称敕以取其妻，前后罗织诛人，不可胜计。自宰相以下，籍其姓名而取之。自言才比石勒。监察御史李昭德素恶俊臣，又尝庭辱秋官侍郎皇甫文备，二人共诬昭德谋反，下狱。

俊臣欲罗告武氏诸王及太平公主，又欲诬皇嗣及庐陵王与南北牙同反，冀因此盗国权，河东人卫遂忠告之。诸武及太平公主恐惧，共发其罪，系狱，有司处以极刑。太后欲赦之，奏上三日，不出。王及善曰：『俊臣凶狡贪暴，国之元恶，不去之，必动摇朝廷。』太后游苑中，吉顼执辔，太后问以外事，对曰：『外人唯怪来俊臣奏不下。』太后曰：『俊臣有功于国，朕方思之。』顼曰：『于安远告虺贞反，⑤既而果反，今止为成州司马。俊臣聚结不逞，诬构良善，赃贿如山，冤魂塞路，国之贼也，何足惜哉！』太后乃下其奏。

丁卯，昭德、俊臣同弃市，时人无不痛昭德而快俊臣。仇家争啖俊臣之肉，斯须而尽，抉眼剥面，披腹出心，腾蹋成泥。太后知天下恶之，乃下制数其罪恶，且曰：『宜加赤族之诛，以雪苍生之愤，可准法籍没其家。』士民皆相贺于路曰：『自今眠者背始帖席矣！』

俊臣以告綦连耀功，赏奴婢十人。俊臣阅司农婢，⑥无可者，以西突厥可汗斛瑟罗家有细婢，善歌舞，欲得以为赏口，乃使人诬告斛瑟罗反。诸酋长诣阙割耳剺面讼冤者数十人。⑦会俊臣诛，乃得免。

俊臣方用事，选司受其属请不次除官者，每铨数百人。俊臣败，侍郎皆自首。太后责之，对曰：『臣负陛下，死罪！臣乱国家法，罪止一身；违俊臣语，立见灭族。』太后乃赦之。

上林令侯敏素谄事俊臣，⑧其妻董氏谏之曰：『俊臣国贼，指日将败，君宜远之。』敏从之。俊臣怒，出为武龙令。⑨敏欲不往，妻曰：『速去勿留！』俊臣败，其党皆流岭南，敏独得免。

太后征于安远为尚食奉御，擢吉顼为右肃政中丞。

以检校夏官侍郎宗楚客同平章事。

武懿宗军至赵州，闻契丹将骆务整数千骑将至冀州，懿宗惧，欲南遁。或曰：『虏无辎重，以抄掠为资，若按兵拒守，势必离散，从而击之，可有大功。』懿宗不从，退据相州，委弃军资器仗甚众。契丹遂屠赵州。

甲午，孙万荣为奴所杀。

万荣之破王孝杰也，于柳城西北四百里依险筑城，留其老弱妇女、所获器仗资财，使妹夫乙冤羽守之，引精兵寇幽州。恐突厥默啜袭其后，遣五人至黑沙，语默啜曰：『我已破王孝杰百万之人，唐人破胆，请与可汗乘胜共取幽州。』三人先至，默啜喜，赐以绯袍。二人后至，默啜怒其稽缓，将杀之，二人曰：『请一言而死。』默啜问其故，二人以契丹之情告。默啜乃杀前三人而赐二人绯，使为乡导，发兵取契丹新城，⑩杀所获凉州都督许钦明以祭天；围新城三日，克之，尽俘以归。使乙冤羽驰报万荣。

时万荣方与唐兵相持，军中闻之，恟惧。奚人叛万荣，神兵道总管杨玄基击其前，奚兵击其后，获其将何阿小。万荣军大溃，帅轻骑数千东走。前军总管张九节遣兵邀之于道，万荣穷蹙，与其奴逃至潞水东，⑪息于林下，叹曰：『今欲归唐，罪已大。归突厥亦死，归新罗亦死。将安之乎！』奴斩其首以降，枭之四方馆门。⑫其余众及奚、霫皆降于突厥。

戊子，特进武承嗣、春官尚书武三思并同凤阁鸾台三品。

辛卯，制以契丹初平，命河内王武懿宗、娄师德及魏州刺史狄仁杰分道安抚河北。懿宗所至残酷，民有为契丹所胁从复来归者，懿宗皆以为反，生刳取其胆。⑬先是，何阿小嗜杀人，河北人为之语曰：『唯此两何，⑭杀人最多。』

【注释】

①豫州鼎四句：豫州是神都洛阳的畿辅，因此豫州鼎比其他鼎高大。②驾部郎中：官名。掌国家舆辇车乘、传驿、厩牧，官司牲畜簿籍，辨其出入，管理其名目、数目。③绯算袋：胡三省注：『唐初职事官三品以上赐金装刀、砺石，一品以下则有手巾、算袋。开元以后，百官朔望朝参，外官衙日，则佩算袋，各随其所服之色，余日则否。』④绿珠：西晋石崇爱妾。相传姓梁，今属广西人。善吹笛。赵王司马伦专权时，伦党孙秀向石崇索之，为石崇所拒。后石崇被逮，她坠楼死。⑤虺贞：即原豫州刺史越王李贞。李贞于垂拱四年（公元688年）起兵反，兵败自杀。武后下令更其姓为『虺』。⑥司农婢：司农丞掌凡官户奴婢，男女成人，先以本色婚偶；若给赐，许其妻子相随；若犯籍没，以其所能各配诸司，妇人巧者入掖庭。⑦剺：用刀划。⑧上林令：官名。掌苑囿县地之事，凡植果树蔬以供朝会祭祀，及季冬藏冰皆主之。⑨武龙：县名。今四川武隆西北。⑩新城：地名。今辽宁朝阳西北。⑪潞水：河名。今北京市通县以下白河。⑫四方馆：唐以四方馆隶中书省，由通事舍人掌理。接待四方使客，掌管各方国及互市事。⑬刳：剖开。⑭两何：注：『武懿宗封河内王，与何阿小为「两何」。』

秋，七月，丁酉，昆明内附，置窦州。

武承嗣、武三思并罢政事。

庚午，武攸宜自幽州凯旋。武懿宗奏河北百姓从贼者请尽族之，左拾遗王求礼庭折之曰：『此属素无武备，力不胜贼，苟从之以求生，岂有叛国之心！懿宗拥强兵数十万，望风退走，贼徒滋蔓，又欲移罪于草野诖误之人，为臣不忠，请先斩懿宗以谢河北！』懿宗不能对。司刑卿杜景俭亦奏：『此皆胁从之人，请悉原之。』太后从之。

八月，丙戌，纳言姚𪻐坐事左迁益州长史，以太子宫尹豆卢钦望为文昌右相、凤阁鸾台三品。

九月，壬辰，大享通天宫，赦天下，改元。

庚戌，娄师德守纳言。

甲寅，太后谓侍臣曰：『顷者周兴、来俊臣按狱，多连引朝臣，云其谋反；国有常法，朕安敢违！中间疑其不实，使近臣就狱引问，得其手状，[1]皆自承服，朕不以为疑。自兴、俊臣死，不复闻有反者，然则前死者不有冤邪？』夏官侍郎姚元崇对曰：『自垂拱以来坐谋反死者，率皆兴等罗织，自以为功。陛下使近臣问之，近臣亦不自保，何敢动摇！所问者若有翻覆，惧遭惨毒，不若速死。赖天启圣心，兴等伏诛，臣以百口为陛下保，自今内外之臣无复反者；若微有实状，臣请受知而不告之罪。』太后悦曰：『向时宰相皆顺成其事，陷朕为淫刑之主；闻卿所言，深合朕心。』赐元崇钱千缗。

时人多为魏元忠讼冤者，太后复召为肃政中丞。元忠前后坐弃市流窜者四。尝侍宴，太后问曰：『卿往者数负谤，[2]何也？』对曰：『臣犹鹿耳，罗织之徒欲得臣肉为羹，臣安所避之！』

冬，闰十月，甲寅，以幽州都督狄仁杰为鸾台侍郎，司刑卿杜景俭为凤阁侍郎，并同平章事。

仁杰上疏，以为：『天生四夷，皆在先王封略之外，[3]故东拒沧海，西阻流沙，北横大漠，南阻五岭，此天所以限夷狄而隔中外也。自典籍所纪，声教所及，[4]三代不能至者，国家尽兼之矣。诗人矜薄伐于太原，美化行于江、汉，[5]则三代之远裔，皆国家之域中也。若乃用武荒外，邀功绝域，竭府库之实以争不毛之地，得其人不足增赋，获其土不可耕织，苟求冠带远夷之称，[6]不务固本安人之术，此秦皇、汉武之所行，非五帝、三王之事业也。始皇穷兵极武，务求广地，死者如麻，至天下溃叛。汉武征伐四夷，百姓困穷，盗贼蜂起；末年悔悟，息兵罢役，故能为天所佑。近者国家频岁出师，所费滋广，西戍西镇，东戍安东，调发日加，百姓虚弊。今关东饥馑，蜀、汉逃亡，江、淮已南，征求不息，人不复业，相率为盗，本根一摇，忧患不浅。其所以然者，皆以争蛮貊不毛之地，乖子养苍生之道也。昔汉元纳贾捐之之谋而罢朱崖郡，[7]宣帝用魏相之策而弃车师之田，[8]岂不欲慕尚虚名，盖惮劳人力也。近贞观年中克平九姓，立李思摩为可汗，使统诸部者，盖以夷狄叛则伐之，降则抚之，得推亡固存之义，[9]无远戍劳人之役，此近日之令典，经边之故事也。窃谓宜立阿史那斛瑟罗为可汗，委之四镇，继高氏绝国，使守安东。省军费于远方，并甲兵于塞上，使夷狄无侵侮之患则可矣，何必穷其窟穴，与蝼蚁校长短哉！但当敕边兵，谨守备，远斥侯，聚资粮，待其自致，然后击之。以逸待劳则战士力倍，以主御客则我得其便，坚壁清野则寇无所得；二贼深入则有颠踬之虑，[10]浅入必无虏获之益。如此数年，可使二虏不击而服矣。』事虽不行，识者是之。

凤阁舍人李峤知天官选事，始置员外官数千人。

先是历官以是月为正月，以腊月为闰。太后欲正月甲子朔冬至，乃下制以为：『去晦仍见月，[11]有爽天经。可以今月为闰月，来月为正月。』

【注释】

①手状：亲笔供词，自供状。②负谤：蒙受诽谤。③封略：封域、疆界。④声教：声威和教化。⑤诗人二句：注：『《诗·六月》，宣王北伐也。其诗云：「薄伐猃狁，至于太原」。又《广汉》之诗，美文王之道被于南国，美化行乎江、汉之域。』矜，夸耀，薄，语助词。化，教化。⑥冠带远夷：意思是使远方民族像汉人一样服用冠带，归附认同。⑦昔汉元句：指西汉元帝刘奭在初元二年（公元前47年）采纳侍诏贾捐之的建议，于次年废除珠厓郡的史事。贾捐之，贾谊的曾孙。珠厓郡（亦作朱崖郡），西汉元封元年（公元前110年）置，治所在瞫都（今海南珠山东南）。⑧宣帝句：指西汉宣帝刘询在元康二年（公元前64年）采纳丞相魏相劝谏，放弃车师（今新疆吐鲁番一带），撤回屯田军队的史事。⑨推亡固存：意思是推倒要灭亡的、巩固应存在的，国家才能昌盛。⑩二贼：此指突厥、吐蕃。颠踬：颠仆、覆灭。⑪去晦：上个月的晦日（农历每月的末一天）。

则天顺圣皇后下

久视元年 秋，七月，献俘于含枢殿。①太后以楷固为左玉钤卫大将军、燕国公，赐姓武氏。召公卿合宴，举觞属仁杰曰：『公之功也。』将赏之，对曰：『此乃陛下威灵，将帅尽力，臣何功之有！』固辞不受。

闰月，戊寅，车驾还宫。

己丑，以天官侍郎张锡为凤阁侍郎、同平章事。鸾台侍郎、同平章事李峤罢为成均祭酒。锡，峤之舅也，故罢峤政事。

丁酉，吐蕃将麴莽布支寇凉州，围昌松，②陇右诸军大使唐休璟与战于港源谷。③麴莽布支兵甲鲜华，休璟谓诸将曰：『诸论既死，麴莽布支新为将，不习军事，诸贵臣子弟皆从之，望之虽如精锐，实易与耳，请为诸君破之。』乃被甲先陷陈，六战皆捷，吐蕃大奔，斩首二千五百级，获二裨将而还。

司府少卿杨元亨，尚食奉御杨元禧，皆弘武之子也。④元禧尝忤张易之，易之言于太后：『元禧，杨素之族；素父子，隋之逆臣，子孙不应供奉。』太后从之，壬寅，制：『杨素及其兄弟子孙皆不得任京官。』左迁元亨睦州刺史，元禧贝州刺史。

庚戌，以魏元忠为陇右诸军大使，击吐蕃。

庚申，太后欲造大像，使天下僧尼日出一钱以助其功。狄仁杰上疏谏，其略曰：『今之伽蓝，⑤制过宫阙。功不使鬼，止在役人，物不天来，终须地出，不损百姓，将何以求！』又曰：『游僧皆托佛法，诖误生人；里陌动有经坊，阛阓亦立精舍。⑥化诱所急，切于官征；法事所须，严于制敕。』又曰：『梁武、简文舍施无限，及三淮沸浪，五岭腾烟，列刹盈衢，无救危亡之祸，缁衣蔽路，⑦岂有勤王之师！』又曰：『虽敛僧钱，百未支一。尊容既广，不可露居，覆以百层，尚忧未遍，自余廊宇，不得全无。如来设教，以慈悲为主。岂欲劳人，以存虚饰？』又曰：『比来水旱不节，当今边境未宁，若费官财，又尽人力，一隅有难，将何以救之！』太后曰：『公教朕为善，何得相违！』遂罢其役。

阿悉吉薄露叛，⑧遣左金吾将军田扬名、殿中侍御史封思业讨之。军至碎叶，薄露夜于城傍剽掠而去，思业将骑追之，反为所败。扬名引西突厥斛瑟罗之众攻其城，旬余，不克。九月，薄露诈降，思业诱而斩之，遂俘其众。

太后信重内史梁文惠公狄仁杰，群臣莫及，常谓之国老而不名。仁杰好面引廷争，太后每屈意从之。尝从太后游幸，遇风吹仁杰巾坠，而马惊不能止，太后命太子追执其鞚而系之。⑨仁杰屡以老疾乞骸骨，太后不许。入见，常止其拜，曰：『每见公拜，朕亦身痛。』仍免其宿直，⑩戒其同僚曰：『自非军国大事，勿以烦公。』辛丑，薨，太后泣曰：『朝堂空矣！』自是朝廷有大事，众或不能决，太后辄叹曰：『天夺吾国老何太早邪！』

太后尝问仁杰：『朕欲得一佳士用之，谁可者？』仁杰曰：『未审陛下欲何所用之？』太后曰：『欲用为将相。』仁杰对曰：『文学缊藉，⑪则苏味道、李峤固其选矣。必欲取卓荦奇才，⑫则有荆州长史张柬之，其人虽老，宰相才也。』太后擢柬之为洛州司马。数日，又问仁杰，对曰：『前荐柬之，尚未用也。』太后曰：『已迁矣。』对曰：『臣所荐者可为宰相，非司马也。』乃迁秋官侍郎；久之，卒用为相。仁杰又尝荐夏官侍郎姚元崇、监察御史曲阿桓彦范、太州刺史敬晖等数十人，率为名臣。或谓仁杰曰：『天下桃李，⑬悉在公门矣。』仁杰曰：『荐贤为国，非为私也。』

初，仁杰为魏州刺史，有惠政，百姓为之立生祠。后其子景晖为魏州司功参军，贪暴为人患，人遂毁其像焉。

冬，十月，辛亥，以魏元忠为萧关道大总管，以备突厥。

甲寅，制复以正月为十一月，一月为正月，赦天下。丁巳，纳言韦巨源罢，以文昌右丞韦安石为鸾台侍郎、同平章事。安石，津之孙也。⑭

时武三思、张易之兄弟用事，安石数面折之。尝侍宴禁中，易之引蜀商宋霸子等数人在座同博。安石跪奏曰：『商贾贱类，不应得预此会。』顾左右逐出之，座中皆失色；太后以其言直，劳勉之，同列皆叹服。

丁卯，太后幸新安；⑮壬申，还宫。

十二月，甲寅，突厥掠陇右诸监马万余匹而去。

时屠禁尚未解，⑯凤阁舍人全节崔融上言，⑰以为：『割烹牺牲，弋猎禽兽，圣人著之典礼，不可废阙。又，江南食鱼，河西食肉，一日不可无；富者未革，贫者难堪，况贫贱之人，仰屠为生，日戮一人，终不能绝，但资恐喝，徒长奸欺。为政者苟顺月令，合礼经，自然物遂其生，人得其性矣。』戊午，复开屠禁，祠祭用牲牢如故。

【注释】

①献俘句：注：『李楷固献契丹之俘也。含枢殿盖在三阳宫。』②昌松：古县名。今甘肃武威县东南。③港源谷：作『洪源谷』。④弘武：即唐高宗朝大臣杨弘武。今属陕西人。杨素弟之子。永徽中，累迁吏部郎中、太子中舍人。历荆州司马、司戎少常伯、西台侍郎。曾讽谏高宗用武后言，高宗不加罪。乾封中，官至同东西台三品，居职以清简称。

⑤伽蓝：梵语僧伽蓝摩之省称。意为佛寺。⑥阛阓：街市。精舍：佛舍，佛堂。⑦缁衣：僧尼穿的黑衣。代指僧尼。⑧阿悉吉薄露：阿悉吉，即西突厥弩失毕五俟斤之间悉结也；薄露，其名。⑨鞚：马笼头。⑩宿直：大臣轮流在朝廷值夜班。⑪缊藉：含蓄而不显露。⑫卓荦：超绝。⑬桃李：古代通常以所荐士人为桃李。⑭津：即隋末大臣韦津，累官民部尚书。大业十四年（公元618年），李密进攻洛阳，韦津与金紫光禄大夫段达等出兵拒战，兵溃战死。⑮新安：县名。⑯时屠禁句：注：『禁屠见二百五卷长寿元年。』⑰全节：古县名。今山东章丘西。

长安元年① 春，正月，丁丑，以成州言佛迹见，改元大足。

二月，己酉，以鸾台侍郎柏人李怀远同平章事。

三月，②凤阁侍郎、同平章事张锡坐知选漏泄禁中语、赃满数万，当斩，临刑释之，流循州。③时苏味道亦坐事与锡俱下司刑狱，锡乘马，气色自若，舍于三品院，④帷屏食饮，无异平居。味道步至系所，席地而卧，蔬食而已。太后闻之，赦味道，复其位。

是月，大雪，苏味道以为瑞，帅百官入贺。殿中侍御史王求礼止之曰：『三月雪为瑞雪，腊月雷为瑞雷乎？』味道不从。既入，求礼独不贺，进言曰：『今阳和布气，草木发荣，而寒雪为灾，岂得诬以为瑞！贺者皆谄谀之士也。』太后为之罢朝。时又有献三足牛者，宰相复贺。求礼飏言曰⑤：『凡物反常皆为妖。此鼎足非其人，⑥政教不行之象也。』太后为之愀然。⑦

夏，五月，乙亥，太后幸三阳宫。

以魏元忠为灵武道行军大总管，以备突厥。

天官侍郎盐官顾琮同平章事。⑧

六月，庚申，以夏官尚书李迥秀同平章事。

迥秀性至孝，其母本微贱，妻崔氏常叱媵婢，母闻之不悦，迥秀即时出之。或曰：『贤室虽不避嫌疑，然过非七出，⑨何遽如是！』迥秀曰：『娶妻本以养亲，今乃违忤颜色，安敢留也！』竟出之。

秋，七月，甲戌，太后还宫。

甲申，李怀远罢为秋官尚书。

八月，突厥默啜寇边，命安北大都护相王为天兵道元帅，统诸军击之，未行而虏退。

丙寅，武邑人苏安恒上疏曰：『陛下钦先圣之顾托，受嗣子之推让，敬天顺人，二十年矣。岂不闻帝舜褰裳，[10]周公复辟！舜之于禹，事只族亲；旦与成王，不离叔父。族亲何如子之爱，叔父何如母之恩？今太子孝敬是崇，春秋既壮，若使统临宸极，[11]何异陛下之身！陛下年德既尊，宝位将倦，机务繁重，浩荡心神，何不禅位东宫，自怡圣体！自昔理天下者，不见二姓而俱王也，当今梁、定、河内、建昌诸王，[12]承陛下之荫覆，并得封王。臣谓千秋万岁之后，于事非便。臣请黜为公侯，任以闲简。臣又闻陛下有二十余孙，今无尺寸之封，此非长久之计也。臣请分土而王之，择立师傅，教其孝敬之道，以夹辅周室，屏藩皇家，斯为美矣。』疏奏，太后召见，赐食，慰谕而遣之。

太后春秋高，政事多委张易之兄弟；邵王重润与其妹永泰郡主、主婿魏王武延基窃议其事。易之诉于太后，九月，壬申，太后皆逼令自杀。延基，承嗣之子也。

丙申，以相王知左、右羽林卫大将军事。

冬，十月，壬寅，太后西入关，辛酉，至京师；赦天下，改元。

十一月，戊寅，改含元宫为大明宫。

天官侍郎安平崔玄暐，性介直，未尝请谒。执政恶之，改文昌左丞。月余，太后谓玄暐曰：『自卿改官以来，闻令史设斋自庆。此欲盛为奸贪耳，今还卿旧任。』乃复拜天官侍郎，仍赐彩七十段。

以主客郎中郭元振为凉州都督、陇右诸军大使。

先是，凉州南北境不过四百余里，突厥、吐蕃频岁奄至城下，百姓苦之。元振始于南境硖口置和戎城，北境碛中置白亭军，控其冲要，拓州境千五百里，自是寇不复至城下。元振又令甘州刺史李汉通开置屯田，尽水陆之利。旧凉州粟麦斛至数千，及汉通收率之后，[13]一缣籴数十斛，积军粮支数十年。元振善于抚御，在凉州五年，夷、夏畏慕，令行禁止，牛羊被野，路不拾遗。

【注释】

①长安元年（公元701年）：此年十月才改年号为『长安』。②柏人：古县名。今河北隆尧西尧城西北。③循州：

今广东惠州东北。④三品院：注：『先是，制狱既繁，司刑寺别置三品院以处三品以上官之下狱者。』⑤飏言：大声疾呼。⑥鼎足：喻三公。⑦愀然：脸色改变的样子。⑧盐官：古县名。今浙江海宁西南盐官镇南。⑨七出：古代休妻的七条原则，即无子、淫佚、不侍奉公婆、口舌、盗窃、妒忌、恶疾。⑩褰裳：撩起衣裳。⑪宸极：帝王之位。⑫当今句：武三思封梁王，攸暨封定王，懿宗封河内王，攸宁封建昌王。⑬收率：召徕百姓而率领他们耕种。

二年春，正月，乙酉，初设武举。

空厥寇盐、夏二州。三月，庚寅，突厥破石岭，①寇并州。以雍州长史薛季昶摄右台大夫，充山东防御军大使，沧、瀛、幽、易、恒、定等州诸军皆受季昶节度。夏，四月，以幽州刺史张仁愿专知幽、平、妫、檀防御，仍与季昶相知，以拒突厥。

五月，壬申，苏安恒复上疏曰：『臣闻天下者，神尧、文武之天下也。②陛下虽居正统，实因唐氏旧基。当今太子追回，年德俱盛，陛下贪其宝位而忘母子深恩，将何圣颜以见唐家宗庙，将何诰命以谒大帝坟陵？③陛下何故日夜积忧，不知钟鸣漏尽！④臣愚以为天意人事，还归李家。陛下虽安天位，殊不知物极则反，器满则倾。臣何惜一朝之命，而不安万乘之国哉！』太后亦不之罪。

乙未，以相王为并州牧，充安北道行军元帅，以魏元忠为之副。

六月，壬戌，召神都留守韦巨源诣京师，以副留守李峤代之。

秋，七月，甲午，突厥寇代州。

司仆卿张昌宗兄弟贵盛，⑤势倾朝野。八月，戊午，太子、相王、太平公主上表请封昌宗为王，制不许；壬戌，又请，乃赐爵邺国公。

敕：『自今有告言扬州及豫、博余党，一无所问，内外官司无得为理。』

九月，乙丑朔，日有食之，不尽如钩，神都见其既。⑥

壬申，突厥寇忻州。

己卯，吐蕃遣其臣论弥萨来求和。

庚辰，以太子宾客武三思为大谷道大总管，洛州长史敬晖为副；辛巳，又以相王旦为并州道元帅，三思与武攸宜、魏元忠为之副；姚元崇为长史，司礼少卿郑杲为司马；然竟不行。

癸未，宴论弥萨于麟德殿。时凉州都督唐休璟入朝，亦预宴。弥萨屡窥之。太后问其故，对曰：『洪源之战，此将军猛厉无故，故欲识之。』太后擢休璟为右武威、金吾二卫大将军。休璟练习边事，自碣石以西逾四镇，绵亘万里，山川要害，皆能记之。

冬，十月，甲辰，天官侍郎、同平章事顾琮薨。

戊申，吐蕃赞普将万余人寇茂州，都督陈大慈与之四战，皆破之，斩首千余级。

十一月，辛未，监察御史魏靖上疏，以为：『陛下既知来俊臣之奸，处以极法，乞详覆俊臣等所推十狱，伸其枉滥。』太后乃命监察御史苏颋按覆俊臣等旧狱，由是雪免者甚众。颋，夔之曾孙也。⑦

戊子，太后祀南郊，赦天下。

十二月，甲午，以魏元忠为安东道安抚大使，羽林卫大将军李多祚检校幽州都督，右羽林卫将军薛讷、左武卫将军骆务整为之副。

戊申，置北庭都护府于庭州。

侍御史张循宪为河东采访使，有疑事不能决，病之，问侍吏曰：『此有佳客，可与议事者乎？』吏言前平乡尉猗氏张嘉贞有异才，循宪召见，询以事；嘉贞为条析理分，莫不洗然。⑧循宪因请为奏，皆意所未及。循宪还，见太后，太后善其奏，循宪具言嘉贞所为，且请以己之官授之。太后曰：『朕宁无一官自进贤邪！』因召嘉贞，入见内殿，与语，大悦，即拜监察御史；擢循宪司勋郎中，⑨赏其得人也。⑩

【注释】

①石岭：今山西阳曲东北关城。②高祖：神尧皇帝；太宗，文武皇帝。③大帝：高宗称天皇大帝。④钟鸣漏尽：晨钟敲响，计时的漏壶中水已滴完。比喻衰老之年。⑤司仆卿：职官名，即太仆寺卿。⑥既：全食。⑦夔：即隋代官吏苏夔。字伯尼，今陕西武功西北人。大臣苏威之子。少聪明，有辩才。博览群言，以钟律见长。开皇初任太子通事舍人，因议乐得罪不行，著《乐志》自明。后任太子舍人、武骑尉。炀帝时，迁太子洗马，转司朝谒者。

历任尚书职方郎、燕王司马、朝散大夫、鸿胪少卿，以功进通议大夫。因父事获罪，除名为民。⑧洗然：清晰明白。

⑨司勋郎中：唐司勋郎掌邦国官人之勋级，属吏部。⑩得人：收得人才。

三年　春，三月，壬戌朔，日有食之。

夏，四月，吐蕃遣使献马千匹、金二千两以求昏。

闰月，丁丑，命韦安石留守神都。

己卯，改文昌台为中台。①以中台左丞李峤知纳言事。

新罗王金理洪卒，遣使立其弟崇基为王。

六月，辛酉，突厥默啜遣其臣莫贺干来，请以女妻皇太子之子。

宁州大水，②溺杀二千余人。

秋，七月，癸卯，以正谏大夫朱敬则同平章事。

戊申，以并州牧相王旦为雍州牧。

庚戌，以夏官尚书、检校凉州都督唐休璟同凤阁鸾台三品。时突骑施酋长乌质勒与西突厥诸部相攻，安西道绝。太后命休璟与诸宰相议其事，顷之，奏上，太后即依其议施行。后十余日，安西诸州请兵应接，程期一如休璟所画，太后谓休璟曰：『恨用卿晚！』谓诸宰相曰：『休璟练习边事，卿曹十不当一。』

时西突厥可汗斛瑟罗用刑残酷，诸部不服。乌质勒本隶斛瑟罗，号莫贺达干，能抚其众，诸部归之，斛瑟罗不能制。乌质勒置都督二十员，各将兵七千人，屯碎叶西北；后攻陷碎叶，徙其牙帐居之。斛瑟罗部众离散，因入朝，不敢复还，③乌质勒悉并其地。

九月，庚寅朔，日有食之，既。

初，左台大夫、同凤阁鸾台三品魏元忠为洛州长史，洛阳令张昌仪恃诸兄之势，每牙，直上长史听事；④元忠到官，叱下之。张易之奴暴乱都市，元忠杖杀之。及为相，太后召易之弟岐州刺史昌期，欲以为雍州长史，对仗，⑤问宰相曰：『谁堪雍州者？』元忠对曰：『今之朝臣无以易薛季昶。』太后曰：『季昶久任京府，朕欲别除一官；昌期何如？』

诸相皆曰：『陛下得人矣。』元忠独曰：『昌期不堪！』太后问其故，元忠曰：『昌期少年，不闲吏事，⑥向在岐州，户口逃亡且尽。雍州帝京，事务繁剧，不若季昶强干习事。』太后默然而止。元忠又尝面奏：『臣自先帝以来，蒙被恩渥，今承乏宰相，⑦不能尽忠死节，使小人在侧，臣之罪也！』太后不悦，由是诸张深怨之。

司礼丞高戬，⑧太平公主之所爱也。会太后不豫，张昌宗恐太后一日晏驾，为元忠所诛，乃谮元忠与戬私议云『太后老矣，不若挟太子为久长。』太后怒，下元忠、戬狱，将使与昌宗廷辨之。昌宗密引凤阁舍人张说，赂以美官，使证元忠，说许之。明日，太后召太子、相王及诸宰相，使元忠与昌宗参对，往复不决。昌宗曰：『张说闻元忠言，请召问之。』

太后召说。说将入，凤阁舍人南和宋璟谓说曰：『名义至重，鬼神难欺，不可党邪陷正以求苟免。若获罪流窜，其荣多矣。若事有不测，璟当叩阁力争，⑨与子同死。努力为之，万代瞻仰，在此举也！』殿中侍御史济源张廷珪曰：『朝闻道，夕死可矣！』左史刘知几曰：『无污青史，为子孙累！』

及入，太后问之，说未对。元忠惧，谓说曰：『张说欲与昌宗共罗织魏元忠邪！』说叱之曰：『元忠为宰相，何乃效委巷小人之言！』⑩昌宗从旁迫趣说，⑪使速言。说曰：『陛下视之，在陛下前，犹逼臣如是，况在外乎！臣今对广朝，不敢不以实对。臣实不闻元忠有是言，但昌宗逼臣使诬证之耳！』易之、昌宗遽呼曰：『张说与魏元忠同反！』太后问其状。对曰：『说尝谓元忠为伊、周；伊尹放太甲，周公摄王位，非欲反而何？』说曰：『易之兄弟小人，徒闻伊、周之语，安知伊、周之道！日者元忠初衣紫，⑫臣以郎官往贺，元忠语客曰：「无功受宠，不胜惭惧。」臣实言曰：「明公居伊、周之任，何愧三品！」彼伊尹、周公皆为臣至忠，古今慕仰。陛下用宰相，不使学伊、周，当使学谁邪？且臣岂不知今日附昌宗立取台衡，⑬附元忠立致族灭！但臣畏元忠冤魂，不敢诬之耳。』太后曰：『张说反覆小人，宜并系治之。』他日，更引问，⑭说对如前。太后怒，命宰相与河内王武懿宗共鞫之，说所执如初。

【注释】

①文昌台：光宅元年（公元684年），改尚书省为文昌台。②宁州：今甘肃宁县。③斛瑟罗三句：天授元年书斛瑟罗人居内地，神功元年书来俊臣诬陷斛瑟罗，则其入朝必不在是年。此因书乌质勒事叙其得国之由，遂及斛瑟罗失国事耳。④每牙二句：意思是到州府衙门参谒办事。⑤对仗：仪仗侍卫相对而立，朝议开始。⑥闲：熟练。⑦承乏宰相：元忠自言朝廷乏人，已得承之备位宰相。⑧司礼丞：职官名。即太常丞。⑨阁：凡内殿、便殿皆可谓之阁。⑩委巷：

犹曲巷。⑪迫趣：即迫促。⑫初衣紫：初任三品官。唐太宗贞观四年（公元630年），诏令三品以上官员的服色采用紫色。⑬台衡：指宰相之位。⑭引问：皇帝召见官员加以询问。

朱敬则抗疏理之曰：『元忠素称忠正，张说所坐无名，若令抵罪，失天下望。』苏安恒亦上疏，以为：『陛下革命之初，人以为纳谏之主；暮年以来，人以为受佞之主。自元忠下狱，里巷恂恂，[1]皆以为陛下委信奸宄，斥逐贤良。忠臣烈士，皆抚髀于私室而钳口于公朝，畏迕易之等意，徒取死而无益。方今赋役烦重，百姓凋弊，重以谗慝专恣，刑赏失中，窃恐人心不安，别生它变，争锋于朱雀门内，问鼎于大明殿前，[2]陛下将何以谢之，何以御之？』易之等见其疏，大怒，欲杀之，赖朱敬则及凤阁舍人桓彦范、著作郎陆泽魏知古保救得免。

丁酉，贬元忠为高要尉，[3]戬、说皆流岭表。元忠辞日，言于太后曰：『臣老矣，今向岭南，十死一生。陛下他日必有思臣之时。』太后问其故，时易之、昌宗皆侍侧，元忠指之曰：『此二小儿，终为乱阶。』易之等下殿，叩膺自擲称冤。太后曰：『元忠去矣！』

殿中侍御史景城王晙复奏申理元忠，宋璟谓之曰：『魏公幸已得全，今子复冒威怒，得无狼狈乎！』晙曰：『魏公以忠获罪，晙为义所激，颠沛无恨。』璟叹曰：『璟不能申魏公之枉，深负朝廷矣！』

太子仆崔贞慎等八人饯元忠于郊外，[4]易之诈为告密人柴明状，称贞慎等与元忠谋反。太后使监察御史丹徒马怀素鞫之，谓怀素曰：『兹事皆实，略问，速以闻。』顷之，中使督趣者数四，曰：『反状皎然，何稽留如此？』怀素请柴明对质，太后曰：『我自不知柴明处，但据状鞫之，安用告者？』怀素据实以闻，太后怒曰：『卿欲纵反者邪？』对曰：『臣不敢纵反者。元忠以宰相谪官，贞慎等以亲故追送，若诬以为反，臣实不敢。昔栾布奏事彭越头下，[5]汉祖不以为罪，况元忠之刑未如彭越，而陛下欲诛其送者乎！且陛下操生杀之柄，欲加之罪，取决圣衷可矣；若命臣推鞫，臣敢不以实闻！』太后曰：『汝欲全不罪邪？』对曰：『臣智识愚浅，实不见其罪！』太后意解。贞慎等由是获免。

太后尝命朝贵宴集，易之兄弟皆位在宋璟上。易之素惮璟，欲悦其意，虚位揖之曰：『公方今第一人，何乃下坐？』璟曰：『才劣位卑，张卿以为第一，何也？』天官侍郎郑杲谓璟曰：『中丞奈何卿五郎？』璟曰：『以官言之，正当为卿。足下非张卿家奴，何郎之有！』[6]举坐悚惕。时自武三思以下，皆谨事易之兄弟，璟独不为之礼。诸张积怒，常欲中伤之；太后知之，故得免。

丁未，以左武卫大将军武攸宜充西京留守。

冬，十月，丙寅，车驾发西京；乙酉，至神都。

十一月，己丑，突厥遣使谢许昏。丙申，宴于宿羽台，⑦太子预焉。宫尹崔神庆上疏，以为：『今五品以上所以佩龟者，为别敕征召，恐有诈妄，内出龟合，然后应命。况太子国本，古来征召皆用玉契。此诚重慎之极也。昨缘突厥使见，太子应预朝参，直有文符下宫，曾不降敕处分，臣愚谓太子非朔望朝参、应别召者，望降墨敕及玉契。』⑧太后甚然之。

始安獠欧阳倩拥众数万，⑨攻陷州县，朝廷思得良吏以镇之。朱敬则称司封郎中裴怀古有文武才；⑩制以怀古为桂州都督，仍充招慰讨击使。怀古才及岭上，飞书示以祸福，倩等迎降，且言『为吏所侵逼，故举兵自救耳。』怀古轻骑赴之。左右曰：『夷獠无信，不可忽也。』怀古曰：『吾仗忠信，可通神明，而况人乎！』遂诣其营，贼众大喜，归所掠货财；诸洞酋长素持两端者，皆来款附，岭外悉定。

是岁，分命使者以六条察州县。

吐蕃南境诸部皆叛，赞普器弩悉弄自将击之，卒于军中。诸子争立，久之，国人立其子弃隶蹜赞为赞普，生七年矣。

【注释】

①恟恟：惊扰不安的样子。②朱雀门：谓宫城南门。大明殿：即含元殿。③高要：县名。今广东高要县（肇庆市）。④太子仆：职官名。掌太子车舆、乘骑、仪仗之政令，从四品下。⑤栾布：今河南商丘南人。与梁王彭越友善，任梁大夫。汉高祖杀彭越，他奉使还，哭祭彭越，为吏所捕。高祖释其罪，任为都尉。⑥足下二句：唐代，门生、家奴呼其主为郎。⑦宿羽台：在东都洛阳的宿羽宫中，唐高宗调露元年（公元679年）所建。⑧今五品七句：玉契，表示身份的玉制符信。注：『唐制，百官有随身鱼符，以明贵贱，应召命，左二，右一；左者进内，右者随身。皇太子以玉契召，勘合乃赴；亲王以金，庶宫以铜；皆题某位姓名，盛以鱼袋。天授二年改佩鱼为龟……唐以鲤鱼为符，遂为鱼符。至伪周，武姓也；玄武，龟也，因改鱼符为龟。』⑨始安：今广西桂州。⑩司封郎中：职官名。掌国之封爵。

四年 春，正月，丙申，册拜右武卫将军阿史那怀道为西突厥十姓可汗。怀道，斛瑟罗之子也。

丁未，毁三阳宫，以其材作兴泰宫于万安山。[1]二宫皆武三思建议为之，请太后每岁临幸，功费甚广，百姓苦之。左拾遗卢藏用上疏，以为：『左右近臣多以顺意为忠，朝廷具僚皆以犯忤为戒，[2]致陛下不知百姓失业，伤陛下之仁。陛下诚能以劳人为辞，发制罢之，则天下皆知陛下苦己而爱人也。』不从。藏用，承庆之弟孙也。[3]

壬子，以天官侍郎韦嗣立为凤阁侍郎、同平章事。

夏官侍郎、同凤阁鸾台三品李迥秀颇受贿赂，监察御史马怀素劾奏之。二月，癸亥，迥秀贬庐州刺史。

壬申，正谏大夫、同平章事朱敬则以老疾致仕。敬则为相，以用人为先，自余细务不之视。

太后尝与宰相议及刺史、县令。三月，己丑，李峤、唐休璟等奏：『窃见朝廷物议，远近人情，莫不重内官，轻外职，每除授牧伯，皆再三披诉。比来所遣外任，多是贬累之人，风俗不澄，寔由于此。[4]望于台、阁、寺、监妙简贤良，分典大州，共康庶绩。臣等请辍近侍，率先具僚。』太后命书名探之，得韦嗣立及御史大夫杨再思等二十人。癸巳，制各以本官检校刺史，嗣立为汴州刺史。其后政迹可称者，唯常州刺史薛谦光、徐州刺史司马锽而已。

丁亥，徙平恩王重福为谯王。

以夏官侍郎宗楚客同平章事。

凤阁侍郎、同凤阁鸾台三品苏味道谒归葬其父，制州县供葬事。味道因之侵毁乡人墓田，役使过度。监察御史萧至忠劾奏之，左迁坊州刺史。至忠，引之玄孙也。[5]

夏，四月，壬戌，同凤阁鸾台三品韦安石知纳言，李峤知内史事。

太后幸兴泰宫。

太后复税天下僧尼，作大像于白司马阪，[6]令春官尚书武攸宁检校，糜费巨亿。李峤上疏，以为：『天下编户，贫弱者众。造像钱见有一十七万余缗，若将散施，[7]人与一千，济得一十七万余户。拯饥寒之弊，省劳役之勤，顺诸佛慈悲之心，沾圣君亭育之意，[8]人神胥悦，功德无穷。方作过后因缘，岂如见在果报！』监察御史张廷珪上疏谏曰：『臣以时政论之，则宜先边境，蓄府库，养人力；以释教论之，[9]则宜救苦厄，灭诸相，[10]崇无为。伏愿陛下察臣之愚，行佛之意，务以理为上，不以人废言。』太后为之罢役，仍召见廷珪，深赏慰之。

凤阁侍郎、同凤阁鸾台三品姚元崇以母老固请归侍；六月，辛酉，以元崇行相王府长史，秩位并同三品。

乙丑，以天官侍郎崔玄暐同平章事。

召凤阁侍郎、同平章事、检校汴州刺史韦嗣立赴兴泰宫。

丁丑，以李峤同凤阁鸾台三品。峤自请解内史。

壬午，以相王府长史姚元崇兼知夏官尚书、同凤阁鸾台三品。

【注释】

①万安山：今河南宜阳县南。②具僚：备位充数的官员。③承庆：即唐大臣卢承庆。字子余，今属河北人。少袭父爵为范阳郡公。贞观初，为秦州参军。历考功员外郎、民部侍郎、检校兵部侍郎、雍州别驾、尚书左丞。高宗永徽时，坐事贬简州司马。后历洪州长史、汝州刺史。显庆中以度支尚书同中书门下三品，坐罪免。不久又任润州刺史、刑部尚书，以金紫光禄大夫致仕，卒赠幽州都督。④寔：同「实」。⑤引：即南朝陈官吏萧引。字叔休，今江苏镇江人。博学有器局，善属文。侯景之乱，与宗亲百余人奔岭南，依广州刺史欧阳頠。章昭平番禺，始北还。宣帝召问岭南事，引陈始末，帝悦，即拜金部侍郎。后官贞威将军、建康令，坐事免官，卒于家。⑥白司马阪：在洛阳北邙山上。⑦散施：散发。施，散布。⑧亭育：养成。⑨释教：意即释迦牟尼所创立的宗教。⑩相：佛教名词。对「性」而言。指一切事物的外现形象状态。如火的焰相、水的流相等。

秋，七月，丙戌，以神都副留守杨再思为内史。

再思为相，专以谄媚取容。司礼少卿张同休，易之兄也，尝召公卿宴集，酒酣，戏再思曰：「杨内史面似高丽。」再思欣然，即剪纸帖巾，反披紫袍，为高丽舞，①举坐大笑。时人或誉张昌宗之美曰：「六郎面似莲花。」再思独曰：「不然。」昌宗问其故，再思曰：「乃莲花似六郎耳。」

甲午，太后还宫。

乙未，司礼少卿张同休、汴州刺史张昌期、尚方少监张昌仪皆坐赃下狱，命左右台共鞫之；丙申，敕，张易之、张昌宗作威作福，亦命同鞫。辛丑，司刑正贾敬言奏：②「张昌宗强市人田，应征铜二十斤。」制「可」。乙巳，御史大夫李承嘉、中丞桓彦范奏：「张同休兄弟赃共四千余缗，张昌宗法应免官。」昌宗奏：「臣有功于国，所犯不至免官。』太后问诸宰相：『昌宗有功乎？』杨再思曰：『昌宗合神丹，圣躬服之有验，此莫大之功。』太后悦，赦昌宗罪，复其官。左补阙戴令言作《两脚狐赋》，以讥再思，再思出令言为长社令。

丙午，夏官侍郎、同平章事宗楚客有罪，左迁原州都督，充灵武道行军大总管。

癸丑，张同休贬岐山丞，张昌仪贬博望丞。

鸾台侍郎、知纳言事、同凤阁鸾台三品韦安石举奏张易之等罪，敕付安石及右庶子、同凤阁鸾台三品唐休璟鞫之，未竟而事变。八月，甲寅，以安石兼检校扬州长史，庚申，以休璟兼幽营都督、安东都护。休璟将行，密言于太子曰：『二张恃宠不臣，必将之乱。殿下宜备之。』

相王府长史兼知夏官尚书事、同凤阁鸾台三品姚元崇上言：『臣事相王，不宜典兵马。臣不敢爱死，恐不益于王。』辛酉，改春官尚书，余如故。元崇字元之，时突厥叱列元崇反，太后命元崇以字行。

突厥默啜既和亲，戊寅，始遣淮阳王武延秀还。

九月，壬子，以姚元之充灵武道行军大总管；辛酉，以元之为灵武道安抚大使。元之将行，太后令举外司堪为宰相者。[3]对曰：『张柬之沉厚有谋，能断大事，且其人已老。惟陛下急用之。』冬，十月，甲戌，以秋官侍郎张柬之同平章事，时年且八十矣。

乙亥，以韦嗣立检校魏州刺史，余如故。

壬午，以怀州长史河南房融同平章事。

太后命宰相各举堪为员外郎者，韦嗣立荐广武令岑羲曰：『但恨其伯父长倩为累。』[4]太后曰：『苟或有才，此何所累！』遂拜天官员外郎。由是诸缘坐者始得进用。

十一月，丁亥，以天官侍郎韦承庆为凤阁侍郎、同平章事。

癸卯，成均祭酒、同凤阁鸾台三品李峤罢为地官尚书。

十二月，甲寅，敕大足已来新置官并停。

丙辰，凤阁侍郎、同平章事韦嗣立罢为成均祭酒，检校魏州刺史如故；以兄承庆入相故也。

太后寝疾，居长生院，宰相不得见者累月，惟张易之、昌宗侍侧。疾少间，[5]崔玄暐奏言：『皇太子、相王，仁明孝友，足侍汤药。宫禁事重，伏愿不令异姓出入。』太后曰：『德卿厚意。』易之、昌宗见太后疾笃，恐祸及己，引用党援，阴为之备。屡有人为飞书及衢其事于通衢，⑥云『易之兄弟谋反』，太后皆不问。

辛未，许州人杨元嗣，告『昌宗尝召术士李弘泰占相，弘泰言昌宗有天子相，劝于定州造佛寺，则天下归心。』太后命韦承庆及司刑卿崔神庆、御史中丞宋璟鞫之。神庆，神基之弟也。承庆、神庆奏言：『昌宗款称「弘泰之语，寻已奏闻」，准法首原；⑦弘泰妖言，请收行法。』璟与大理丞封全祯奏：『昌宗庞荣如是，复召术士占相，志欲何求！弘泰称筮得纯《乾》，天子之卦。昌宗倘以弘泰为妖妄，何不即执送有司！虽云奏闻，终是包藏祸心，法当处斩破家。请收付狱，穷理其罪！』太后久之不应，璟又曰：『傥不即收系，恐其摇动众心。』太后曰：『卿且停推，俟更检详文状。』璟退，左拾遗江都李邕进曰：『向观宋璟所奏，志安社稷，非为身谋，愿陛下可其奏。』太后不听。寻敕璟扬州推按，又敕璟按幽州都督屈突仲翔赃污，又敕璟副李峤安抚陇、蜀；璟皆不肯行，奏曰：『故事，州县官有罪，品高则侍御史、卑则监察御史按之，中丞非军国大事，不当出使。今陇、蜀无变，不识陛下遣臣出外何也？臣皆不敢奉制。』

司刑少卿桓彦范上疏，以为：『昌宗无功荷宠，而包藏祸心，自招其咎，此乃皇天降怒；陛下不忍加诛，则违天不祥。且昌宗既云奏讫，则不当更与弘泰往还，使之求福禳灾，是则初无悔心；所以奏者，拟事发则云先已奏陈，不发则俟时为逆。此乃奸臣诡计，若云可舍，谁为可刑！况事已再发，陛下皆释不问，使昌宗益自负得计，天下亦以为天命不死，此乃陛下养成其乱也。苟逆臣不诛，社稷亡矣。请付鸾台凤阁三司，⑧考竟其罪！』疏奏，不报。

崔玄暐亦屡以为言，太后令法司议其罪。玄暐弟司刑少卿昇，处以大辟。宋璟复奏收昌宗下狱。太后曰：『昌宗已自奏闻。』对曰：『昌宗为飞书所逼，穷而自陈，势非得已。且谋反大逆，无容首免。若昌宗不伏大刑，安用国法！』太后温言解之。璟声色逾厉曰：『昌宗分外承恩，臣知言出祸从，然义激于心，虽死不恨！』太后不悦，杨再思恐其忤旨，遽宣敕令出，璟曰：『圣主在此，不烦宰相擅宣敕命！』太后乃可其奏，遣昌宗诣台，璟庭立而按之；事未毕，太后遣中使召昌宗特敕赦之。璟叹曰：『不先击小子脑裂，负此恨矣！』太后乃使昌宗诣璟谢，璟拒不见。

左台中丞桓彦范、右台中丞东光袁恕己共荐詹事司直阳峤为御史。⑨杨再思曰：『峤不乐搏击之任如何？』彦范曰：『为官择人，岂必待其所欲！所不欲者，尤须与之，所以长难进之风，抑躁求之路。』乃擢为右台侍御史。峤，休之之玄孙也。⑩

先是李峤、崔玄暐奏：『往属革命之时，人多逆节，遂致刻薄之吏，恣行酷法。其周兴等所劾破家者，并请雪免。』司刑少卿桓彦范又奏陈之，表疏前后十上，太后乃从之。

【注释】

①高丽舞：唐十部乐有高丽伎，舞者四人；杨再思盖仿之为此舞。②司刑正：官名，掌参议刑辟、详正科条之事，从五品。③外司：由宰辅主持的正规机构各官为外司官。④长倩：即唐朝大臣岑长倩。棘阳（今河南新野）人。永淳中，任兵部侍郎、同中书门下平章事。垂拱初任文昌右相，封邓国公。曾上疏请改皇嗣李旦姓武氏。加特进、辅国大将军。凤阁舍人张嘉福等请立武承嗣为太子，他不署名，奏请切责上书者。因此大忤诸武意，被斥令出兵吐蕃，中途召还，下狱被杀。⑤间：疾病稍愈。⑥飞书：匿名信。⑦准法首原：依法律将自首者宽免减罪。⑧三司：指尚书省刑部、大理寺、御史台。⑨詹事司直：官名。掌弹劾官僚，纠举职事。⑩休之：即北齐大臣阳休之（公元509～582年）。无终（今天津蓟县）人，字子烈。初仕北魏为州主簿。曾预修国史。东魏时，官至幽州大中正、侍中。入齐，为散骑常侍，修起居注，参定礼仪。天统初，为光禄卿，监国史，官至尚书右仆射，领中书监。周灭齐，召赴长安，位至上开府、和州刺史。

后梁纪

均王①

乾化三年 十二月，吴镇海节度使徐温、平卢节度使朱瑾帅诸将拒之，②遇于赵步。吴征兵未集，温以四千余人与景仁战，不胜而却。景仁引兵乘之，③将及于隘，吴吏士皆失色，左骁卫大将军宛丘陈绍援枪大呼曰：『诱敌太深，可以进矣！』跃马还斗，众随之，梁兵乃退。温拊其背曰：『非子之智勇，吾几困矣！』赐之金帛，绍悉以分麾下。吴兵既集，复战于霍丘，梁兵大败。王景仁以数骑殿，吴人不敢逼。④梁之渡淮而南也，表其可涉之津。⑤霍丘守将朱景浮表于木，徙置深渊。及梁兵败还，望表而涉，溺死者太半，吴人聚梁尸为京观于霍丘。⑥

庚午，晋王以周德威为卢龙节度使，兼侍中，以李嗣本为振武节度使。

燕主守光将奔沧州就刘守奇，涉寒，足肿，且迷失道。至燕乐之境，⑦昼匿坑谷，数日不食，令妻祝氏乞食于田父张师造家。师造怪妇人异状，诘知守光处，并其三子擒之。癸酉，晋王方宴，将吏擒守光适至，王语之曰：『主人何避客之深邪！』并仁恭置之馆舍，以器服膳饮赐之。王命掌书记王缄草露布，⑧缄不知故事，书之于布，遣人曳之。

晋王欲自云、代归，越王镕及王处直请由中山、真定趣井陉，⑨王从之。庚辰，晋王发幽州，刘仁恭父子皆荷校于露布之下。⑩守光父母唾其面而骂之曰：『逆贼，破我家至此！』守光俛首而已。⑪甲申，至定州，舍于关城。丙戌，晋王与王处直谒北岳庙。是日，至行唐，赵王镕迎谒于路。

【注释】

①均王：名朱友贞，后梁太祖朱温之子，同年二月在杨师厚的帮助下，推翻杀父篡位的兄长郢王朱友珪，遂即帝位，史称末帝。因其仍袭用太祖年号，故称均王。②帅：通『率』。③乘：乘势、追逐。④吴人不敢逼：王景仁本吴之名将，后投于梁，吴人知其武猛，故不敢逼。⑤表：标记、标识。津：渡口。⑥京观：古代战争，胜者为了炫熠武功，收集敌人尸体，封土成高冢，称作京观。霍丘：县名，今安徽霍丘。⑦燕乐：县名，今北京密云。⑧露布：是一种不缄封的文书，多用于捷报、檄文等，后演化为一种专门文体。故事：典故、由来。⑨井陉：地名，今河北井陉。⑩荷校：以枷加颈。校为古代刑具枷械之统称。⑪俛首：低头。

四年 春，正月，戊戌朔，赵王镕诣晋王行帐上寿置酒。镕愿识刘太师面，①晋王命吏脱刘仁恭及守光械，引就席同宴。镕答其拜，又以衣服、鞍马、酒馔赠之。己亥，晋王与镕畋于行唐之西，②镕送至境上而别。

丙子，蜀主命太子判六军，③开崇勋府，置僚属，后更谓之天策府。

壬子，晋王以练纤刘仁恭父子，凯歌入于晋阳。④丙辰，献于太庙。⑤自临斩刘守光。守光呼曰：『守光死不恨，然教守光不降者，李小喜也！』王召小喜证之，小喜瞋目叱守光曰：⑥『汝内乱禽兽行，亦我教邪！』王怒其无礼，先斩之。守光曰：『守光善骑射，王欲成霸业，何不留之使自效！』其二妻李氏、祝氏让之曰：『皇帝，事已如此，生亦何益！妾请先死。』即伸颈就戮。守光至死号泣哀祈不已。王命节度副使卢汝弼等械仁恭至代州，刺其心血以祭先王墓，⑦然后斩之。

或说赵王镕曰：『大王所称尚书令，乃梁官也，大王既与梁为仇，不当称其官。且自太宗践祚已来，⑧无敢当其名者。今晋王为盟主，勋高位卑，不若以尚书令让之。』镕曰：『善！』乃与王处直各遣使推晋王为尚书令，晋王三让，然后受之，始开府置行台如太宗故事。

高季昌以蜀夔、万、忠、涪四州旧隶荆南，⑨兴兵取之，先以水军攻夔州。时镇江节度使兼侍中嘉王宗寿镇忠州，夔州刺史王成先请甲，宗寿但以白布袍给之。成先帅之逆战，季昌纵火船焚蜀浮桥，招讨副使张武举铁絙拒之，⑩船不得进。会风反，荆南兵焚溺死者甚众。季昌乘战舰，蒙以牛革，飞石中之，折其尾，季昌易小舟以遁。荆南兵大败，俘斩五千级。成先密遣人奏宗寿不给甲之状，宗寿获之，召成先，斩之。

帝以岐人数为寇，二月，甲戌，徙感化节度使康怀英为永平节度使，镇长安。怀英即怀贞也，避帝名改焉。

夏，四月，丙子，蜀主徙镇江军治夔州。

丁丑，司空兼门下侍郎、同平章事于兢坐挟私迁补军校，罢为工部侍郎，再贬莱州司马。⑪

吴袁州刺史刘崇景叛，附于楚。崇景，威之子也。楚将许贞将万人援之，吴都指挥使柴再用、米志诚帅诸将讨之。

楚岳州刺史许德勋将水军巡边，夜分，⑫南风暴起，都指挥使王环乘风趣黄州，以绳梯登城，径趣州署，执吴刺史马邺，大掠而还。德勋曰：『鄂州将邀我，宜备之。』环曰：『我军入黄州，鄂人不知，奄过其城，彼自救不暇，安敢邀我！』乃展旗鸣鼓而行，鄂人不敢逼。

五月，朔方节度使兼中书令颍川王韩逊卒，军中推其子洙为留后。⑬癸丑，诏以洙为节度使。

吴柴再用等与刘崇景、许贞战于万胜冈，大破之，崇景、贞弃袁州遁去。

晋王既克幽州，乃谋入寇。秋，七月，会赵王镕及周德威于赵州，南寇邢州，李嗣昭引昭义兵会之。杨师厚引兵救邢州，军于漳水之东。晋军至张公桥，裨将曹进金来奔。⑭晋军退，诸镇兵皆引归。八月，晋王还晋阳。

蜀武泰节度使王宗训镇黔州，贪暴不法，擅还成都。庚辰，见蜀主，多所邀求，⑮言辞狂悖。蜀主怒，命卫士殴杀之。戊子，以内枢密使潘峭为武泰节度使、同平章事，翰林学士承旨毛文锡为礼部尚书，判枢密院。

峡上有堰，或劝蜀主乘夏秋江涨，决之以灌江陵。⑯毛文锡谏曰：『高季昌不服，其民何罪！陛下方以德怀天下，忍以邻国之民为鱼鳖食乎！』蜀主乃止。

帝以福王友璋为武宁节度使。前节度使王殷，友珪所置也，惧，不受代，叛附于吴。九月，命淮南西北面招讨应接使牛存节及开封尹刘鄩将兵讨之。冬，十月，存节等军于宿州。⑰吴平卢节度使朱瑾等将兵救徐州，存节等逆击，破之，吴兵引归。

十一月，乙巳，南诏寇黎州，蜀主以夔王宗范、兼中书令宗播、嘉王宗寿为三招讨以击之。丙辰，败之于潘仓嶂，斩其酋长赵嵯政等。壬戌，又败之于山口城。十二月，乙亥，破其武侯岭十三寨。辛巳，又败之于大度河，俘斩数万级，蛮争走度水，桥绝，溺死者数万人。宗范等将作浮梁济大渡河攻之，蜀主召之令还。

癸未，蜀兴州刺史兼北路制置指挥使王宗铎攻岐阶州及固镇，破细砂等十一寨，斩首四千级。甲申，指挥使王宗俨破岐长城关等四寨，斩首二千级。

岐静难节度使李继徽为其子彦鲁所毒而死，彦鲁自为留后。

【注释】

①刘太师：即刘仁恭。先前刘守光曾囚禁其父仁恭，上表请求梁国许其父以太师致仕，故王镕称之。②行唐：县名，今河北行唐。③蜀主：即前蜀皇帝王建。太子：王建幼子王衍。判：除指中枢官兼任地方官外，通常指以高官兼低职者。六军：泛称朝廷的全部军队。④练：白色的熟绢。痁：用绳捆绑。凯歌：战争胜利时所唱之歌。晋阳：在今山西太原西南。⑤太庙：天子、皇帝的祖庙。⑥瞋目：张目、怒目。⑦先王：指晋王李存勖之父李克用。⑧太宗：

指唐太宗李世民，曾自尚书令即皇帝位。⑨夔、万、忠、涪四州：夔州今四川奉节。万州今四川万县。忠州今四川忠县。涪州今四川涪陵。⑩緪：两头连贯的粗索。⑪莱州：今山东掖县。⑫夜分：即夜半。黄州：今湖北黄冈。⑬留后：官名。节度使之子侄或亲信将吏代行职务者，称节度留后，亦有军士或叛将自称留后者，这些事后多由朝廷补行任命为正式的节度使。⑭裨将：副将、偏将。⑮邀求：同要求，有要挟之意。⑯江陵：今湖北江陵。⑰军于宿州：宿州在徐州之南，不攻取吴徐州而屯兵宿州，是为占领冲要之地，以绝吴淮南与徐州之援。

贞明元年① 春，正月，己亥，蜀主御得贤门受蛮俘，大赦。初，黎、雅蛮酋刘昌嗣、郝玄鉴、杨师泰，虽内属于唐，受爵赏，号㚋金堡三王，②而潜通南诏，为之诇导。③镇蜀者多文臣，虽知其情，不敢诘。于是，蜀主数以漏泄军谋，④斩于成都市，毁㚋金堡。自是南诏不复敢犯边。

二月，牛存节等拔彭城，王殷举族自焚。

三月，丁卯，以右仆射兼门下侍郎、同平章事赵光逢为太子太保，致仕。⑤

天雄节度使兼中书令邺王杨师厚卒。师厚晚年矜功恃众，擅割财赋，选军中骁勇，置银枪效节都数千人，⑥给赐优厚，欲以复故时牙兵之盛。⑦帝虽外加尊礼，内实忌之，及卒，私于宫中受贺。租庸使赵岩、判官邵赞言于帝曰：⑧『魏博为唐腹心之蠹，⑨二百余年不能除去者，以其地广兵强之故也。罗绍威、杨师厚据之，朝廷皆不能制。陛下不乘此时为之计，所谓「弹疽不严，必将复聚，」⑩安知来者不为师厚乎！宜分六州为两镇以弱其权。』帝以为然，以平卢节度使贺德伦为天雄节度使，置昭德军于相州，割澶、卫二州隶焉，以宣徽使张筠为昭德节度使，仍分魏州将士府库之半于相州。筠，海州人也。二人既赴镇，朝廷恐魏人不服，遣开封尹刘鄩将兵六万自白马济河，以讨镇、定为名，实张形势以胁之。

魏兵皆父子相承数百年，族姻磐结，不愿分徙。德伦屡趣之，⑪应行者皆嗟怨，连营聚哭。己丑，刘鄩屯南乐，⑫先遣澶州刺史王彦章将龙骧五百骑入魏州，屯金波亭。魏兵相与谋曰：『朝廷忌吾军府强盛，欲设策使之残破耳。吾六州历代藩镇，兵未尝远出河门，⑬一旦骨肉流离，生不如死。』是夕，军乱，纵火大掠，围金波亭，王彦章斩关而走。诘旦，⑭乱兵入牙城，⑮杀贺德伦之亲兵五百人，劫德伦置楼上。有效节军校张彦者，自帅其党，拔白刃，止剽掠。

夏，四月，帝遣供奉官扈异抚谕魏军，许张彦以刺史。彦请复相、澶、卫三州如旧制。异还，言张彦易与，但遣刘鄩加兵，立当传首。帝由是不许，但以优诏答之。使者再返，彦裂诏书抵于地，戟手南向诟朝廷，⑯谓德伦曰：『天子愚暗，听人穿鼻。⑰今我兵甲虽强，苟无处援，不能独立，宜投款于晋。』遂逼德伦以书求援于晋。

李继徽假子保衡杀李彦鲁，自称静难留后，举邠、宁二州来附。诏以保衡为感化节度使，以河阳留后霍彦威为静难节度使。

吴徐温以其子牙内都指挥使知训为淮南行军副使、内外马步诸军副使。

【注释】

①贞明元年（公元627年）：为均王采用的第一个年号，即公元915年，是年十一月始改元贞明。②黎、雅蛮：即黎、雅二州之蛮。黎州，今四川汉源。雅州，今四川雅安。錭：多、大的意思。③诇：告密、刺探。④数：责备、数说。⑤致仕：交还官职，即辞官归居，一般致仕必有恩礼。⑥银枪效节都：禁卫军名，又称银枪效节、银枪，后代又有金枪之称，均披甲执锐。效节，效忠之意。⑦牙兵：中军之兵，常指嫡系武装。⑧租庸使、判官：租庸使为唐玄宗时设置，掌催征各地租税，多由善于聚敛的官员充任。五代时后梁、后唐改为专掌搜聚财物的中枢财政长官，后唐明宗时废去。判官：即租庸判官，为租庸使的属官。⑨魏博：唐代方镇名，今河北大名东北。⑩弹疽不严，必将复聚：比喻办事要狠心、果断，不留后患。⑪趣：催促。⑬南乐：地名，即魏州昌乐县，后唐避讳改为南乐，踞魏州城南四十余里。⑬六州：即天雄军所辖六州，它们是魏州、相州、博州、卫州、贝州和澶州，为唐代以来的大藩镇。河门：魏州城外有河门旧堤，其周长约八十里。⑭诘旦：次日天明。⑮牙城：主将所居之城，一般指有节度使住宅的第三重城。⑯戟手：即用食指和中指指点，其形如戟，故名。诟：辱骂。⑰穿鼻：暗喻为牛，被人穿鼻控制。

晋王得贺德伦书，命马步副总管李存审自赵州引兵进据临清。①五月，存审至临清，刘鄩屯洹水。②贺德伦复遣使告急于晋，晋王引大军自黄泽岭东下，与存审会于临清，犹疑魏人之诈，按兵不进。德伦遣判官司空颋犒军，③密言于晋王曰：『除乱当除根。』因言张彦凶狡之状，劝晋王先除之，则无虞矣。王默然。颋，贝州人也。

晋王进屯永济，④张彦选银枪效节五百人，皆执兵自卫，诣永济谒见，王登驿楼语之曰：『汝陵胁主帅，残虐百姓，数日中迎马诉冤者百余辈。我今举兵而来，以安百姓，非贪人土地。汝虽有功于我，不得不诛以谢魏人。』⑤遂斩彦及其党七人，余众股栗。王召谕之曰：『罪止八人，余无所问。自今当竭力为吾爪牙。』[6]众皆拜伏，呼万岁。明日，王缓带轻裘而进，令张彦之卒擐甲执兵，[7]翼马而从，仍以为帐前银枪都。众心由是大服。

刘鄩闻晋军至，选兵万余人，自洹水趣魏县。[8]晋王留李存审屯临清，遣史建瑭屯魏县以拒之，王自引亲军至魏县，与鄩夹河为营。[9]

帝闻魏博叛，大悔惧，遣天平节度使牛存节将兵屯杨刘，为滑声援。会存节病卒，以匡国节度使王檀代之。

岐王遣彰义节度使刘知俊围邠州，霍彦威固守拒之。

六月，庚寅朔，贺德伦帅将吏请晋王入府城慰劳。既入，德伦上印节，[10]请王兼领天雄军，王固辞，曰：『比闻汴寇[11]侵逼贵道，[12]故亲董师徒，远来相救。又闻城中新罹涂炭，故暂入存抚。明公不垂鉴信，乃以印节见推，诚非素怀。』德伦再拜曰：『今寇敌密迩，军城新有大变，人心未安。德伦腹心纪纲为张彦所杀殆尽，形孤势弱，安能统众！一旦生事，恐负大恩。』王乃受之。德伦帅将吏拜贺，王承制以德伦为大同节度使，[13]遣之官。德伦至晋阳，张承业留之。

时银枪效节都在魏城犹骄横，晋王下令：『自今有朋党流言及暴掠百姓者，杀无赦！』以沁州刺史李存进为天雄都巡按使。有讹言摇众及强取人一钱已上者，存进皆枭首磔尸于市。[14]旬日，城中肃然，无敢喧哗者。存进本姓孙，名重进，振武人也。

晋王多出征讨，天雄军府事皆委判官司空颋决之。颋恃才挟势，睚眦必报，[15]纳贿骄侈。颋有从子在河南，颋密使人召之。都虞候张裕执其使者以白王，王责颋曰：『自吾得魏博，庶事悉以委公，公何得见欺如是！独不可先相示邪？』揖令归第。[16]是日，族诛于军门，以判官王正言代之。正言，郓州人也。

魏州孔目吏孔谦，勤敏多计数，善治簿书，[17]晋王以为支度务使。谦能曲事权要，由是宠任弥固。魏州新乱之后，府库空竭，民间疲弊，而聚三镇之兵，[18]战于河上，殆将十年，供亿军须，未尝有阙，谦之力也。然急征重敛，使六州愁苦，归怨于王，亦其所为也。

张彦之以魏博归晋也，贝州刺史张源德不从，北结沧德，南连刘鄩以拒晋，数断镇、定粮道。或说晋王：『请先发兵万人取源德，然后东兼沧景，则海隅之地皆为我有。』晋王曰：『不然。贝州城坚兵多，未易猝攻。德州隶于沧州而无备，若得而戍之，则沧、贝不得往来，二垒既孤，[19]然后可取。』乃遣骑兵五百，昼夜兼行，袭德州。刺史不意晋兵至，逾城走，遂克之，以辽州守捉将马通为刺史。

【注释】

①临清：县名，今河北临西。②洹水：即今河南北部卫河支流安阳河。③颋：字意为头挺直的样子。④永济：县名，今山东冠县北。⑤以谢魏人：以此对魏州人有个交代。⑥爪牙：爪和牙，是鸟兽赖以攻击和防卫的工具，引申为党羽、得力助手。⑦擐甲执兵：穿着甲胄，拿着武器。⑧魏县：今河北大名西。⑨夹河为营：两军分别以漳河两岸为营。⑩印节：印为天雄军府印，节为天雄军旌节。⑪汴寇：指梁朝军队，因梁的东都为汴梁，故称。⑫贵道：此处用旧称，唐代时魏博六州属河北道。⑬承制：此处指晋王代行唐朝天子的命令。⑭磔尸：将犯人分解尸体后示众。⑮睚眦必报：此喻小怨小忿都不会被忘记，必得报复。⑯揖：拱手为礼，古时常用于宾主间。⑰簿书：记录财物出入的簿籍、官署文书。⑱三镇：并州、魏州、镇州。⑲二垒：即沧州和贝州，两州之间有德州，德州东北距沧州西南距贝州各两百余里。

秋，七月，晋人夜袭澶州，陷之。刺史王彦章在刘鄩营，晋人获其妻子，待之甚厚，遣间使诱彦章，[1]彦章斩其使，晋人尽灭其家。晋王以魏州将李岩为澶州刺史。

晋王劳军于魏县，因帅百余骑循河而上，觇刘鄩营。[2]会天阴晦，鄩伏兵五千于河曲丛林间，[3]鼓噪而出，围王数重。王跃马大呼，帅骑驰突，所向披靡。裨将夏鲁奇等操短兵力战，自午至申乃得出，[4]亡其七骑，鲁奇手杀百余人，伤夷遍体，会李存审救兵至，乃得免。王顾谓从骑曰：『几为虏嗤。』皆曰：『适足使敌人见大王之英武耳。』鲁奇，青州人也，王以是益爱之，赐姓名曰李绍奇。

刘鄩以晋兵尽在魏州，晋阳必虚，欲以奇计袭取之，乃潜引兵自黄泽西去。晋人怪鄩军数日不出，寂无声迹，遣骑觇之，城中无烟火，但时见旗帜循堞往来。[5]晋王曰：『吾闻刘鄩用兵，一步百计，此必诈也。』更使觇之，乃缚刍为人，执旗乘驴在城上耳。得城中老弱者诘之，云军去已二日矣。晋王曰：『刘鄩长于袭人，短于决战，计彼行才及山下。』亟发骑兵追之。会阴雨积旬，黄泽道险，堇泥深尺余，[6]士卒援藤葛而进，皆腹疾足肿，或坠崖谷死者什二三。晋将李嗣恩倍道先入晋阳，城中知之，勒兵为备。鄩至乐平，[7]糗粮且尽，又闻晋有备，追兵在后，众惧，将溃。鄩谕之曰：『今去家千里，深入敌境，腹背有兵，山谷高深，如坠井中，去将何之！惟力战庶几可免，不则以死报君亲耳。』众泣而止。周德威闻鄩西上，自幽州引千骑救晋阳，至土门，鄩已整众下山，自邢州陈宋口逾漳水而东，屯于宗城。鄩军往还，马死殆半。

时晋军乏食，鄩知临清有蓄积，欲据之以绝晋粮道。德威急追鄩，再宿，至南宫，遣骑擒其斥候者数十人，⑧断腕而纵之，使言曰：『周侍中已据临清矣！』鄩军大骇。诘朝，⑨德威略鄩营而过，入临清，鄩引军趋贝州。时晋王出师屯博州，刘鄩军堂邑，周德威攻之，不克。翌日，鄩军于莘县，晋军踵之，鄩治莘城，堑而守之，自莘及河筑甬道以通馈饷。⑩晋王营于莘西三十里，烟火相望，一日数战。

晋王爱元行钦骁健，从代州刺史李嗣源求之，嗣源不得已献之，以为散员都部署，⑪赐姓名曰李绍荣。绍荣尝力战深入，剑中其面，未解，高行周救之得免。王复欲求行周，重于发言，密使人以官禄啖之。行周辞曰：『代州养壮士，⑫亦为大王耳，行周事代州，亦犹事大王也。代州脱行周兄弟于死，行周不忍负之。』乃止。

绛州刺史尹皓攻晋之隰州，⑬八月，又攻慈州，皆不克。王檀与昭义留后贺瑰攻澶州，拔之，执李岩，送东都。帝以杨师厚故将杨延直为澶州刺史，使将兵万人助刘鄩，且招诱魏人。

晋王遣李存审将兵五千击贝州。张源德有卒三千，每夕分出剽掠，州民苦之，请堑其城以安耕耘。存审乃发八县丁夫堑而围之。⑭

刘鄩在莘久，馈运不给，晋人数抵其寨下挑战，鄩不出。晋人乃攻绝其甬道，以千余斧斩寨木，梁人惊忧而出，因俘获而还。

【注释】

①间使：负有伺隙行事使命的使者。②觇：窥看。③河曲：漳河的转弯处。④自午至申：从午时至申时。午时即十一时至午后一时，申时即午后三时至五时。⑤堞：城上如齿状的矮墙。⑥堇：黏土。⑦乐平：地名，今山西昔阳。⑧斥候：检行险阻、侦察敌情的士兵。⑨诘朝：次日清晨。莘县：今山东莘县。⑩甬道：两边有墙的驰道或通道。⑪散员都部署：晋王因人设官，是一种地位很高、平时无实际责任的武职，不久即改称行军总帅。⑫代州：这里代指代州刺史李嗣源。⑬隰州：今山西隰县。⑭八县：即贝州所辖清河、清阳、武城、经城、临清、漳南、历亭、夏津八县。

帝以诏书让鄩老师费粮，①失亡多，不速战。鄩奏称：『臣比欲以奇兵捣其腹心，②还取镇、定，期以旬时再清河朔。③无何天未厌乱，淫雨积旬，粮竭士病。又欲据临清断其馈饷，而周杨五奄至，④驰突如神。臣今退保莘县，享士训兵以俟进取。观其兵数甚多，便习骑射，诚为勍敌，未易轻也。苟有隙可乘，臣岂敢偷安养寇！』帝复问鄩决胜之策，鄩曰：『臣今无策，惟愿人给十斛粮，⑤贼可破矣。』帝怒，责鄩曰：『将军蓄米，欲破贼邪，欲疗饥邪？』乃遣中使往督战。⑥

鄩集诸将问曰：『主上深居禁中，不知军旅，徒与少年新进辈谋之。夫兵在临机制变，不可预度。今敌尚强，与战必不利，奈何？』诸将皆曰：『胜负须一决，旷日何待！』鄩默然，不悦。退谓所亲曰：『主暗臣谀，将骄卒惰，吾未知死所矣！』他日，复集诸将于军门，人置河水一器于前，令饮之，众莫之测。鄩谕之曰：『一器犹难，滔滔之河，可胜尽乎！』众失色。

后数日，鄩将万余人薄镇、定营，镇、定人惊扰。晋李存审以骑兵二千横击之，李建及以银枪千人助之，鄩大败，奔还。晋人逐之，及寨下，俘斩千计。

刘岩逆妇于楚，楚王殷遣永顺节度使存送之。

乙未，蜀主以兼中书令王宗绾为北路行营都制置使，兼中书令王宗播为招讨使，攻秦州；兼中书令王宗瑶为东北面招讨使，同平章事王宗翰为副使，攻凤州。

庚戌，吴以镇海节度使徐温为管内水陆马步诸军都指挥使、两浙都招讨使、守侍中、⑦齐国公，镇润州，以升、润、常、宣、歙、池六州为巡属，⑧军国庶务参决如故；留徐知训居广陵秉政。

初，帝为均王，娶河阳节度使张归霸女为妃，即位，欲立为后。后以帝未南郊，⑨固辞。九月，壬午，妃疾甚，册为德妃，是夕，卒。

康王友敬，目重瞳子，自谓当为天子，遂谋作乱。冬，十月，辛亥夜，德妃将出葬，友敬使腹心数人匿于寝殿。帝觉之，跣足逾垣而出，召宿卫兵索殿中，得而手刃之。壬子，捕友敬，诛之。

帝由是疏忌宗室，专任赵岩及德妃兄弟汉鼎、汉杰、从兄弟汉伦、汉融，咸居近职，参预谋议，每出兵必使之监护。岩等依势弄权，卖官鬻狱，⑩离间旧将相，敬翔、李振虽为执政，所言多不用。振每称疾不预事，以避赵、张之族，政事日紊，以至于亡。

刘郡遣卒诈降于晋，谋赂膳夫以毒晋王。事泄，晋王杀之，并其党五人。

十一月，己未夜，蜀宫火。自得成都以来，宝货贮于百尺楼，悉为煨烬。⑪诸军都指挥使兼中书令宗侃等帅卫兵欲入救火，蜀主闭门不内。⑫庚申旦，火犹未熄，蜀主出义兴门见群臣，命有司聚太庙神主，分巡都城，言毕，复入宫闭门。将相皆献帷幕饮食。

壬戌，蜀大赦。

乙丑，改元。⑬

己巳，蜀王宗翰引兵出青泥岭，克固镇，与秦州将郭守谦战于泥阳川。蜀兵败，退保鹿台山。辛未，王宗绾等败秦州兵于金沙谷，擒其将李彦巢等，乘胜趣秦州。兴州刺史王宗铎克阶州，降其刺史李彦安。甲戌，王宗绾克成州，擒其刺史李彦德。蜀军至上染坊，秦州节度使李继崇遣其子彦秀奉牌印迎降。宗绛入秦州，表排陈使王宗俦为留后。⑭刘知俊攻霍彦威于邠州，半岁不克，闻秦州降蜀，知俊妻子皆迁成都。知俊解围还凤翔，终惧及祸，夜帅亲兵七十人，斩关而出，庚辰，奔于蜀军。王宗绾自河池、两当进兵，会王宗瑶攻凤州，癸未，克之。⑮

岐义胜节度使、同平章事李彦韬知岐王衰弱，十二月，举耀、鼎二州来降。⑯彦韬即温韬也。乙未，诏改耀州为崇州，鼎州为裕州，义胜军为静胜军，复彦韬姓温氏，名昭图，官任如故。

丁未，蜀大赦；改明年元曰通正。⑰置武兴军于凤州，割文、兴二州隶之，⑱以前利州团练使王宗鲁为节度使。

是岁，清海、建武节度使兼中书令刘岩，以吴越王镠为国王而己独为南平王，表求封南越王及加都统，帝不许。岩谓僚属曰：『今中国纷纷，孰为天子！安能梯航万里，⑲远事伪庭乎！』自是贡使遂绝。

【注释】

①老师：老，为历时长久之意。意即使军队长期疲于征战。②捣其腹心：指不久前奔袭晋国首府晋阳的军事行动。③河朔：指黄河以北地区。④周杨五：即周德威，其小字杨五。呼人小字有蔑视之意。⑤十斛粮：斛，古代量器名，也是容量单位，十斗为一斛。十斛粮数量较大，表明刘郡欲以持久战战胜晋国。⑥中使：帝王宫廷中派出的使者，多由宦官充任。⑦守：指官阶比所任实职低者，含有试用的意思。⑧六州：升州今江苏南京、润州今江苏镇江、常

州今江苏常州、宣州今安徽宣州、歙州今安徽歙县、池州今安徽贵池。⑨南郊：古人认为帝王只有在京城的南郊祭祀天帝之后，才能代天行事，否则名不正言不顺。⑩鬻狱：因讼得贿。⑪煨烬：东西燃烧后剩下的残余。⑫闭门不内：蜀主有猜防之意，担心有人乘机叛乱。⑬改元：即梁朝改元，改乾化五年为贞明元年。⑭排陈使：即排阵使。⑮克之：至此蜀国遂有秦州（今甘肃秦安西北）、凤州（今陕西凤县东北）、成州（今甘肃成县）三州之地。⑯耀、鼎二州：耀州今陕西耀县、鼎州今陕西富平东北。⑰改明年元：是年为前蜀永平五年。⑱文、兴二州：文州今甘肃文县、兴州今陕西略阳。⑲梯航：形容跋山涉水，历尽艰辛。

二年 春，正月，宣武节度使、守中书令、广德靖王全昱卒。①

帝闻前河南府参军李愚学行，召为左拾遗，充崇政院直学士。衡王友谅贵重，李振等见，皆拜②之愚独长揖，③帝闻而让之，曰：『衡王于朕，兄也，朕犹拜之，卿长揖，可乎？』对曰：『陛下以家人礼见衡王，拜之宜也。振等陛下家臣。臣于王无素，不敢妄有所屈。』久之，竟以抗直罢为邓州观察判官。④

蜀主以李继崇为武泰节度使、兼中书令、陇西王。

二月，辛丑夜，吴宿卫将马谦、李球劫吴王登楼，发库兵讨徐知训。知训将出走，严可求曰：『军城有变，公先弃众自去，众将何依！』知训乃止。众犹疑惧，可求阖户而寝，鼾息闻于外，府中稍安。壬寅，谦等陈于天兴门外，⑤诸道副都统朱瑾自润州至，视之，曰：『不足畏也。』返顾外众，举手大呼，乱兵皆溃，擒谦、球，斩之。

帝屡趣刘鄩战，鄩闭壁不出。晋王乃留副总管李存审守营，自劳军于贝州，⑥声言归晋阳。鄩闻之，奏请袭魏州。帝报曰：『今扫境内以属将军，社稷存亡，系兹一举，将军勉之！』鄩令澶州刺史杨延直引兵万人会于魏州，延直夜半至城南，城中选壮士五百潜出击之，延直不为备，溃乱而走。诘旦，鄩自莘县悉众至城东，与延直余众合，李存审引营中兵踵其后，李嗣源以城中兵出战，晋王亦自贝州至，与嗣源当其前。鄩见之，惊曰：『晋王邪！』引兵稍却，晋王蹑之，至故元城西，⑦与李存审遇。晋王为方陈于西北，存审为方陈于东南，鄩为圆陈于其中间，四面受敌。合战良久，梁兵大败，鄩引数十骑突围走。梁步卒凡七万，晋兵环而击之，⑧败卒登木，木枝为之折，追至河上，杀溺殆尽。鄩收散卒自黎阳渡河，保滑州。

匡国节度使王檀密疏请发关西兵袭晋阳，[9]帝从之，发河中、陕、同华诸镇兵合三万，出阴地关，奄至晋阳城下，昼夜急攻。城中无备，发诸司丁匠及驱市人乘城拒守，城几陷者数四，张承业大惧。代北故将安金全退居太原，[10]往见承业曰：『晋阳根本之地，若失之，则大事去矣。仆虽老病，忧兼家国，请以库甲见授，为公击之。』承业即与之。金全帅其子弟及退将之家得数百人，夜出北门，击梁兵于羊马城内。[11]梁兵大惊，引却。昭义节度使李嗣昭闻晋阳有寇，遣牙将石君立将五百骑救之。君立朝发上党，夕至晋阳。梁兵扼汾河桥，君立击破之，径至城下大呼曰：『昭义侍中大军至矣。』[12]遂入城。夜，与安金全等分出诸门击梁兵，梁兵死伤什二三。诘朝，王檀引兵大掠而还。晋王性矜伐，[13]以策非己出，故金全等赏皆不行。

梁兵之在晋阳城下也，大同节度使贺德伦部兵多逃入梁军，张承业恐其为变，收德伦，斩之。

帝闻刘鄩败，又闻王檀无功，叹曰：『吾事去矣！』

三月，乙卯朔，晋王攻卫州，壬戌，刺史米昭降之。又攻惠州，刺史靳绍走，擒斩之，复以惠州为磁州。[14]晋王还魏州。

上屡召刘鄩不至，[15]己巳，即以鄩为宣义节度使，使将兵屯黎阳。

夏，四月，晋人拔洺州，以魏州都巡检使袁建丰为洺州刺史。

【注释】

①全昱：即朱全昱，末帝友贞的伯父。②拜：下跪叩头。③揖：一般的拱手礼，长揖是很郑重的拱手礼。④抗直：坦率耿直。⑤天兴门：扬州牙城南门。⑥劳军于贝州：慰问围困贝州张源德的军队。⑦故元城：即唐代的元城，其址在魏州郭下。⑧环而击之：因梁军为圆阵，在晋军的两个方阵之间，故环而击之。⑨关西：今河南灵宝东北以西地区。⑩代北故将：代北，唐代方镇名，今山西代县。早年安金全跟随晋王李克用起兵代北，故称代北故将。⑪羊马城：本为敌兵进逼时，城外居民撤退暂时安顿羊马之所，故名，后专指城外加筑的类似城圈的工事。⑫昭义侍中：李嗣昭镇昭义军府，又官侍中，故称之。⑬矜伐：自负贤能，夸耀自己的功劳和才干。⑭磁州：今河北磁县。

⑮刘鄩不至：刘鄩兵败丧师，惧罪不敢入朝。

刘鄩既败，河南大恐，鄩复不应召，由是将卒皆摇心。帝遣捉生都指挥使李霸帅所部千人戍杨刘，癸卯，出宋门，[1]其夕，复自水门[2]入，大噪。纵火剽掠，攻建国门，[3]帝登楼拒战。龙骧四军都指挥使杜晏球以五百骑屯毬场，[4]贼以油沃幕，长木揭之，欲焚楼，势甚危。晏球于门隙窥之，见贼无甲胄，乃出骑击之，决力死战，俄而贼溃走。帝见骑兵击贼，呼曰：『非吾龙骧之士乎，谁为乱首？』晏球曰：『乱者惟李霸一都，⑤余军不动。陛下但帅控鹤守宫城，⑥迟明，臣必破之。』既而晏球讨乱者，阖营皆族之，以功除单州刺史。⑦

五月，吴越王異遣浙西安抚判官皮光业自建、汀、虔、郴、潭、岳、荆南道入贡。⑧光业，日休之子也。⑨

六月，晋人攻邢州，保义节度使阎宝拒守。帝遣捉生都指挥使张温将兵五百救之，温以其众降晋。

秋，七月，甲寅朔，晋王至魏州。

上嘉吴越王異贡献之勤，壬戌，加異诸道兵马元帅。朝议多言異之入贡，利于市易，不宜过以名器假之。翰林学士窦梦征执麻以泣，⑩坐贬蓬莱尉。梦征，棣州人也。

甲子，吴润州牙将周郊作乱，入府，杀大将秦师权等，大将陈祐等讨斩之。

八月，丁酉，以太子太保致仕赵光逢为司空兼门下侍郎、同平章事。

丙午，蜀主以王宗绾为东北面都招讨，集王宗翰、嘉王宗寿为第一、第二招讨，将兵十万出凤州；以王宗播为西北面都招讨，武信军节度使刘知俊、天雄节度使王宗俦、⑪匡国军使唐文裔为第一、第二、第三招讨，将兵十二万出秦州，以伐岐。

晋王自将攻邢州，昭德节度使张筠弃相州走。晋人复以相州隶天雄军，⑫以李嗣源为刺史。晋王遣人告阎宝以相州已拔，又遣张温帅援兵至城下谕之，宝举城降。⑬晋王以宝为东南面招讨使，领天平节度使、同平章事；以李存审为安国节度使，镇邢州。

契丹王阿保机帅诸部兵三十万，⑭号百万，自麟、胜攻晋蔚州，陷之，虏振武节度使李嗣本。遣使以木书求货于大同防御使李存璋，存璋斩其使。契丹进攻云州，存璋悉力拒之。

九月，晋王还晋阳。王性仁孝，故虽经营河北，而数还晋阳省曹夫人，⑮岁再三焉。

晋人以兵逼沧州，顺化节度使戴思远弃城奔东都。沧州将毛璋据城降晋，晋王命李嗣源将兵镇抚之，嗣源遣璋诣晋阳。晋王徙李存审为横海节度使，镇沧州，以嗣源为安国节度使。嗣源以安重海为中门使，委以心腹，重海亦为嗣源尽力。重海，应州胡人也。

晋王自将兵救云州，行至代州，契丹闻之，引去，王亦还。以李存璋为大同节度使。晋人围贝州逾年，张源德闻河北诸州皆为晋有，欲降，谋于其众。众以穷而后降，恐不免死，不从。共杀源德，婴城固守。城中食尽，啖人为粮，乃谓晋将曰：『出降惧死，请擐甲执兵而降，事定而释之。』晋将许之，其众三千出降，既释甲，围而杀之，尽殪。⑯晋王以毛璋为贝州刺史。于是河北皆入于晋，惟黎阳为梁守。晋王如魏州。

吴光州将王言杀刺史载肇，吴王遣楚州团练使李厚讨之。庐州观察使张崇不俟命，引兵趣光州，言弃城走。以李厚权知光州。崇，慎县人也。

庚申，蜀新宫成，⑰在旧宫之北。

天平节度使兼中书令琅邪忠毅王王檀，多募群盗，置帐下为亲兵。己卯，盗乘檀无备，突入府杀檀。节度副使裴彦帅府兵讨诛之，军府由是获安。

【注释】

①宋门：即梁都城东面自南向北第二门，时已改名观化门，此用旧称。②水门：即有水闸之门，约在都城之西；③建国门：宫城正南门。④毬场：毬为球的异体字，即球，古代的一种游戏用具，以皮为表，中实以毛，蹴踢为戏。毬场即是蹴踢之场所。⑤一都：一拨、一部，李霸之部有一千人。⑥控鹤：宿卫近侍军的称号。⑦除：拜官授职，除去旧职就任新官。⑧建、汀、虔、郴、潭、岳、荆南：建州今福建建瓯，汀州今福建长汀，虔州今江西赣州，郴州今湖南郴州，潭州今湖南长沙，岳州今湖南岳阳，荆南今湖北江陵。⑨日休：即皮日休，唐代文学家。字逸少，后改袭美，号鹿门子等，襄阳人。咸通八年进士，后参加黄巢起义军。⑩执麻：拿着麻布丧服，有报丧之意。⑪天雄：军府名，治今甘肃秦安西北。⑫复以相州隶天雄军：相州原隶天雄军，因去年魏州叛梁，故梁分相州立昭德军。⑬举城降：举邢州城降。位于邢州之南的相州已降，援兵张温已降，坚守无望，亦降。⑭契丹王阿保机：契丹，古族、古国名，源于东胡，长期在今辽河上游一带游牧，在阿保机领导下建立辽朝（公元916～1125年），经济文化获得很大发展，后为金所灭。阿保机（公元872～926年），即辽太祖，辽王朝的建立者。耶律氏，契丹迭刺部人，10世纪初统一契丹八部，控制邻近少数民族地区。⑮曹夫人：即晋国夫人曹氏，后唐庄宗李存勖生母，庄宗即位后册尊曹夫人为皇太后，而以太后刘氏为皇太妃。⑯殪：仆倒，致之于死。⑰新宫：以去年十一月火焚之，故建新宫。

冬，十月，甲申，蜀王宗绾等出大散关，大破岐兵，俘斩万计，遂取宝鸡。己丑，王宗播等出故关，至陇州。丙寅，保胜节度使兼侍中李继岌畏岐王猜忌，帅其众二万，弃陇州奔于蜀军。蜀兵进攻陇州，以继岌为西北面行营第四招讨。刘知俊会王宗绾等围凤翔，①岐兵不出。会大雪，蜀主召军还。复李继岌姓名曰桑弘志。弘志，黎阳人也。

丁酉，以礼部侍郎郑珏为中书侍郎、同平章事。珏，綮之侄孙也。

己亥，蜀大赦。

晋王遣使如吴，会兵以击梁。十一月，吴以行军副使徐知训为淮北行营都招讨使，及朱瑾等将兵趣宋、亳与晋相应。②即渡淮，移檄州县，进围颍州。

十二月，戊申，蜀大赦，改明年元曰天汉，国号大汉。

楚王殷闻晋王平河北，遣使通好。晋王亦遣使报之。

是岁，庆州叛附于岐，岐将李继陟据之。诏以左龙虎统军贺瑰为西面行营马步都指挥使，将兵讨之，破岐兵，下宁、衍二州。③

河东监军张承业既贵用事，其侄瓘等五人自同州往依之，晋王以承业故，皆擢用之。承业治家甚严，有侄为盗，杀贩牛者，承业立斩之，王亟使救之，已不及。王以瓘为麟州刺史，承业谓瓘曰：『汝本车度一民，与刘开道为贼，④惯为不法，今若不悛，死无日矣！』由此瓘所至不敢贪暴。

吴越牙内先锋都指挥使钱传珦逆妇于闽，⑤自是闽与吴越通好。

闽铸铅钱，与铜钱并行。

初，燕人苦刘守光残虐，军士多归于契丹。及守光被围于幽州，其北边士民多为契丹所掠，契丹日益强大。契丹王阿保机自称皇帝，⑥国人谓之天皇王，以妻述律氏为皇后，置百官。至是，改元神册。

述律后勇决多权变，阿保机行兵御众，述律后常预其谋。阿保机尝度碛击党项，⑦留述律后守其帐，黄头、臭泊二室韦乘虚合兵掠之。⑧述律后知之，勒兵以待其至，奋击，大破之，由是名震诸夷。述律后有母有姑，皆踞榻受其拜，曰：『吾惟拜天，不拜人也。』晋王方经营河北，欲结契丹为援，常以叔父事阿保机，⑨以叔母事述律后。

刘守光末年衰困，遣参军韩延徽求援于契丹。契丹主怒其不拜，留之，使牧马于野。延徽，幽州人，有智略，颇知属文。述律后言于契丹主曰：『延徽能守节不屈，此今之贤者，奈何辱以牧圉！⑩宜礼而用之。』契丹主召延徽与语，悦之，遂以为谋主，举动访焉。延徽始教契丹建牙开府，⑪筑城郭，立市里，以处汉人，使各有配偶，垦艺荒田。由是汉人各安生业，逃亡者益少。契丹威服诸国，延徽有助焉。

顷之，延徽逃奔晋阳。晋王欲置之幕府，掌书记王缄疾之。延徽不自安，求东归省母，⑫过真定，止于乡人王德明家，德明问所之，延徽曰：『今河北皆为晋有，当复诣契丹耳。』德明曰：『叛而复往，得无取死乎？』延徽曰：『彼自吾来，如丧手目；今往诣之，彼手目复完，安肯害我！』既省母，遂复入契丹。契丹主闻其至，大喜，如自天而下，拊其背曰：『曩者何往？』延徽曰：『思母，欲告归，恐不听，故私归耳。』契丹主待之益厚。及称帝，以延徽为相，累迁至中书令。

晋王遣使至契丹，延徽寓书于晋王，叙所以北去之意，且曰：『非不恋英主，非不思故乡，所以不留，正惧王缄之谗耳。』因以老母为托，且曰：『延徽在此，契丹必不南牧。』⑬故终同光之世，⑭契丹不深入为寇，延徽之力也。

【注释】

①凤翔：府名。今陕西凤翔。为岐国都城。②宋、亳：州名。宋州今河南商丘；亳州今安徽亳州。③宁、衍二州：州名。宁州今甘肃宁县；衍州今甘肃正宁西南。④刘开道：指梁国开道指挥使刘知俊，其又曾镇守过同州。⑤牙内：即府内，后世作衙内。⑥阿保机：史称辽太祖。⑦党项：中国古民族名。汉代西羌的一支，五代时迁移至今甘肃、宁夏、陕北一带，不久为阿保机所并。⑧室韦：中国古民族名。居住在黑龙江上游两岸及额尔古纳河一带，分数部，以狩猎为生，后为契丹所并。⑨叔父：因为先晋王李克用曾与耶律阿保机结为兄弟，所以现晋王李存勖称其为叔父。⑩牧圉：养马。⑪建牙开府：兴兵建幕府，辟置僚属。⑫东归：从晋阳去故乡幽州，是自西往东。⑬南牧：代指南侵。⑭同光：后唐庄宗李存勖年号，公元923～925年。

三年 春，正月，诏宣武节度使袁象先救颍州，既至，吴军引还。

二月，甲申，晋王攻黎阳，①刘鄩拒之，数日，不克而去。

晋王之弟威塞军防御使存矩在新州，②骄惰不治，侍婢预政。晋王使募山北部落骁勇者及刘守光亡卒以益南讨之军。又率其民出马，民或鬻十牛易一战马，期会迫促，边人嗟怨。存矩得五百骑，自部送之，以寿州刺史卢文进为裨将。③行者皆惮远役，存矩复不存恤。甲午，至祁沟关，小校宫彦璋与士卒谋曰：『闻晋王与梁人确斗，骑兵死伤不少。吾侪捐父母妻子，为人客战，千里送死，而使长复不矜恤，奈何？』众曰：『杀使长，拥卢将军还新州，据城自守，其如我何！』因执兵大噪，趣传舍，诘朝，存矩寝未起，就杀之，文进不能制，抚膺哭其尸曰：『奴辈既害郎君，使我何面复见晋王！』因为众所拥，还新州，守将杨全章拒之。又攻武州，雁门以北都知防御兵马使李嗣肱击败之。周德威亦遣兵追讨，文进帅其众奔契丹。晋王闻存矩不道以致乱，杀侍婢及幕僚数人。

初，幽州北七百里有渝关，下有渝水通海。自关东北循海有道，道狭处才数尺，旁皆乱山，高峻不可越。比至进牛口，旧置八防御军，募土兵守之。田租皆供军食，不入于蓟，幽州岁致缯纩以供战士衣。④每岁早获，清野坚壁以待契丹，契丹至，辄闭壁不战，俟其去，选骁勇据隘邀之，契丹常失利走。土兵皆自为田园，力战有功则赐勋加赏，由是契丹不敢轻入寇。及周德威为卢龙节度使，恃勇不修边备，遂失渝关之险，契丹每刍牧于营、平之间。⑤德威又忌幽州旧将有名者，往往杀之。

吴王遣使遗契丹主以猛火油，⑥曰：『攻城，以此油然火焚楼橹，敌以水沃之，火愈炽。』契丹主大喜，即选骑三万欲攻幽州，述律后哂之曰：『岂有试油而攻一国乎！』因指帐前树谓契丹主曰：『此树无皮，可以生乎？』契丹主曰：『不可。』述律后曰：『幽州城亦犹是矣。吾但以三千骑伏其旁，掠其四野，使城中无食，不过数年，城自困矣，何必如此躁动轻举！万一不胜，为中国笑，⑦吾部落亦解体矣。』契丹主乃止。

三月，卢文进引契丹兵急攻新州，刺史安金全不能守，弃城走。文进以其部将刘殷为刺史，使守之。晋王使周德威合河东、镇、定之兵攻之，⑧旬日不克。契丹主帅众三十万救之，德威众寡不敌，大为契丹所败，奔归。

楚王殷遣其弟存攻吴上高，俘获而还。

契丹乘胜进围幽州，声言有众百万，毡车毳幕弥温山泽。⑨卢文进教之攻城，为地道，昼夜四面俱进，城中穴地然膏以邀之。⑩又为土山以临城，城中熔铜以洒之，日杀千计，而攻之不止。周德威遣间使诣晋王告急，王方与梁相持河上，欲分兵则兵少，欲勿救恐失之，忧形于色，谋于诸将，独李嗣源、李存审、阎宝劝王救之。王喜曰：『昔太宗得一李靖犹擒颉利，⑪今吾有猛将三人，复何忧哉！』存审、宝以为虏无辎重，势不能久，俟其野无所掠，食尽自还，然后踵而击之。李嗣源曰：『周德威社稷之臣，今幽州朝夕不保，恐变生于中，何暇待虏之衰！臣请身为前锋以赴之。』

王曰：『公言是也。』即日，命治兵。夏，四月，晋王命嗣源将兵先进，军于涞水，阎宝以镇、定之兵继之。

吴昇州刺史徐知诰治城市府舍甚盛。⑫五月，徐温行部至昇州，爱其繁富。润州司马陈彦谦劝温徙镇海军治所于昇州，温从之，徙知诰为润州团练使。知诰求宣州，温不许，知诰不乐。宋齐丘密言于知诰曰：『三郎骄纵，败在朝夕。润州去广陵隔一水耳，此天授也。』知诰悦，即之官。三郎，谓温长子知训也。温以陈彦谦为镇海节度判官。温但举大纲，细务悉委彦谦，江、淮称治。彦谦，常州人也。

高季昌与孔勍修好，复通贡献。

【注释】

①黎阳：县名，今河南浚县东北。②新州：今河北涿鹿。③寿州：今安徽寿县。④缯纩：缯是古代丝织品的总称。纩是絮衣服的新丝绵。⑤营、平之间：即营州和平州之间。营州今辽宁朝阳，平州今河北卢龙北。两州之间地势险峻，为关内关外的要冲之地。⑥猛火油：今之石油，出自占城国（今越南），最初用于南方水战。⑦中国：指晋、梁等国。⑧河东：方镇名。今山西太原西南晋源镇。⑨毡车毳幕：毡车是挂着毡毯的大车，毳是鸟兽的细毛，亦常做毡，毳幕即毡帐。两者都有很好的御寒功能。⑩然：通燃。⑪李靖、颉利：李靖（公元571～649年），唐代名将。京兆三原人，贞观二年（公元628年）为代州行军总管，破突厥，四年俘颉利可汗。又任西海道行军大总管，破吐谷浑。以功封卫国公。精通兵法，著有《李卫公兵法》，久佚。颉利即颉利可汗，东突厥可汗，名咄苾，公元620～630年在位。屡扰唐朝边境。⑫昇州：州名，今江苏南京。